생수의 강이 흐르는 52주 가정예배서

예수만 섬기는 우리집

**생수의 강이 흐르는 52주 가정예배서**

예수만 섬기는 우리집
(에베소서 묵상)

2020년 12월 14일  초판 1쇄 인쇄
2020년 12월 21일  초판 1쇄 발행

지은이 | 유요한
펴낸이 | 김영호
펴낸곳 | 도서출판 동연
등  록 | 제1-1383호(1992년 6월 12일)
주  소 | 서울시 마포구 월드컵로 163-3
전  화 | (02) 335-2630
팩  스 | (02) 335-2640
이메일 | yh4321@gmail.com

ISBN 978-89-6447-637-6  03230

에
베
소
서

묵
상

**생수의 강이 흐르는 52주 가정예배서**

가정예배가 회복되면 가정이 회복됩니다.

# 예수만
## 섬기는
# 우리집

유요한 지음

동연

# 예수만 섬기는 우리집

가정을 위한 기도

새해가 되면 누구나 새로운 목표와 계획을 세우고, 그것이 이루어지기를 간절히 소원합니다. 제가 섬기는 교회에서는 묵은해를 보내고 새해를 맞이하는 송구영신 예배를 드릴 때마다 '소원기도문'을 작성합니다. 저는 그 기도문을 책자로 엮어 간직하면서, 일 년 동안 성도님을 위해 기도할 때마다 늘 읽어보곤 합니다.

그러면서 한 가지 재미있는 사실을 발견했습니다. 우리 교회의 소원기도문은 '자신을 위한 기도', '가정을 위한 기도' 그리고 '교회를 위한 기도'로 나누어서 작성하게 되어있습니다. 이 세 가지 항목 중에서 어떤 기도의 내용이 가장 많을까요? 대부분은 '자신'이나 '교회'를 위한 기도보다 '가정을 위한 기도'가 훨씬 더 길고 또한 내용도 많습니다. 그만큼 가정을 중요하게 생각하고 있다는 뜻이겠지요.

우리에게 가장 중요한 '삶의 자리'는 바로 '가정'입니다. 가정은 우리 삶의 기초입니다. 그 기초가 흔들리면 부부는 물론이고 자녀들도 '삶의 자리'를 잃어버리게 됩니다. 아이들이 건강하고 행복한 가정에서 자라나야, 나중에 성인이 되어서도 건강하고 행복한 가정을 꾸릴 수 있습니다. 그래서 우리는 기도할 때마다 가정을 위한 기도를 빠뜨리지 않는 것입니다.

반면, 가정을 위한 기도의 제목이 많다는 것은, 그만큼 가정마다 크고 작은 문제들을 많이 가지고 있다는 뜻이기도 합니다. 이 세상에 행복한 가정을 꾸리고 싶어 하지 않는 사람이 어디에 있겠습니까? 부모는 자녀를 사랑하고, 자녀는 부모를 존경하는 그런 가정이 되기를 꿈꿉니다. 부부 사이나 부모-자녀의 사이에 서로 대화가 잘 통하는 화목한 가정이 되기를 소망합니다. 그런데 실제로는 어떤가요? 생각처럼 잘 안 되지요. 그래서 기도할 제목이 많은 겁니다.

진짜 문제는 이런 일들이 매년 그대로 반복되고 있다는 사실입니다. 해마다 '소원기도문'에 적는 내용이 크게 달라지지 않습니다. 가정마다 똑같은 문제들과 여전히 씨름하고 있습니다. 그 이유가 무엇일까요? 가정을 바로 세우려는 우리의 노력이 충분하지 않아서일까요, 지금보다 더 열심히 기도해야 할까요? 그러면 가족관계가 회복될까요?

## 신인류의 창조

아닙니다. 문제의 해결은 우리의 노력 여부에 달려 있지 않습니다. 왜냐면 우리 자신이 바로 문제이기 때문입니다. 문제 있는 사람끼리 아무리 애쓰고 노력한다 해서 과연 얼마나 달라지겠습니까. 그래서 예수님은 이렇게 말씀하셨습니다.

"누구든지 다시 나지 않으면, 하나님 나라를 볼 수 없다"(요 3:3, 새번역).

물론 이 말씀을 문자적으로 받아들이면 안 됩니다. 사람이 근본적으로 바뀌지 않으면 안 된다는 뜻입니다. 그렇습니다. 사람이 바뀌어야 그 사람이 만들어가는 관계가 달라질 수 있습니다. 사람은 그대로인데 관계를 회복하겠다고 애쓰는 것은, 마치 수박을 만들겠다고 호박에 열심히 줄을 긋는 것과 별반 다르지 않습니다.

그렇다면 어떻게 해야 할까요? 성경이 가르쳐주는 답은 하나입니다. 예수님을 그리스도로 영접하면 됩니다. 그러면 죄의 문제가 해결되고 새로운 인생이 시작됩니다. 새로운 관계가 만들어지고, 지옥 같던 가정도 얼마든지 천국으로 변할 수 있습니다. 그것을 바울은 다음과 같이 설명합니다.

> "그는 우리의 화평이신지라. 둘로 하나를 만드사 원수 된 것 곧 중간에 막힌 담을 자기 육체로 허시고 … 이 둘로 자기 안에서 한 새 사람을 지어 화평하게 하시고…"(엡 2:14-15).

이에 대한 메시지 성경의 풀이가 더 쉽게 다가옵니다.

> "메시아께서 우리 사이를 화해시키셨습니다. … 그분은 오랜 세월 동안 증오와 의심에 사로잡혀 둘로 갈라져 있던 사람들을 그대로 두지 않으시고 새로운 인류를 지으셔서 누구나 새 출발을 하게 하셨습니다"(엡 2:14-15, 메시지).

'새 사람' 되는 게 먼저입니다. 그래야 '옛사람'끼리 쌓아놓은 증오와 의심의 담장이 허물어지고, 어그러졌던 관계들이 회복될 수 있습니다. 그와 같은 새로운 출발은 누구에게나 가능합니다. 단지 예수님을 영접하기만 하면 됩니다. 예수님의 다스림을 받아들여 살면 됩니다. 바로 그것이 하나님께서 예수 그리스도를 통해서 '신新인류' 즉 '새로운 종류의 인류'(a new kind of human being)를 창조하시는 이유입니다.

### 주 안에서 세워가는 가정

바울은 이 문제를 에베소교회에 보낸 편지에서 아주 심도 있게 다루고 있습니다. 그리스도 없이 사는 삶이 어떤 것인지, 왜 새 사람으로 지으심을 받아야 하는지, 새 사람으로 살아가는 구체적인 모습은 무엇인지, 그리고 새 사람이 만들어가는 새로운 인간관계는 과연 어떤 것인지 자세하게 설명해줍니다.

특별히 바울은 부부관계나 부모-자녀 관계를 '서로 복종하며 사는 것'으로 풀어내고 있는데, 이것은 그리스도인의 가정생활에 꼭 필요한 말씀입니다. 물론 개인적으로 묵상해도 얼마든지 은혜롭고 유익하지만, 가정예배를 통해서 가족들과 함께 묵상하는 것이 훨씬 더 좋습니다. 그럴 때 우리 가정을 향한 하나님의 기대를 서로 공감하게 되고, 그 기대에 부응하기 위한 공동의 목표를 가질 수 있기 때문입니다.

만일 가정을 가장 중요한 '삶의 자리'라고 인정한다면, 우리가 반드시 해야 할 일이 있습니다. '가정예배'를 드리기 시작하는 것입니다. 가정을 하나님께 예배하는 자리로 만드는 것입니다. 모든 가족이 매일 가정예배를 드릴 수 있다면 참 좋겠지만, 현실적으로는 거의 불가능합니다. 그러나 한 주에 한 번 모이는 것은 마음만 먹는다면 얼마든지 가능한 일입니다. 실제로 제가 섬기는 교회에서 가정예배 드리기 운동을 시작한 후에, 부부관계가 회복되고 자녀들과의 대화가 회복되는 모습을 볼 수 있었습니다.

이번에 코로나 광풍을 겪으면서 가정예배의 중요성이 더욱 분명하게 드러났습니다. 교회에 모여서 함께 예배드릴 수 없는 동안 대부분 교회가 '온라인 예배'를 덥석 받아들였지만, 우리 교회는 주일예배를 '가정 돌단예배'로 드렸습니다. 아브라함이나 이삭이나 야곱이 그랬던 것처럼, 가장(家長)이 제사장이 되어서 각 가정에서 가족들과 함께 모여 마음의 돌단을 쌓고 하나님께 예배를 드린 것입니다.

감사하게도 우리 교회 대부분의 성도님이 '가정 돌단예배'에 참여했습니다. 이 일이 가능했던 것은 평소에 가정예배 드리기 운동을 꾸준히 펼쳐왔기 때문입니다. 그동안 가정예배에 대해서 미온적인 태도를 보이던 가장들도 각 가정에서 영적인 리더십을 확고히 세우는 기회가 되었습니다. 그리고 다시 교회에 모이기 시작했을 때 현장예배가 놀라운 속도로 빨리 회복되는 것을 목격할 수 있었습니다.

물론 '가정 돌단예배'가 교회에 함께 모여 드리는 '공동예배'를 대체할 수는 없습니다. 그것은 '코로나 팬데믹'이라는 특수한 상황에서 우리가 불가피하게 선택한 대안이었습니다. 그러나 분명한 사실은 가정이 신앙생활의 출발점이 되어야 한다는 것입니다. 신앙공동체의 마지막 보루는 바로 가정입니다. 가정예배가 중단되지 않는 한, 믿음의 공동체인 교회는 절대로 무너지지 않습니다.

만일 가족들과의 관계에서 어려움을 겪는 분들이 있다면, 다른 방법을 찾으려고 기웃거리지 마십시오. 우선 가정예배부터 시작해보십시오. 가정예배가 회복되면 가정이 회복됩니다. 가정예배를 드리면서 우리의 자녀들이 주의 교훈으로 양육됩니다. 그럴 때 부모에게는 바른 권위가 세워지고, 자녀들에게는 부모에 대한 존경과 순종의 마음이 회복되는 것입니다.

주 안에서 가정을 세워가야 합니다. '예수만 섬기는 우리집'을 만들어가야 합니다. '가정예배'가 바로 그 답입니다.

2020년 12월
생수의 강이 흐르는 가정을 꿈꾸며
그리스도의 종 한강중앙교회 담임목사
유 요 한

P.S. 이 가정예배서는 2021년도의 월력에 따라 편집되었습니다.

# 52주 가정예배서 활용법

■ 가족들과 함께 일주일에 한 번 모이는 가정예배 시간을 정하고, 특별한 일이 없는 한 반드시 그 시간을 지킬 것을 약속하십시오.

■ 가정예배서는 가족들의 수만큼 준비하는 것이 좋습니다. 그래야 모두 예배에 집중할 수 있습니다.

■ 가정예배의 시간은 최소 30분에서 길게는 한 시간 정도가 필요합니다. '은혜 나누기'에 따라서 더 길어지거나 짧아질 수 있습니다.

■ 가장家長이 예배 인도를 독점하는 것보다 부부가 번갈아 가면서 하는 것이 좋습니다. 또한 장성한 자녀가 있다면 맡겨도 좋습니다.

■ 예배 인도자는 아래의 순서를 충분히 익혀두십시오.

### 1. 주님의 기도

52주 가정예배서는 반드시 '주님의 기도'로부터 시작합니다.

주님은 "너희는 먼저 그의 나라와 그의 의를 구하라"(마 6:33)고 가르쳐주셨습니다. '내 나라'가 아니라 '하나님의 나라'를, '내 소원'보다는 '하나님의 소원'을 먼저 구하라는 가르침입니다. 그리고 그 본보기로 '주님의 기도'를 가르쳐주셨습니다.

따라서 우리는 '주님의 기도'를 예배를 마치는 기도가 아니라 예배를 여는 기도가 되게 해야 합니다. 그럴 때 가정예배가 하나님의 나라와 그의 의를 구하는 예배가 될 수 있을 것입니다.

### 2. 찬송 부르기

말씀 묵상의 내용과 연관된 찬송을 선곡했습니다. 자녀들은 CCM에 더 익숙하겠지만, 주어진 찬송을 같이 부르도록 하는 것이 믿음의 대를 이어가는 데 반드시 필요한 과정입니다.

### 3. 성경 읽기

개역개정판과 함께 메시지성경(유진 피터슨) 혹은 표준새번역 성경을 수록했습니다. 개역개정판은 부모님 중의 한 분이, 나머지는 자녀가 읽게 하는 것도 좋습니다.

### 4. 말씀 나누기

야고보서 전체의 말씀을 52주 동안 차례대로 묵상해나갑니다. 인도자는 가정예배를 드리기 전에 미리 묵상 자료를 읽어보는 것이 좋습니다. 설명을 붙이지 않더라도 차근차근 읽어나가는 것으로 충분히 이해될 수 있을 것입니다.

### 5. 은혜 나누기

말씀 묵상의 내용을 기초로 하여 가족들끼리 함께 나눌 질문거리를 적어놓았습니다. 어떤 이야기가 나오더라도 끝까지 들어줄 수 있어야 합니다. 자녀들의 이야기에 부모가 섣불리 교훈하려고 덤벼들지 마십시오. 인도자는 모든 가족에게 골고루 기회가 돌아가도록 배려해야 합니다.

### 6. 공동 기도

'은혜 나누기'를 충분히 한 후에 적혀 있는 공동 기도를 한 목소리로 읽어나갑니다. 곧바로 "예수님의 이름으로 기도합니다"를 덧붙여서 예배를 마칠 수도 있고, 필요에 따라서 인도자가 더 길게 마침 기도를 이어갈 수도 있습니다.


■ 간식거리를 먹으면서 가정예배를 드리지 않도록 하십시오. 오히려 예배를 마친 후에 먹을 것을 나누면서 자연스럽게 이야기를 이어가는 것이 더 좋습니다.
■ 다음 가정예배 시간을 확인하고 예배를 마칩니다.

# 차 례

# 새 사람으로 지으심

## (1 ~ 3월)

# 위로의 서신, 에베소서

□ 주님의 기도 주님이 가르쳐주신 기도로 가정예배를 시작합니다.

□ 찬송 부르기 559장(사철에 봄바람 불어 있고)

□ 성경 읽기 에베소서 6:21-22

※ 개역개정판

<sup>21</sup>나의 사정 곧 내가 무엇을 하는지 너희에게도 알리려 하노니 사랑을 받은 형제요 주 안에서 진실한 일꾼인 두기고가 모든 일을 너희에게 알리리라. <sup>22</sup>우리 사정을 알리고 또 너희 마음을 위로하기 위하여 내가 특별히 그를 너희에게 보내었노라.

※ 메시지성경

<sup>21-22</sup>이곳에 있는 나의 좋은 벗 두기고가 내가 어떻게 지내는지, 나의 신변에 어떤 일이 있는지를 여러분에게 알릴 것입니다. 그는 참으로 듬직한 주님의 일꾼입니다! 나는 우리의 사정을 여러분에게 알리고, 여러분의 믿음을 북돋우려고 그를 보냈습니다.

□ 말씀 나누기

오늘부터 우리는 매주 가정예배 시간마다 에베소서를 묵상하려고 합니다. 에베소서는 바울이 에베소교회 성도들에게 보낸 편지입니다. 특성상 모든 편지는 인사로 시작하고 인사로 마치게 되어있습니다. 오늘 우리가 묵상하는 말씀은 에베소서를 마무리하는 '끝인사'입니다.

위로의 서신

에베소서 묵상을 '끝인사'로 시작하는 것은, 바울이 에베소서를 쓰게 된 동기가 여기에 기록되어 있기 때문입니다. 바울은 "너희 마음을 위로하기 위하여 그를 보낸다"(22절)고 말합니다. '그'는 이 편지를 에베소교회에 직접 전달했던 '두기고'(Tychicus)를 가리킵니다. 바울은 에베소서를 기록한 이유를 '너희 마음을 위로하기 위하여'라고 분명히 밝힙니다.

이 말을 뒤집으면 에베소교회 성도들의 마음에 근심과 걱정이 있었다는 뜻이 됩니다. 누구로 인해 근심하고 걱정했을까요? 물론 바울 때문이었습니다. 바울은 에베소교회 성도들에게 믿음의 아버지였습니다. 그런데 지금 그는 로마의 감옥에 갇혀서 지내고 있습니다. 그 일이 에베소교회 성도들에게 근심거리가 되고 있었던 것입니다. 그들을 위로하고 격려하기 위하여 바울은 이 편지를 쓰게 된 것이지요.

바울이 두기고를 메신저로 선택한 이유는 그가 바로 에베소교회 출신이었기 때문입니다. 두기고는 바울의 형편과 속내를 가장 잘 이해하고 있었고, 또한 에베소교회 성도들과도 서로 잘 알고 있었습니다. 그들을 위로하려는 바울의 마음을 가장 잘 전달할 수 있는 인물이었던 것입니다. 에베소교회 성도들은 두기고가 바울의 편지를 들고 나타나는 모습을 본 것만으로도 큰 위로를 받게 되었을지 모릅니다.

그런데 그것이 정말 바울이 주려고 하는 위로일까요? 보고 싶었던 두기고를 만나서 그동안 궁금해하던 바울의 소식을 직접 듣게 된 것은 물론 반가운 일이었을 것입니다. 만일 바울이 자유의 몸이 되어 직접 나타나게 된다면 더욱 반가워하겠지요. 그러나 그것은 진정한 위로가 아닙니다.

### 바울의 사정

바울은 "우리 사정을 알리고 또 너희 마음을 위로하기 위하여"라고 말합니다. 다시 말해서 '우리의 사정을 알리는 것'이 '너희 마음을 위로하는 일이 될 것'이라는 뜻입니다. 그런데 여기에서 '우리의 사정'이란 구체적으로 무엇을 말하는 것일까요? NIV 성경은 "우리가 어떻게 지내는지 너희가 알 수 있도록"(you may know how we are)이라고 번역합니다.

만일 바울이 자신의 안부를 말하고 있는 것이라면, 비록 감옥에 갇혀있지만 그래도 그럭저럭 잘 지내고 있다는 사실을 알림으로써 에베소교회 성도들의 마음을 안심시키려고 한다는 뜻이 됩니다. 그런데 정말 그런 식으로 위로를 받을 수 있을까요? 에베소교회 성도들의 근심과 염려는 단지 바울의 건강이나 신변에 대한 것보다 더 심각한 신앙적인 문제를 담고 있습니다. 그것은 바로 예수 그리스도의 복음을 전하다가 받는 고난의 문제입니다.

바울은 지금 로마의 감옥에 갇혀있습니다. 바울이 무슨 죄를 지었나요? 사실 바울은 아무런 죄도 짓지 않았습니다. 만일 예수 그리스도의 죽음과 부활을 전한 것이 죄가 된다면, 그 죄밖에 없습니다. 그런데도 지금 노년에 힘겨운 수감생활을 하는 중입니다. 그 자체가 이미 에베소교회 성도들에게 심각한 신앙적인 문제가 되고 있었습니다.

게다가 그 고난은 바울에게만 주어진 것이 아니었습니다. 당시의 그리스도인들은 그 누구도 박해의 위협에서 벗어나 있지 않았습니다. 에베소교회 성도들도 예외는 아니었습니다. 바울이 에베소 사역을 마치고 떠나려고 하던 즈음에 데메드리오가 주동한 큰 소동이 벌어져서 가이오와 아리스다고가 봉변을 당했지요(행 19:21-41). 그 후에도 기독교 신앙에 대한 박해는 계속됐습니다.

복음을 전하다가 고난을 받아야 하는 이 문제에 대해서 명확한 대답을 주지 않고서는 진정으로 위로할 수 없습니다. 그런데 "나는 감옥에서 잘 지내고 있어~"라는 말로 어떻게 위로할 수 있겠습니까? 따라서 바울이 말하고 있는 '우리 사정을 알리는 것'은 단지 '그럭저럭 잘 지내고 있음을 알게 하는 것'이 아닙니다.

### 진정한 위로

바울은 고린도후서 1장에서 이미 이 문제를 자세히 다룬 적이 있습니다. 바울은 하나님을 '모든 위로의 하나님'이라고 선언하면서, 환난 중에 있을 때 받은 하나님의 위로로써 환난 중에 있는 자들을 위로하게 하시는 분이라고 말합니다(3-4절). 즉, 하나님께서 바울을 위로해 주셨듯이 다른 사람을 위로하도록 힘을 주신다는 것입니다.

> "우리가 환난을 당하는 것도 여러분이 위로와 구원을 받게 하려는 것이며, 우리가 위로를 받는 것도 여러분이 위로를 받게 하려는 것입니다. 여러분은 이 위로로, 우리가 당하는 것과 똑같은 고난을 견디어 냅니다"(고후 1:6, 새번역).

바울이 말하는 하나님의 위로는 어려운 조건이 사라지는 것이 아닙니다. 오히려 환난 속에서도 하나님의 구원을 경험하는 것입니다. 그래서 바울은 자신이 당한 환난을 축소하거나 감추려고 하지 않았습니다. "우리가 아시아에서 당한 환난을 너희가 모르기를 원하지 않는다"(8절)고 했습니다. 마치 사형 선고를 받았다고 느낄 수밖에 없는 상황에서도 '오직 죽은 자를 다시 살리신 하나님만 의지하여'(9절) 건짐을 받게 된 일을 드러내어 말합니다. 그 구원의 경험이 지금 고난을 겪는 자들에게 진정한 위로가 될 수 있다는 것입니다.

바울은 박해를 받아 죽어야 하는데 죽지 않고 '오뚝이'처럼 다시 일어나는 하나님의 능력을 체험한 사람입니다. 오뚝이의 비밀은 무게중심에 있습니다. 가장 밑바닥에 무거운 것이 채워져 있어서 쓰러져도 항상 다시 일어서게 됩니다. 바울도 마찬가지였습니다. 바울의 무게 중심은 부활하신 예수 그리스도였습니다. 그렇기에 그는 억울하게 감옥에 갇혀서도, 낙심하지 않고 넘어지지 않고 오뚝이처럼 항상 다시 일어섰던 것입니다.

오늘 본문에서 바울이 말한 '우리의 사정'은 바로 이것을 의미합니다. 답답한 일을 겪어도 낙심하지 않고, 망해야 마땅한데 망하지 않는 바로 이것입니다. 이 구원의 생생한 경험이 고난을 겪고 있는 에베소교회 성도들에게 진정한 위로가 될 수 있기에, 두기고를 메신저로 보내어 그 모든 일을 자세히 알리겠다는 것입니다.

그렇습니다. 한 번도 실패하지 않고, 한 번도 억울한 일을 당하지 않는 그런 사람이 다른 사람에게 위로를 줄 수 없습니다. 넘어지고 쓰러져도 하나님의 능력으로 다시 일어서는 그런 사람이 다른 사람들에게 큰 용기와 힘을 주는 것입니다. 바울의 생애는 에베소교회 성도들에게 큰 위로가 되었습니다. 그 능력의 비밀을 바울은 에베소서를 통해서 우리에게 자세히 설명해 줍니다.

▫ 은혜 나누기

가족들한테서 들었던 말 중에서 나에게 가장 큰 위로가 되었던 말을 함께 나누어봅시다.

▫ 공동 기도

하나님 아버지, 오늘부터 에베소서 말씀을 묵상하기 시작합니다. 에베소교회 성도들에게 큰 위로가 되었던 바울처럼, 우리도 누군가에게 큰 위로가 될 수 있게 해주세요. 그 능력의 비밀을 에베소서 묵상을 통해서 깨달을 수 있게 해주세요. 예수님의 이름으로 기도합니다. 아멘.

# 그리스도 없이 사는 삶

□ 주님의 기도 주님이 가르쳐주신 기도로 가정예배를 시작합니다.

□ 찬송 부르기 370장(주 안에 있는 나에게)

□ 성경 읽기 에베소서 2:1

※ 개역개정판

그는 허물과 죄로 죽었던 **너희**를 살리셨도다.

※ 메시지성경

얼마 전까지만 해도 여러분은 죄로 인해 낡고 정체된 삶에 빠져 있었습니다.

□ 말씀 나누기

지난 시간에 우리는 오뚝이처럼 다시 일어나는 바울의 생애가 에베소교회 성도들에게 큰 위로를 주었다는 말씀을 묵상했습니다. 오뚝이의 비밀은 무게중심에 있습니다. 바울의 생애도 마찬가지였습니다. 바울의 무게중심은 부활하신 예수 그리스도였습니다. 그렇기에 그는 억울하게 감옥에 갇히는 상황에서도 절대로 낙심하거나 넘어지지 않고 오뚝이처럼 항상 다시 일어섰습니다. 그리고 그 모습이 에베소교회 성도들에게 위로의 메시지가 되었던 것입니다.

그러한 능력은 바울에게만 허락된 비밀이 아닙니다. 예수를 그리스도로 영접하는 사람, 그리스도 안에서 살아가고 있는 사람이라면 누구나 체험할 수 있는 능력입니다. 바울은 그리스도 안에서 구원받는 신령한 복을, 과거와 현재의 영적인 상태를 비교하여 설명합니다. 오늘 우리가 묵상할 말씀입니다.

### 죄로 인한 죽음

오늘 본문에서 바울은 이렇게 말합니다. "그는 허물과 죄로 죽었던 너희를 살리셨도다"(1절). 짧은 구절이지만 많은 이야기를 담고 있습니다. 여기에서 '그'는 물론 '예수 그리스도'를 말합니다. '너희'는 에베소교회 성도들을 가리킵니다. 바울은 그들이 '허물'(trespasses)과 '죄'(sins)로 인해서 죽었지만, 그리스도께서 살리셨다고 합니다.

성경에 의하면 죄는 곧 '영적인 죽음'을 의미합니다. 몸은 살아있을지 모르지만, 이미 영은 죽은 상태라는 것입니다. 이것을 우리는 '죄로 인한 죽음'이라고 표현합니다. 디모데전서에서 바울은 이렇게 말합니다.

"⁵참 과부로서 외로운 자는 하나님께 소망을 두어 주야로 항상 간구와 기도를 하거니와 ⁶향락을 좋아하는 자는 살았으나 죽었느니라"(딤전 5:5-6).

사도 요한도 요한계시록에서 비슷한 말을 합니다.

"사데 교회의 사자에게 편지하라. 하나님의 일곱 영과 일곱 별을 가지신 이가 이르시되 내가 네 행위를 아노니 네가 살았다 하는 이름은 가졌으나 죽은 자로다"(계 3:1).

그렇습니다. 지금 숨을 쉬며 산다고 해서 살아있는 것이 아닙니다. 살아있는 모양을 갖추고 있다고 해서 살아있는 것이 아닙니다. 에스겔 선지자에게 하나님이 보여주신 '해골 골짜기의 환상'(겔 37:1-10)을 보십시오. 그 골짜기를 가득 채운 마른 뼈들은 하나님 없이 살던 이스라엘 사람들의 영적인 상태를 상징하고 있습니다. 죄의 삯은 사망이라고 했습니다(롬 6:23). 물론 죄를 지으면 언젠가 영원한 죽음으로 그 값을 치르게 되어있습니다. 그러나 그 죽음은 먼 훗날의 일이 아닙니다. 죄를 짓는 순간 죽음은 이미 현재 속에 들어오는 것입니다.

그렇다면 구원은 무엇입니까? 구원은 죽은 영혼이 다시 살아나는 것입니다. 에베소서 1장에서 바울은 예수 그리스도가 교회의 머리이시며 교회는 그의 몸이라고 설명하면서, 그리스도께서 세상을 구원하시는 전권을 가지고 계시는데 교회 안에서 말씀하시고 활동하심으로써 그 일을 해나가신다고 말했습니다(엡 1:22-23). 예수 그리스도를 영접하지 않고서는 죄와 사망의 권세로부터 구원을 받을 수 없습니다. 그리스도의 몸이 되지 않고서는 생명의 풍성함을 맛보지 못합니다.

그리스도 없이 사는 사람은 그 영이 이미 죽은 상태입니다. 메시지 성경의 표현처럼 '죄로 인해 낡고 정체된 삶'에 빠져있는 것입니다. 지금 숨 쉬며 살고 있다고 해서 정말 살아있다고 말할 수 없는 것입니다.

### 죄에 대한 죽음

그렇다면 어떻게 '허물과 죄로 죽었던 사람'이 다시 살아날 수 있게 되는 것일까요? 여기에서 우리는 '죄로 인한 죽음'(being dead in sins) 과 '죄에 대한 죽음'(being dead to sin)의 차이를 설명해야 합니다. '죄로 인한 죽음'은 죄를 지으면 그 죄로 인해 영적인 죽음에 이르게 되는 것을 의미합니다. 그러나 비록 그와 같은 영적인 죽음의 상태에 다다른 사람이라고 하더라도 그리스도 안에서 '죄에 대하여 죽게 되면' 얼마든지 구원을 받을 수 있습니다.

로마서에서 바울은 다음과 같이 말했습니다.

"¹⁰그가 죽으심은 죄에 대하여 단번에 죽으심이요 그가 살아 계심은 하나님께 대하여 살아 계심이니 ¹¹이와 같이 너희도 너희 자신을 죄에 대하여는 죽은 자요 그리스도 예수 안에서 하나님께 대하여는 살아 있는 자로 여길지어다"(롬 6:10-11).

구원받는 방법은 단순합니다. 그리스도께서 십자가에 달려 죽으심으로 우리의 죄를 용서해주셨음을 믿음으로 받아들이기만 하면 됩니다. 그러면 우리는 '죄에 대해서 죽은 자'가 됩니다. 죄에 대하여 죽은 자는 하나님께 대하여 살아있는 자, 즉 구원을 받은 자입니다. 그러니까 그리스도를 영접하기만 하면 '죄로 인해 죽은 자'가 '죄에 대하여 죽은 자'로 바뀌게 된다는 것입니다.

바울은 갈라디아서에서 '죄에 대하여 죽는 것'을 '그리스도와 함께 십자가에 죽는 것'으로 설명합니다.

"내가 그리스도와 함께 십자가에 못 박혔나니 그런즉 이제는 내가 사는 것이 아니요 오직 내 안에 그리스도께서 사시는 것이라. 이제 내가 육체 가운데 사는 것은 나를 사랑하사 나를 위하여 자기 자신을 버리신 하나님의 아들을 믿는 믿음 안에서 사는 것이라"(갈 2:20).

사실 내가 살아있기 때문에 죄를 짓습니다. 내 욕심과 이기심과 주장과 감정이 내 안에 펄펄 살아있는 동안에 내가 밥 먹고 하는 일은 사실 죄밖에 없습니다. 따라서 죄의 문제를 해결하기 위해서는 반드시 내가 그리스도와 함께 십자가에서 죽어야 합니다. 그리고 이제부터는 내 안에 그리스도께서 살아계셔야 합니다.

그것을 바울은 '하나님의 아들을 믿는 믿음 안에서 사는 것'이라고 말합니다. 그럴 때 우리는 죄에 대하여 죽은 자로서, 새로운 생명을 맛보는 자로서 살아갈 수 있게 되는 것입니다. 그 구원의 역사는 지금도 계속되고 있습니다. 허물과 죄로 인하여 영적인 죽음을 경험하며 사는 인생을 예수 그리스도께서 살리십니다. '죄로 인한 죽음'에서 '죄에 대한 죽음'으로 옮기십니다.

그 차이는 '그리스도 안'in Christ이 결정합니다. 우리가 그리스도 안에 거하면 죄에 대하여 죽고 하나님께 대하여 살아있는 존재가 됩니다. 그러나 그리스도 안에 거하지 않으면 우리는 다시 '죄로 인한 죽음'의 상태로 되돌아가게 될 것입니다. 따라서 이제부터 우리가 해야 할 일은, 어떤 경우에도 '그리스도 안'에서 떠나지 않는 것입니다.

오늘 우리가 부른 찬송의 가사를 되새겨볼 필요가 있습니다.

1. 주 안에 있는 나에게 딴 근심 있으랴. 십자가 밑에 나아가 내 짐을 풀었네.

2. 그 두려움이 변하여 내 기도 되었고 전날의 한숨 변하여 내 노래 되었네.

그렇습니다. 바울이 경험한 능력의 비밀은 '주 안에 있는 것'입니다. 그 비밀은 지금 우리에게도 허락되었습니다. 주 안에 있을 때 우리 또한 생명과 은혜와 감사로 채워진 삶을 살아가게 될 것입니다. 아무리 두렵고 힘든 상황에서도 늘 즐겁게 찬송하게 될 것입니다. 우리 가정이 '주 안에 있는 가정', '예수만 섬기는 우리집'이 되기를 간절히 소망합니다.


□ 은혜 나누기

우리 가정이 주 안에 있다는 사실을 증명해주는 일이 있다면 어떤 것일까요? 함께 나누어봅시다.

□ 공동 기도

하나님 아버지, 우리 가정은 언제나 주 안에 있게 해주세요. 기쁠 때나 슬플 때도, 잘 될 때나 안 될 때도, 오직 주안에서 살아가게 해주세요. 그리하여 어떤 상황에서도 하나님이 주시는 평안을 맛볼 수 있게 해주세요. 예수님의 이름으로 기도합니다. 아멘.

## 1월 3주

# 세상 풍조를 따르는 삶

▫ 주님의 기도 주님이 가르쳐주신 기도로 가정예배를 시작합니다.

▫ 찬송 부르기 342장(너 시험을 당해)

▫ 성경 읽기 에베소서 2:2

※ 개역개정판

그 때에 너희는 그 가운데서 행하여 이 세상 풍조를 따르고 공중의 권세 잡은 자를 따랐으니 곧 지금 불순종의 아들들 가운데서 역사하는 영이라.

※ 메시지성경

그 때 여러분은, 참된 삶에 대해서는 아무것도 모르고, 이 세상이 가르쳐 주는 대로 살았습니다. 여러분은 더러운 불신을 폐에 가득 채우고서 불순종의 기운을 내뿜었습니다.

▫ 말씀 나누기

지난 시간에 우리는 '죄로 인한 죽음'과 '죄에 대한 죽음'의 차이를 생각해 보았습니다. 죄를 짓는 순간, 죽음은 인간의 삶 깊숙이 들어옵니다. 육체적인 죽음을 맛보기 전에 이미 영적인 죽음부터 맛보게 되는 것입니다. 그러나 예수 그리스도를 영접하고 그 안에 살기 시작하면 '죄로 인한 죽음'에서 '죄에 대한 죽음'으로 옮기게 됩니다.

그 차이는 '그리스도 안'in Christ이라고 했습니다. 그리스도 안에서 살아가면 죄에 대하여 죽음으로 구원에 이르게 되지만, 그리스도 없이 살아가면 죄로 인한 죽음을 경험하며 살게 되는 것입니다. 바울은 계속해서 '그리스도 없이 사는 삶'의 특징을 설명하기 시작합니다.

### 세상 풍조를 따름

바울은 오늘 본문에서 이렇게 말합니다. "그 때에 너희는 그 가운데서 행하여 이 세상 풍조를 따르고…"(2a절). 여기에서 '그 때'는 앞 절에서 '허물과 죄로 죽었던 때'를 가리킵니다. 그러니까 에베소교회 성도들이 아직 예수 그리스도를 만나지 못했을 때, 아직 죄를 죄로 인식하지 못하고 살아가던 때, 즉 그리스도 없이 살던 과거를 말합니다. 여기에서 우리는 그리스도 없이 사는 사람들에게 발견되는 몇 가지 특징이 있다는 것을 알게 됩니다.

그 첫 번째는 "이 세상 풍조를 따른다"(when you followed the ways of this world)는 것입니다. 이 말은 세상 사람들의 일반적인 기대와 소망에 따라서 살아간다는 뜻입니다. 이 세상 사람들이 살아가는 동기는 물론 '욕심'입니다. 남보다 더 많이 가지고 싶고, 남보다 더 높이 올라가고 싶은 '이기적인 욕망'입니다. 이 세상 사람들이 다 그렇게 살고 있고, 모두 그 길로 가고 있으니까 나 또한 그렇게 살지 않으면 안 된다고 생각하는 것이지요.

메시지 성경은 이 부분을 "참된 삶에 대해서는 아무것도 모르고, 이 세상이 가르쳐 주는 대로 살았다"(You let the world, which doesn't know the first thing about living, tell you how to live.)고 표현합니다. 영어 원문을 직역하면, "인생에 대해서 첫째 일이 무엇인지도 모르는 세상이 당신에게 어떻게 살아야 하는지 말하게 했다"가 됩니다.

장기판에서 훈수를 두려면 최소한 몇 수 앞의 상황을 내다볼 수 있는 능력을 갖추고 있어야 합니다. 그래야 어떤 지금 수를 먼저 써야 하는지 알 수 있습니다. 그런데 인생의 장기판에서 첫 번째로 사용해야 할 것이 무엇인지도 모르는 이 세상, 또는 이 세상 사람들이 이렇게 저렇게 말해주는 훈수에 따라서 살아간다면 그 결과는 불을 보듯이 뻔하지 않겠습니까?

마치 '꽃들에게 희망을'(Hope for the flowers)이라는 그림 동화책에 나오는 주인공 '줄무늬애벌레'와 비슷합니다. 그는 다른 애벌레들이 가는 방향으로 따라갑니다. 그러다가 애벌레들이 탑을 쌓으면서 하늘 높이 올라가는 장관을 목격하게 됩니다. 서로 먼저 더 높이 올라가겠디고 다른 애벌레를 밟고 올라가지요. 그러나 그 애벌레 탑 위에는 아무것도 없습니다. 단지 무언가 있을 줄 알고 서로 경쟁할 뿐입니다.

그리스도 없이 살아가는 삶은 그와 같습니다. 높이 올라가면 뭔가 있을 줄 알고 서로 밟고 올라삽니다. 세상 사람들은 다 그렇게 살고 있고, 그렇게 살아야 한다고 가르칩니다. 그것이 바로 '이 세상 풍조를 따르는 삶'입니다. 그런데 정상에 올라서면 거기에 정말 무엇이 있을까요? 아무것도 없습니다. 단지 정상에서 떨어지지 않으려고 다른 사람들을 계속 밟고 위태롭게 서 있어야 할 뿐입니다.

우리가 아무리 힘써 노력하고 아무리 성실하게 살아간다고 하더라도, 그리스도 없이 살아가는 삶은 결국 탑을 쌓는 애벌레와 같을 뿐입니다. 누군가에게 높이 올라가는 방법과 비결을 잘 배운다고 하더라도, 그것은 결국 '맹인이 맹인을 인도하는 것'(눅 6:39)과 다르지 않습니다. 주님의 말씀처럼 '둘 다 구덩이에 빠질' 뿐입니다. 언젠가 바벨탑이 무너지듯이 모두 무너지게 되어있습니다.

## 불순종의 영

그리스도 없이 사는 사람은 이 세상의 풍조를 따릅니다. 다른 사람들이 가르쳐주는 대로 살아갑니다. 그러나 그 배경에는 악한 영이 있다는 사실을 사람들은 잘 모릅니다. 바울은 말합니다. "이 세상 풍조를 따르고 공중의 권세 잡은 자를 따랐으니…"(2b절). '공중의 권세 잡은 자'를 NIV 성경은 '공중 왕국의 통치자'(the ruler of the kingdom of the air)라고 표현합니다.

고린도후서에서 바울은 '이 세상의 신'(the god of this world, 고후 4:4)이라고 말합니다. 예수님도 보혜사를 보내주실 것을 약속하시는 대목에서 '이 세상의 임금'(the prince of this world, 요 14:30)이 올 것을 말씀하셨는데, 그것이 바로 우리가 흔히 '사탄'(Satan)이라고 알고 있는 '적그리스도의 영'입니다.

어떤 사람들은 '사탄'을 인격적인 존재라고 생각하지 않습니다. 단지 미개하던 시절의 사람들이 상상 속에서 만들어낸 두려움과 공포의 대상이지, 실제로 존재하는 것이 아니라고 주장합니다. 심지어 그리스도인 중에도 그렇게 믿고 있는 사람들이 있습니다. 바로 그것이 '거짓의 아비'인 사탄이 자신의 존재를 사람들이 알아차리지 못하도록 사용하는 속임수입니다. 사탄은 지금도 인격적인 실체로 존재하고 있는 적그리스도의 영입니다.

주님을 영접하지 않은 사람들, 그리스도 없이 사는 사람들은 모두 사탄의 지배를 받고 있습니다. 그러나 그리스도인들은 주님을 영접함으로 사탄의 지배를 벗어나서 '그리스도 안에서 사는 삶'을 선택했습니다. 사탄이 이를 좋아할 리가 없습니다. 어떻게 해서든지 그들을 '그리스도 없이 사는 삶'으로 되돌리기 위해서 수단 방법을 가리지 않고 호시탐탐 노리고 있습니다.

사탄이 즐겨 사용하는 전략은 바로 '불순종'(disobedient)입니다. 바울은 사탄을 가리켜서 '불순종의 아들들 가운데서 역사하는 영'이라고 말합니다. 그렇습니다. '그리스도 없이 살아가는 삶'의 특징이 바로 '불순종'입니다. 사탄은 하나님의 말씀에 불순종하게 하고, 하나님께서 세워주신 권위에 불순종하게 하고, 부모에게 불순종하게 만드는 악한 영입니다. 하나님을 믿지 않는 사람들이 하나님의 교회에 대해서 깎아내리고 대적하는 이유는 바로 이 악한 영의 조종을 받고 있기 때문입니다.

교회를 다닌다고 해서 이 악한 영의 영향력에서 완전히 벗어나는 것은 아닙니다. 이스라엘 사람들을 보십시오. 그들은 하나님의 놀라운 은혜를 직접 체험하고 하나님의 백성이 된 사람들입니다. 그러나 광야 생활을 통해서 보여준 그들의 모습은 '불순종'과 '불평' 그 자체였습니다. '순종'이 '믿음'이라고 하는 이유가 바로 여기에 있습니다.

하나님을 믿는 사람들은 하나님의 말씀과 하나님께서 세우신 권위에 순종합니다. 그러나 믿음 없이 교회를 다니는 사람들은 하나님의 말씀에 불순종할 뿐만 아니라, 하나님께서 세우신 권위에도 불순종합니다. 그런 사람들을 어떻게 알 수 있을까요? '순종'과 '불순종'으로 알 수 있습니다. 말이 아니라 삶으로 드러납니다.

우리는 지금 하나님의 말씀에 순종하게 하는 성령의 인도하심을 받고 있습니까, 아니면 불순종하게 하는 '공중의 권세 잡은 자'의 지배를 받고 있습니까? 그리스도 없이 사는 '불순종의 아들들'이 아니라, 그리스도 안에서 사는 '순종의 아들들'이 되기 위해서 우리가 해야 할 일이 있습니다. 주님께서 가르쳐주신 대로 기도하는 것입니다.

"우리를 시험에 들게 하지 마시옵고 다만 악에서 구하시옵소서"(마 6:13a).


▫ 은혜 나누기
어떤 중요한 일을 결정할 때 주로 누구의 말을 듣습니까? 세상 사람들의 말입니까, 아니면 하나님을 믿는 사람들의 말입니까? 솔직하게 이야기해봅시다.

□ 공동 기도

하나님 아버지, 세상 사람들은 하나님의 말씀을 거역하고 불순종한다고 해도, 우리는 하나님의 말씀에 순종하며 살아가게 해주세요. 세상 사람들이 가르쳐 주는 대로 따르지 않게 해주시고, 오직 하나님이 가르쳐주시는 대로 따라가게 해주세요. 예수님의 이름으로 기도합니다. 아멘.

# 욕심을 따라 사는 삶

▫ 주님의 기도 주님이 가르쳐주신 기도로 가정예배를 시작합니다.

▫ 찬송 부르기 338장(내 주를 가까이 하게 함은)

▫ 성경 읽기 에베소서 2:3

　※ 개역개정판

　전에는 우리도 다 그 가운데서 우리 육체의 욕심을 따라 지내며 육체와 마음의

　원하는 것을 하여 다른 이들과 같이 본질상 진노의 자녀이었더니.

　※ 메시지성경

　우리는 너나없이 자기가 하고 싶은 것을 마음대로 하며 그렇게 살았습니다.

　우리 모두가 같은 배를 타고 있었던 것입니다.


▫ 말씀 나누기

　이 세상에 수많은 종류의 사람들이 있는 것 같지만, 영적으로 보면 결국 둘 중의 하나입니다. '그리스도 안에서in Christ 사는 자'이거나, 아니면 '그리스도 없이without Christ 사는 자'이거나…. '그리스도 없이 사는 삶'의 특징 중에서 지난 시간에는 '이 세상의 풍조를 따르는 것'과 '불순종의 아들들로 사는 것'에 대해서 생각해 보았습니다.

　그런데 따지고 보면 그 모두는 '사탄'의 악한 영향 아래 있을 때 일어나는 일입니다. '사탄'은 '공중의 권세 잡은 자'로서 사람들을 불순종의 아들들이 되도록 인도할 뿐만 아니라, 이 세상의 풍조를 만들어내

는 장본인이기 때문입니다.

## 마음대로 사는 인생

'그리스도 없이 사는 삶'의 또 다른 특징은 '육체의 욕심을 따라서 사는 것'입니다. "전에는 우리도 다 그 가운데서 우리 육체의 욕심을 따라 지냈다"(3절a). 여기에서 '우리'는 바울과 에베소교회 성도들을 포함한 모든 그리스도인을 가리킵니다. '그 가운데'에서 '그'는 그리스도 밖에서 살던 세상 사람들을 가리킵니다. 즉 우리도 예수님을 영접하고 그리스도 안에 들어와 살기 전까지는, 그리스도 밖에서 사는 세상 사람들과 다를 바가 없었다는 것입니다.

그때 우리는 육체의 욕심을 따라 지냈을 뿐만 아니라, "육체와 마음이 원하는 것을 하며" 살았다고 합니다. 메시지 성경은 아주 단순하게 "우리는 너나없이 자기가 하고 싶은 것을 마음대로 하며 그렇게 살았습니다"라고 풀이합니다. 자기 마음대로 살았다고 하니까 참 자유로운 모습처럼 보일지 모릅니다. 문제는 우리가 마음대로 하고 싶다고 느끼는 것이 하나님께서 주시는 감정이 아니라는 사실입니다. 그 즉흥적인 감정은 바로 '공중의 권세 잡은 자'가 우리를 악한 삶으로 이끌어가는 도구입니다.

에덴동산에서 뱀의 모습으로 나타난 사탄은 아담과 하와의 오감(五感)을 자극하여 하나님의 말씀에 불순종하게 하고 결국 선악과를 따먹게 했습니다. 사탄의 꼬임에 넘어가고 난 후에, 선악과를 보니까 어떻게 보였나요? "먹음직도 하고, 보암직도 하고, 지혜롭게 할 만큼 탐스럽기도 한 나무"(창 3:6)로 보이지 않았습니까? 그 느낌대로 행동하다가 하나님의 명령을 거역하게 된 것입니다.

지금도 자신의 감정과 느낌에 충실하게 살아가는 것을 진정한 자유라고 주장하는 사람이 참 많이 있습니다. 그들이 바로 '그리스도 없이 살아가는 자'들입니다. 본래 인간은 자신의 감정과 느낌이 아니라, 하나님의 말씀에 순종하며 살아갈 때에 진정한 자유를 누리게 창조되었습니다. 그래서 예수님은 말씀하셨습니다.

"<sup>31</sup> **너희가 내 말에 거하면 참으로 내 제자가 되고 진리를 알지니** <sup>32</sup>**진리가 너희를 자유롭게 하리라**"(요 8:31-32).

주님의 말씀에 거하는 것이 먼저입니다. 그래야 진리를 알고, 그 진리가 우리에게 진정한 자유를 가져다줍니다. 자기가 하고 싶은 것을 마음 내키는 대로 하는 것은 '자유'가 아니라 '방종'입니다. 그 방종이 우리를 죄와 사망으로 이끌어갑니다.

사탄은 지금도 이 세상의 풍조를 따라서, 자신의 주장을 굽히지 않고 하나님에 대해서 또는 하나님이 세워주신 권위에 불순종하면서, 자기 마음 내키는 대로 살아가는 이것이야말로 정말 가치 있는 인생이라면서 사람들을 속이고 있습니다. 그 유혹과 시험에 넘어가지 않도록 우리는 늘 깨어 있어야 합니다.


본질상 진노의 자녀

만일 "이래도 한세상, 저래도 한세상"이라면 그리스도 없이 살던지, 그리스도 안에서 살던지 아무런 상관이 없습니다. 그냥 그렇게 살다가 죽으면 그만입니다. 그러나 어느 길을 선택하느냐에 따라서 마지막에 천국과 지옥으로 갈라지게 되어있습니다. 순간의 선택이 영원을 결정하는 것입니다. '그리스도 없이 사는 삶'의 마지막은 무엇일까요?

바울은 이렇게 말합니다. "다른 이들과 같이 본질상 진노의 자녀이었더니…"(3절b). NIV 성경은 이 부분을 "우리는 (하나님의) 진노를 받아 마땅할 사람들이었다"(we were by nature deserving of wrath)고 번역합니다. 그렇습니다. 그리스도 없이 사는 사람들은 '하나님의 심판과 진노'를 받게 되어있습니다. 다행스럽게도 우리는 예수님을 믿어서 하나님의 진노를 피하고 오히려 하나님의 은혜로 구원받은 자녀가 된 것입니다. 이 얼마나 감사한 일인지요!

여기에서 '본질상'by nature이라는 말을 조금 더 깊이 묵상해 볼 필요가 있습니다. 이것은 '본래' 또는 '선천적으로', '태어나면서부터'라는 뜻입니다. 사람들은 태어나면서부터 하나님의 진노를 받게 되어있습니다. 어떤 사람들은 하나님의 심판을 죽고 난 후에나 받는 것으로 생각합니다. 그래서 죽기 직전에 예수님을 믿기만 하면 천국에 들어갈 수 있을 것이라 말합니다. 그때까지 이 세상에서 마음 내키는 대로 살다가 죽고 난 후에는 천국에도 갈 수 있으니 얼마나 좋을까요?

물론 이론적으로는 얼마든지 가능합니다. 예수님과 함께 십자가에 달렸던 두 강도 중에서 한 사람도 마지막 순간에 구원을 받았습니다. 누구라도 또한 언제라도 예수님을 믿기만 하면 구원을 받을 수 있습니다. 그러나 그렇다고 해서 마지막 순간까지 기다리겠다고 하는 사람은 참으로 어리석은 사람입니다. 왜냐면 그 누구도 자신의 마지막 순간을 예상할 수 없기 때문입니다. 설혹 안다고 하더라도 그 순간에 정말 예수님을 믿게 된다고 보장할 수 없습니다.

그보다 더 중요한 문제는, '그리스도 없이 살아가는 인생'을 향한 하나님의 진노와 심판은 이미 '현재진행형'이라는 사실입니다. 이것에 대해서 예수님은 요한복음 3장에서 다음과 같이 말씀하셨습니다.

"[17]하나님이 그 아들을 세상에 보내신 것은 세상을 심판하려 하심이 아니요 그로 말미암아 세상이 구원을 받게 하려 하심이라. [18]그를 믿는 자는 심판을 받지 아니하는 것이요 믿지 아니하는 자는 하나님의 독생자의 이름을 믿지 아니하므로 벌써 심판을 받은 것이니라"(요 3:17-18).

예수님을 믿으면 심판을 받지 않습니다. 구원을 받습니다. 그러나 믿지 않으면 심판을 받습니다. 그런데 미래형이 아닙니다. "언젠가 심판을 받게 될 것이다!"가 아닙니다. "벌써 심판을 받았다!"입니다. 이 것이 무슨 뜻일까요? 이 말은 지금 심판이 진행되고 있다는 뜻입니다.

하나님의 심판은 예수님의 재림 때에 일어날 미래적인 사건이 아 닙니다. 예수님을 이 세상에 보내시기 전부터 이미 이 세상에는 하나 님의 심판이 진행되고 있었습니다. 그들을 심판하기 위해서라면 하나 님께서 굳이 또 다른 행동을 취하실 이유가 없으십니다. 그냥 가만히 내버려 두면 그만입니다.

그러나 하나님은 '세상을 이처럼 사랑하사 독생자를 주셨던' 것입 니다. 왜 그러셨습니까? 독생자를 통해서 세상이 구원을 받게 하기 위 해서입니다. 지금 진행되고 있는 하나님의 심판과 진노에서 건져주시 기 위해서입니다. 자, 그렇다면 우리가 이 세상에서 우리의 호흡이 끊 어질 마지막 순간까지 예수 그리스도를 믿는 것을 미루어두어야 할까 요? 그때까지 하나님의 진노를 받으면서 사는 것이 정말 지혜로운 일 일까요?

구원의 문제를 나중으로 미루면 안 됩니다. 지금 당장 예수 믿고 구원받아야 합니다. 기회는 주어졌을 때 잡아야 합니다. 기회는 뒷머 리가 없다고 하지요. 지나가고 난 후에 잡으려고 하면 잡을 수 없다는 뜻입니다. 우리가 '본질상 진노의 자녀'라는 신세를 면할 기회는 바로 오늘입니다.

▢ 은혜 나누기

자기 마음대로 사는 인생을 부럽다고 생각해 본 적이 있습니까? 함께 나누어봅시다.

□ 공동 기도

하나님 아버지, 사탄은 우리에게 마음대로 살아보라고 유혹합니다. 그렇게 살아가는 사람들이 부럽게 보일 때도 있습니다. 그러나 우리는 흔들리지 않고 오직 주님의 말씀에 따라서 살아가게 해주세요. 그리하여 하나님의 진노에서 완전히 벗어난 자들이 되게 해주세요. 예수님의 이름으로 기도합니다. 아멘.

# 긍휼이 풍성하신 하나님

□ 주님의 기도 주님이 가르쳐주신 기도로 가정예배를 시작합니다.

□ 찬송 부르기 304장(그 크신 하나님의 사랑)

□ 성경 읽기 에베소서 2:3-4

　※ 개역개정판

　³전에는 우리도 다 그 가운데서 우리 육체의 욕심을 따라 지내며 육체와 마음의 원하는 것을 하여 다른 이들과 같이 본질상 진노의 자녀이었더니 ⁴긍휼이 풍성하신 하나님이 우리를 사랑하신 그 큰 사랑을 인하여….

　※ 메시지성경

　³⁻⁴우리는 너나없이 자기가 하고 싶은 것을 마음대로 하며 그렇게 살았습니다. 우리 모두가 같은 배를 타고 있었던 것입니다. 하나님께서 평정심을 잃고 우리 모두를 쓸어버리지 않으신 것은, 정말로 놀라운 일입니다. 오히려 하나님은, 한없는 자비와 믿을 수 없을 만큼 엄청난 사랑으로 우리를 품어주셨습니다.

□ 말씀 나누기

　지난 시간에 우리는 '욕심을 따라 사는 삶'에 대해서 살펴보았습니다. 그렇게 살다가는 '본질상 진노의 자녀'로 우리의 인생을 끝내고 맙니다. 그것은 마치 무정란(無精卵)과 같습니다. 무정란은 이 세상에 태어나는 순간부터 자동으로 썩기 시작합니다. 그 속에 생명이 없기 때문입니다. 그처럼 우리네 인생이 이 세상에 태어나는 순간부터 그렇게 하나님의 진노를 받는 대상이 될 수밖에 없는 것입니다.

이 말씀 앞에서 우리는 한없는 절망을 느끼게 됩니다. 만일 우리가 '본질상' 하나님의 진노를 받아 결국에는 망하고 마는 그런 존재로 태어난 것이 사실이라면, 이와 같은 저주받은 운명에서 벗어날 수 있는 길이 처음부터 우리에게 주어지지 않았다는 뜻이 됩니다. 그렇다면 왜 하나님은 우리를 군이 창조하신 것일까요? 우리를 단지 '지옥의 불쏘시개'로 삼으려고 창조하셨다는 말입니까?

물론 그런 뜻이 아닙니다. 하나님은 사람들을 창조하실 때에, 자신의 의지와는 상관없이 '죄로 인하여 심판을 받도록 프로그램된 로봇'으로 만들지 않으셨습니다. 오히려 앞에서 묵상한 말씀처럼, 하나님은 "허물과 죄로 죽었던 너희를 살리셨다"(1절)고 했습니다. 하나님의 본래 계획은 사람들에게 영원한 생명을 누리게 하는 것이었습니다. 그러나 인간이 먼저 하나님의 말씀에 불순종함으로써 하나님의 진노를 자초한 것이지요. 물론 그 배경에는 '공중의 권세 잡은 자', 즉 '사탄'의 꼬임과 속임수가 있었습니다.

그러니까 엄밀하게 말하자면 우리가 '본질상 진노의 자녀'가 된 것은 하나님 탓이 아닙니다. 오히려 하나님은 우리 인간들을 진노의 대상으로 삼아 마땅히 심판하실 자격이 있으십니다. 그런데도 하나님은 그렇게 하지 않으시고 우리를 구원하기 위하여 독생자 예수 그리스도를 보내주신 것입니다.


하나님의 사랑

하나님은 공의의 하나님으로서, 인간의 죄를 그냥 눈감아주실 수 없으십니다. 그러나 하나님은 동시에 따뜻한 사랑을 마음 가득 담고 계신 분입니다. 그 사랑으로 인해 우리에게 예수 그리스도를 통한 구원의 길을 열어주신 것입니다. 바울은 오늘 본문에서 그 점을 특별히 강조하여 말합니다.

"긍휼이 풍성하신 하나님이 우리를 사랑하신 그 큰 사랑을 인하여…"(4절). 여기에서 "긍휼이 풍성하다"는 말씀에 주목하게 됩니다. '풍성하다'를 NIV 성경은 '부유한'rich으로 번역합니다. 소유한 재산이나 물질이나 땅이 많을 때 사용하는 말입니다. 사람들은 자기의 소유가 많은 것을 드러내어 자랑하기 좋아합니다. 그러나 그 소유가 다른 사람을 위해서 사용되거나 흘러가지는 않습니다. 오히려 부자일수록 남들에게 베푸는 일에 아주 인색한 경우가 참 많습니다.

사실 따지고 보면 이 세상에는 하나님보다 더 큰 부자는 없습니다. 하나님은 이 세상을 창조하신 분이시기 때문입니다. 이 세상은 모두 하나님의 소유입니다. 그러나 하나님은 그보다 '긍휼이 풍성하신 분'이십니다. '긍휼'(矜恤)이란 '불쌍히 여기는 마음'을 말합니다. 영어로는 '컴패션'compassion으로 표현합니다. 이는 '함께'com/with라는 단어와 '고통'passion/suffering이라는 단어가 합해진 말입니다. 즉 "함께 아파한다"는 뜻입니다. 다른 사람의 아픔에 대해서 깊이 공감하는 마음을 말합니다.

이를 우리말로는 '긍휼'이라고 번역하고 있는데, 긍휼(矜恤)의 '휼'(恤)자를 보면 '마음 심'(忄) 변에 '피 혈'(血)자로 구성되어 있습니다. 그러니까 심장에서 피가 뚝뚝 떨어지는 그런 심정으로 누군가를 동정하고 불쌍히 여긴다는 뜻입니다. 그것이 바로 우리를 향한 하나님의 마음입니다. '긍휼이 풍성하신' 하나님은 기본적으로 우리 인간들을 그런 마음으로 대하십니다. 그래서 우리가 지은 죄로 인해 마땅히 하나님의 진노를 받아야 하지만, 하나님은 풍성하신 긍휼로 말미암아 우리를 불쌍히 여겨 주시는 것입니다.

하나님의 사랑은 풍성하신 긍휼로 가득 채워진 사랑입니다. 이와 같은 하나님의 사랑은 인간의 사랑과 전혀 다릅니다. 인간의 사랑은 대부분 상대방이 가진 매력과 남들보다 뛰어난 미모나 능력에 대한 반응일 경우가 많습니다. 만일 그 매력이 줄어들면 사랑의 감정 또한 상실되곤 합니다. 그러나 하나님의 사랑은 사랑받을 만한 가치가 있어서 하는 사랑이 아닙니다. 아무리 초라하고 부족하고 보잘것없어도, 풍성하신 긍휼을 가지고 사랑하십니다.

### 죄인을 품어주는 사랑

이와 같은 하나님의 사랑을 바울은 로마서에서 이렇게 표현합니다. "우리가 아직 죄인 되었을 때에 그리스도께서 우리를 위하여 죽으심으로 하나님께서 우리에 대한 자기의 사랑을 확증하셨느니라"(롬 5:8).

그렇습니다. 우리가 의인이 되고 난 후에 하나님이 우리를 사랑하시는 것이 아닙니다. 오히려 '아직 죄인 되었을 때'부터 우리를 사랑하십니다. 우리의 죄인 됨을 긍휼히 여기셔서 우리를 사랑하여 구원하십니다. 그게 하나님의 사랑입니다. 그 크신 하나님의 사랑이 '본질상 진노의 자녀'였던 우리를 구원하신 것입니다.

메시지성경은 오늘 본문을 다음과 같이 표현합니다. "하나님께서 평정심을 잃고 우리 모두를 쓸어버리지 않으신 것은, 정말로 놀라운 일입니다. 오히려 하나님은, 한없는 자비와 믿을 수 없을 만큼 엄청난 사랑으로 우리를 품어주셨습니다"(4절, 메시지).

만일 하나님께서 우리가 지은 죄로 인해 노아의 홍수 때처럼 모두 쓸어버리신다고 하더라도, 그것에 대해서 우리는 항의할 수 없습니다. 아주 마땅한 일이기 때문입니다. 그런데 놀랍게도 하나님께서는 그렇게 하지 않으셨을 뿐만 아니라, 오히려 '믿을 수 없을 만큼 엄청난 사랑으로'(with an incredible love) '우리를 품어주신'(embraced us) 것입니다. 그게 바로 긍휼이 풍성하신 하나님의 사랑입니다.

우리 자신을 묵상하면 묵상할수록 우리는 한없이 초라해질 수밖에 없습니다. 우리는 본질상 진노의 자녀이기 때문입니다. 우리 안에서는 구원을 위한 실낱같은 희망도 발견할 수 없습니다. 그러나 우리가 하나님에게 시선을 고정하고 하나님을 묵상하기 시작하면 비로소 삶의 희망을 발견하게 됩니다. 우리가 아무리 부족하고 한없이 초라한 존재라고 하더라도, 그 부족함을 넉넉히 채우시고 그 초라함을 풍성함으로 바꾸어주시는 하나님의 긍휼하심과 사랑이 있기 때문입니다.

결국, 우리의 시선을 어디에 둘 것인가의 문제입니다. 그에 따라서 우리의 삶은 완전히 달라지기 때문입니다. 우리의 부족함을 묵상하기보다 하나님의 풍성하신 긍휼을 묵상해야 할 것입니다. 우리가 죄인임에도 불구하고 우리를 사랑하시는 하나님의 사랑을 믿어야 할 것입니다. 그 믿음이 우리를 죄에서 구원합니다.

□ 은혜 나누기
누군가에게 긍휼한 마음을 품었던 적이 있었습니까? 그 경험을 함께 나누어봅시다.

□ 공동 기도
하나님 아버지, 우리가 아직 죄인이었을 때 우리를 품어주신 하나님의 긍휼하심 때문에 구원받았음을 알게 하시니 감사합니다. 우리 가족도 서로에게 긍휼히 여기는 마음을 가지고 친절하게 대할 수 있도록 도와주세요. 예수님의 이름으로 기도합니다. 아멘.

# 은혜로 받은 구원

▫ 주님의 기도 주님이 가르쳐주신 기도로 가정예배를 시작합니다.

▫ 찬송 부르기 559장(사철에 봄바람 불어 잇고)

▫ 성경 읽기 에베소서 2:5-6

※ 개역개정판

⁵허물로 죽은 우리를 그리스도와 함께 살리셨고 (너희는 은혜로 구원을 받은 것이라). ⁶또 함께 일으키사 그리스도 예수 안에서 함께 하늘에 앉히시니….

※ 메시지성경

⁵⁻⁶하나님은 죄로 죽은 우리 생명을 떠맡으시고 그리스도 안에서 우리를 살리셨습니다. 하나님은 그 모든 일을 우리의 도움 없이, 혼자서 이루셨습니다! 그런 다음 우리를 들어 올리셔서, 가장 높은 하늘에 메시아 예수와 함께 앉게 하셨습니다.

▫ 말씀 나누기

지난 시간에 '긍휼이 풍성하신 하나님'에 대해서 묵상하면서 이런 말씀으로 마무리했습니다. 우리가 우리 자신을 묵상하면 한없이 절망할 수밖에 없지만, 하나님에게 시선을 고정하고 묵상하기 시작하면 삶의 희망을 발견하게 된다고 말입니다. 정말 그렇습니다. 우리는 본질상 진노의 자녀입니다. 따라서 우리 안에서는 구원을 위한 실낱같은 희망도 발견할 수 없습니다.

그러나 하나님에게는 우리의 부족함을 넉넉히 채우시고도 남을 만한 풍성하신 긍휼과 사랑이 있습니다. 그러니 우리는 늘 하나님을 바라보아야 합니다. 사람에게 소망을 두면 반드시 실망하게 됩니다. 그렇지만 하나님은 우리를 절대로 실망하게 하지 않으십니다. 우리를 향한 하나님의 시선에는 한결같이 풍성하신 긍휼로 가득 채워져 있기 때문입니다.

### 그리스도와 함께

'긍휼이 풍성하신 하나님의 사랑'은 단지 우리에게 지치지 않는 새로운 용기와 희망을 북돋우어 주는 정도로 그치지 않습니다. 우리를 죽음에서 다시 살아나게 하십니다. 그것이 바로 '구원'입니다. 바울은 말합니다. "허물로 죽은 우리를 그리스도와 함께 살리셨다"(5절a). "그리스도와 함께 우리를 살리셨다"는 말씀에 대한 자세한 설명이 로마서에 기록되어 있습니다.

> "곧 우리가 원수 되었을 때에 그의 아들의 죽으심으로 말미암아 하나님과 화목하게 되었은즉 화목하게 된 자로서는 더욱 그의 살아나심으로 말미암아 구원을 받을 것이니라"(롬 5:10).

여기에서 '우리가 원수 되었을 때'는 에베소서 본문에서 '우리는 본질상 진노의 자녀이었더니'(엡2:3)와 같은 뜻입니다. 우리는 하나님을 거역한 원수로서 마땅히 진노를 받을 수밖에 없었던 존재였습니다. 그런데 '하나님의 아들의 죽으심으로 말미암아' 우리는 하나님과 화목하게 되었다는 것입니다. 그러니까 예수님은 우리와 하나님 사이의 원수 관계를 회복시키기 위하여 화목제물로 죽으셨다는 것이지요.

그렇다면 예수님의 다시 살아나심은 무엇을 위한 것일까요? 예수님의 부활은 단지 사람들을 놀래주려는 특별 이벤트가 아니었습니다.

바울은 "그의 살아나심으로 말미암아" 우리는 "구원을 받게 된다"고 합니다. 구원이 무엇입니까? 죽은 영혼이 다시 살아나는 것입니다. 바로 그것을 바울은 에베소서 본문에서 "그리스도와 함께 살리셨다"로 표현하고 있는 것입니다.

따라서 예수님의 '죽으심'은 하나님과의 원수 되었던 관계를 해소하고 화목한 관계로 다시 회복되기 위해서 꼭 필요한 일이었다면, 예수님의 '부활하심'은 죽은 우리의 영혼이 다시 살아나는 구원의 역사를 위해서 꼭 필요한 일이었던 것입니다. 바울은 갈라디아교회에 보낸 편지에서 이것을 다시 반복하고 있습니다.

"내가 그리스도와 함께 십자가에 못 박혔나니 그런즉 이제는 내가 사는 것이 아니요 오직 내 안에 그리스도께서 사시는 것이라…"(갈 2:20a).

에베소서나 로마서에서는 하나님 관점에서 그리스도의 십자가 사건과 부활 사건을 설명했다면, 갈라디아서에서는 인간의 관점에서 설명하고 있습니다. 우리도 '그리스도와 함께' 십자가에 못 박혀 죽어야 합니다. 그래야 '그리스도와 함께' 다시 살아날 수 있는 것입니다.

여기에서 중요한 열쇠는 바로 '그리스도와 함께'with Christ입니다. 십자가 사건이 진정으로 우리에게 생명과 구원의 역사가 되려면, 우리 또한 '그리스도와 함께' 그 십자가의 사건에 동참해야 합니다. 그리스도와 함께 십자가에서 죽어야 하고, 그리스도와 함께 다시 살아나야 합니다.

### 은혜와 보수

그런데 우리가 어떻게 그리스도와 함께 죽고 다시 살아날 수 있을까요? 괄호로 삽입된 문장을 눈여겨보십시오. "너희는 은혜로 구원을 받은 것이라"(5절b). 이 말씀을 여기에 굳이 끼워 넣은 이유가 있습니다.

그것은 하나님께서 우리를 구원하시는 일에 우리의 노력이나 애씀이 필요하지 않다는 점을 새삼스럽게 강조하기 위해서입니다. 그리스도와 함께 죽고 또한 살아나는 일에 우리가 해야 할 일은 없다는 것입니다.

'은혜'란 쉽게 풀어서 설명하면 '받을 자격이 없는 사람에게 주어진 뜻밖의 선물'입니다. 예를 들어서, 한 달 동안 열심히 땀을 흘리며 일을 한 대가로 받게 되는 월급은 '은혜'가 아니라 정당한 '보수'입니다. 그러나 몸이 아파서 제대로 일을 하지 못했는데도 불구하고 내 형편을 불쌍히 생각한 사장님의 특별한 배려로 월급을 받아서 먹고 살게 되었다면 그것은 '은혜'입니다. 마찬가지로 하나님께서 우리를 구원하시는 것이 우리의 노력에 대한 대가가 아니라 뜻밖의 선물이라는 것입니다.

따라서 우리가 구원을 받기 위해서 해야 할 일이 있다면, 하나님께서 창세 전부터 준비해놓으신 구원의 계획을 '믿고 받아들이는 것'뿐입니다. 그런데 사람들은 그렇게 생각하려고 하지 않습니다. 오히려 스스로 무엇인가를 해야 한다고 생각합니다. 어떤 어려운 일을 해내야 구원을 받을 수 있다는 것입니다.

사람들이 그렇게 생각하게 되는 것은 이 세상의 종교들에 익숙해 있기 때문입니다. 우상을 섬기는 종교들은 한결같이 감당할 수 없을 만큼 엄청난 짐을 사람들에게 요구합니다. 그리고 그것에 대한 보상으로 축복과 구원을 약속합니다. 그런 종교 생활에 익숙한 사람들에게 '은혜로 받는 구원'은 아주 어색할 수밖에 없습니다.

그래서 아이러니하게도 그리스도인 중에 엄격한 율법주의에 빠지는 사람들이 더러 있습니다. 율법의 어려운 조항들을 온전히 지켜내야 구원받을 자격이 생긴다고 생각하는 것입니다. 아닙니다. 그런다고 해서 구원받을 수 있는 것은 아닙니다. 오직 예수 그리스도를 통하여 이루신 하나님의 구원을 믿음으로써 구원을 받게 되는 것입니다.

그래서 메시지 성경은 "하나님은 죄로 죽은 우리 생명을 떠맡으시고 그리스도 안에서 우리를 살리셨습니다. 하나님은 그 모든 일을 우리의 도움 없이, 혼자서 이루셨습니다!"라고 풀이합니다. 물론 모든 사람이 그냥 공짜로 구원을 받는 것은 아닙니다. 최소한 하나님의 구원 계획을 받아들여야 하기 때문입니다.

아무리 좋은 치료약이 개발되었다고 하더라도, 직접 먹지 않으면 병이 고쳐지지 않습니다. 아무리 푸른 초장과 맑은 물가로 인도해도, 그 풀과 물을 직접 먹지 않으면 인생의 허기와 갈증이 해결되지 않습니다. 하나님께서 우리 인간을 위해서 아무리 구원의 대로를 열어놓으셨다고 하더라도, 그 길을 따라서 직접 걷지 않으면 아무런 소용이 없습니다.

하나님은 우리에게 예수 그리스도를 믿기만 하면 구원을 얻을 수 있는 길을 열어놓으셨습니다. 우리가 해야 할 일은 그 은혜의 선물을 믿음으로 겸손하게 받아들이는 것입니다. 구원을 받기 위해서 율법을 지키는 것이 아니라, 구원받은 감격과 감사함으로 하나님의 말씀에 온전히 순종하며 살아가는 것입니다.


▫ 은혜 나누기

'구원받기 위해서 하는 착한 일'과 '구원받았기에 하는 착한 일'에는 어떤 차이가 있을까요? 자기 생각을 나누어봅시다.

▫ 공동 기도

죄로 죽은 우리의 생명을 떠맡으시고 그리스도와 함께 우리를 살리신 하나님 아버지께 진심으로 감사드립니다. 하나님의 은혜로 구원받은 감격을 잊어버리지 않고 언제나 하나님의 말씀에 순종하며 살아가게 해주세요. 예수님의 이름으로 기도합니다. 아멘.

# 하나님의 목적

□ 주님의 기도 주님이 가르쳐주신 기도로 가정예배를 시작합니다.

□ 찬송 부르기 199장(나의 사랑하는 책)

□ 성경 읽기 에베소서 2:7

※ 개역개정판

이는 그리스도 예수 안에서 우리에게 자비하심으로써 그 은혜의 지극히 풍성함을 오는 여러 세대에 나타내려 하심이라.

※ 새번역성경

그것은, 하나님께서 그리스도 예수 안에서 우리에게 자비로 베풀어주신 그 은혜가 얼마나 풍성한지를 장차 올 모든 세대에게 드러내 보이시기 위함입니다.


□ 말씀 나누기

지난 시간에는 구원을 받기 위해서 우리가 해야 할 일은 없다는 말씀을 묵상했습니다. 단지 하나님께서 창세 전부터 준비해놓으신 구원의 계획을 믿고 받아들이기만 하면 된다고 했습니다. 바울은 그것을 '은혜'로 설명합니다. 받을 자격이 없는 사람에게 주어진 뜻밖의 선물입니다.

사람들의 생각은 다릅니다. 스스로 무엇인가를 해야 한다고 생각합니다. 어떤 어려운 일을 해내야 구원을 받을 수 있다는 것입니다. 그래서 더러는 엄격한 율법주의에 빠지기도 합니다. 율법의 어려운 조항들을 온전히 지켜내야 구원받을 자격이 생긴다고 생각하는 것이지요. 그러나 그것은 성경의 가르침이 아닙니다. 오직 예수 그리스도를 통하여 이루신 하나님의 구원을 믿음으로써 구원을 받게 되는 것입니다.

그런데 하나님께서 독생자를 이 땅에 보내시고 십자가에 달려 죽게 하시고 또한 부활시키시는 그와 같이 복잡하고 수고스러운 과정을 통해서 우리를 구원하신 이유가 무엇일까요? 사실 하나님은 전지전능하신 분이신데, 굳이 그런 방법을 사용하지 않고도 얼마든지 우리를 구원하실 수 있지 않으시겠습니까?

예를 들어서, 소나기가 한바탕 쏟아진 후에 나뭇잎에 위태롭게 매달려서 흙탕물에 떠내려가는 개미 한 마리를 발견하게 되었다고 합시다. 가만두면 금방이라도 물에 빠져 죽게 생겼습니다. 그 모습이 너무나 불쌍해서 구원해주려고 합니다. 어떻게 하면 될까요? 그냥 나뭇잎 채 건져내어 땅에 올려놓으면 됩니다. 그러면 개미는 죽음에서 구원받은 존재가 될 수 있을 것입니다. 내가 굳이 개미가 되어야 할 이유는 없습니다.

하나님도 마찬가지이십니다. 우리 인간을 구원하기 위해서 성육신이나 십자가 사건과 같은 수고스러운 방법을 사용하지 않으셔도 됩니다. 얼마든지 초자연적인 방법으로 우리를 구원하실 수 있으실 것입니다. 그런데 왜 굳이 사람이 되어 십자가에서 죽고 다시 사는 그런 방법을 선택하신 것일까요? 거기에는 분명한 하나님의 목적이 있습니다. 오늘 우리가 묵상할 말씀입니다.

### 구원의 통로
바울은 본문에서 이렇게 말합니다. "이는 그리스도 예수 안에서 우리에게 자비하심으로써 그 은혜의 지극히 풍성함을 오는 여러 세대에 나타내려 하심이라"(7절). 그러니까 하나님의 은혜가 얼마나 크고 풍성한지, 바울 당대의 사람들뿐 아니라 앞으로 오는 여러 세대에게 드러내 보이시기 위해서 그리스도 예수 안에서 우리에게 자비하심을 나타내신 것입니다.

앞에서 예를 들어 설명한 물에 빠진 개미처럼, 만일 하나님께서 우리 인간을 구원하실 때에 초자연적으로 개입하여 살려주었다면 과연 어떻게 되었을까요? 누가 자신을 구해주었는지도 모를 것입니다. 아마도 재수가 좋아서 살아났다고 생각하게 될 겁니다. 하나님께서 구원해주신 것을 알지 못하는데 어떻게 하나님께 감사하는 마음이 생겨나겠습니까? 지금은 구원받았다고 하더라도 조만간 또다시 흙탕물 속에 빠지게 될지도 모릅니다. 그러면 그때마다 하나님께서 건져주어야 할까요?

하나님은 예수 그리스도의 구원 역사가 일회적인 사건으로 그치지 않고, 앞으로 오는 모든 세대를 구원하는 통로가 되기를 원하셨습니다. 그러기 위해서는 구원받은 사람들이 누가 어떻게 자신을 구원했는지 확실하게 알아야 합니다. 그래야 하나님의 은혜가 과거와 현재와 미래의 모든 사람을 구원하고도 남을 만큼 풍성하다는 사실을 앞으로 오는 세대에게 전할 수가 있지요.

여기에서 우리는 바울의 메시지가 '임박한 주님의 재림에 대한 기대'가 아니라, 앞으로 '오는 세대를 향한 구원의 은혜'에 초점을 맞추고 있다는 사실을 새삼스럽게 발견하게 됩니다. 바울 당시의 많은 그리스도인이 '주님의 재림' 즉 '파루시아'parousia의 지연 문제로 인해 믿음의 갈등과 큰 위기를 겪고 있었다는 사실에 비추어 보면, 이와 같은 바울의 메시지는 아주 특별한 의미를 담고 있습니다. 지금 바울은 파루시아의 지연 문제에 대한 대답을 주고 있는 것입니다.

그 대답이 무엇일까요? 그렇습니다. 주님께서 언제 재림할 것인가를 계산하느라 신앙적인 에너지를 소비하는 대신, 지금 힘써서 해야할 일이 있다는 것입니다. 그것은 주님께서 재림하실 때까지 우리를 구원해주신 하나님의 목적에 따라서 사는 것입니다. 우리를 구원해주신 하나님의 목적이 무엇입니까? 앞으로 오는 세대를 향하여 우리가 직접 체험한 지극히 풍성하신 하나님의 은혜를 계속해서 선포하는 것입니다.

이와 같은 바울의 메시지는 그리스도인으로 하여금 파루시아 지연문제로 인한 시험과 신앙적인 위기를 극복하고 주님께서 맡기신 사명에 따라서 땅끝까지 나아가게 한 이정표가 되었습니다. 만일 바울이이때 바른 방향을 제시해주지 않았더라면, 오늘날 우리에게까지 복음이 전해지지 않았을지도 모릅니다.


복음의 통로

우리가 이렇게 예수 그리스도를 믿고 죄 사함의 은총을 체험하여 알게 된 것은 우리보다 앞선 세대의 누군가가 자신이 체험한 하나님의 풍성하신 은혜를 우리에게 전해주는 통로가 되었기 때문입니다. 그렇기에 우리도 다음 세대에게 하나님의 풍성하신 은혜의 기쁜 소식을 전해야 할 책임이 있는 것입니다. 특별히 그리스도인 가정에서 이와 같은 역사가 일어나야 합니다.

바울은 디모데의 '거짓 없는 믿음'을 칭찬하면서 아주 중요한 말씀을 남겼습니다.

"이는 네 속에 거짓이 없는 믿음이 있음을 생각함이라. 이 믿음은 먼저 네 외조모 로이스와 네 어머니 유니게 속에 있더니 네 속에도 있는 줄을 확신하노라"(딤후 1:5).

디모데가 가지고 있는 '거짓이 없는 믿음'은 그 어머니와 외할머니로 거슬러 올라간다고 합니다. 즉 외할머니였던 로이스의 믿음이 어머니 유니게에게 전해졌고, 그것이 또한 디모데에게도 전해진 것입니다. 그리고 디모데를 통해서 또한 수많은 믿음의 후배에게 하나님의 풍성하신 은혜의 기쁜 소식이 전해지게 되었던 것입니다.

우리를 죄와 사망의 권세에서 구원하신 하나님의 목적과 이유가 있습니다. 우리가 접촉하는 누군가에게 복음의 통로가 되는 것입니다. 앞으로 오는 여러 세대에 계속해서 하나님의 풍성하신 은혜가 전해지도록 하는 것입니다. 우리가 하나님의 은혜 안에서 살 때만 다음 세대에게 하나님의 은혜를 유산으로 넘겨줄 수 있을 것입니다.

부모 세대의 믿음이 자녀 세대에게 중단 없이 계속 이어지는 우리 가정이 되기를 간절히 소망합니다.

□ 은혜 나누기
예수 그리스도의 복음이 나에게까지 전달된 통로를 생각해 본 적이 있습니까? 내가 아는 데까지 거슬러 올라가며 추적해 봅시다.

□ 공동 기도
하나님 아버지, 지금 우리에게까지 복음이 전해질 수 있게 하심을 감사합니다. 하나님의 은혜가 우리에게서 멈추지 않게 하시고, 누군가에게 계속해서 흘러갈 수 있게 도와주세요. 예수님의 이름으로 기도합니다. 아멘

# 구원은 새로운 창조다!

- 주님의 기도 주님이 가르쳐주신 기도로 가정예배를 시작합니다.
- 찬송 부르기 288장(예수를 나의 구주 삼고)
- 성경 읽기 에베소서 2:10

   ※ 개역개정판

   우리는 그가 만드신 바라. 그리스도 예수 안에서 선한 일을 위하여 지으심을 받은 자니 이 일은 하나님이 전에 예비하사 우리로 그 가운데서 행하게 하려 하심이니라.

   ※ 메시지성경

   우리는 우리 자신을 만들 수도, 구원할 수도 없습니다. 만들고 구원하는 일은 하나님이 하시는 일입니다. 하나님은 그리스도 예수를 통해 우리 각 사람을 지으셨습니다. 그렇게 하신 것은 그분께서 하시는 일, 곧 우리를 위해 마련해 놓으신 선한 일, 우리가 해야 할 그 일에 우리를 참여시키려는 것입니다.

- 말씀 나누기

   우리는 예수 그리스도 안에서 보여주신 '하나님의 은혜에 의하여'by grace 또한 '믿음으로 말미암아'through faith 구원을 받았습니다. 구원은 우리가 착한 일을 많이 했기 때문에 주어진 보상이 아니라, 긍휼이 풍성하신 하나님께서 거저 주신 선물입니다. 그렇기에 하나님께 구원받은 자들은 누구든지 자신의 의를 자랑할 수 없습니다. 지금까지 바울이 에베소서 2장에서 강조한 말씀입니다.

우리는 행함이 구원의 조건이 될 수 없다는 바울의 분명한 확신을 잘 알게 되었습니다. 그렇다면 우리 기독교인들에게 '행함'이란 과연 어떤 가치가 있는 것일까요? 만일 착한 일을 하는 것이 구원의 전제조건이 아니라면, 왜 우리는 굳이 착한 일을 하면서 살아야 한다고 생각하는 것일까요?

어느 이단은, 한번 구원받았으면 그 이후에 어떤 짓을 하더라도 그에 따라서 구원받은 상태가 달라지지 않는다고 주장합니다. 행함이 구원의 조건이 아니듯이 구원받은 이후에도 여전히 행함이 구원의 상태를 결정할 수 없다는 것이지요. 이것은 물론 성경의 가르침을 자기들의 입맛에 맞도록 왜곡한 극단적인 구원론입니다.

그러나 이들의 주장에 현혹되지 않으려면, 성경이 가르쳐주는 '구원과 행함의 상관관계'를 정확히 알고 있어야 합니다. 오늘 본문에 바로 그 답이 있습니다.

### 새로운 창조

바울은 이렇게 말합니다. "우리는 그가 만드신 바라"(10절a). 이를 NIV 성경은 "우리는 하나님의 수제품(手製品)이라"(We are God's handiwork.)라고 표현합니다. KJB 성경은 '걸작'(workmanship)이라고 해석합니다. 그러니까 우리는 하나님께서 손수 빚으시고 솜씨 있게 만드신 작품이라는 것입니다.

그런데 여기에서 '우리'가 누구입니까? '우리'는 이 세상의 모든 사람을 가리키는 말이 아닙니다. 하나님께서 태초에 흙을 빚으시고 생기를 불어넣으신 인간 창조 사건을 언급하는 것이 아니라는 말입니다. 물론 모든 인간은 하나님께서 창조하셨습니다. 그 사실은 달라지지 않습니다. 그러나 바울이 지금 여기에서 말하는 '우리'는 이 세상의 일반적인 사람들이 아니라, 바로 '그리스도인들'을 가리킵니다.

그 뒤에 덧붙여진 '그리스도 예수 안에서 지으심을 받은 자'created in Christ Jesus가 바로 '우리'에 대한 설명입니다. 그리스도인들은 예수 안에서 새롭게 '창조된'created 사람들입니다. 바울은 여기에서 '창조'라는 단어를 의도적으로 사용하고 있습니다. 예수 그리스도를 통한 구원이 바로 태초에 하나님께서 창조하신 본래의 목적을 회복하는 사건이기 때문입니다.

창세기부터 요한계시록까지 성경 전체를 흐르고 있는 '구원'은 바로 '창조 질서의 회복'입니다. 구원은 단지 죄 많은 한 인간의 영혼이 구원을 받는 정도를 말하지 않습니다. 구원이란 태초에 하나님께서 창조하신 세계에서 하나님이 본래 의도하셨던 대로 하나님과 인간과 자연과의 모든 관계가 총체적으로 회복되는 우주적인 사건을 말합니다.

바울은 우리가 예수 그리스도를 믿음으로 구원받게 된 것은 하나님께서 우리를 새롭게 창조하신 사건이라고 말합니다. 하나님께서 손수 우리를 빚으셔서 멋진 작품으로 창조해 주신 것입니다. 이 세상에는 목적 없이 창조된 작품은 하나도 없습니다. 그렇다면 하나님께서 우리를 예수 그리스도 안에서 새롭게 창조하신 이유가 무엇일까요?

### 선한 일을 행함

'구원'을 단지 죽은 후에 천국 가는 데 필요한 것으로 생각하는 사람들이 많이 있습니다. 그러나 바울은 분명하게 말합니다. 우리는 "그리스도 예수 안에서 선한 일을 위하여 지으심을 받은 자"라고 말입니다. 선한 일을 하라고 하나님께서 우리를 구원해주신 것입니다. 한번 구원받고 난 후에는 어떤 짓을 해도 천국 가는 데 아무런 지장이 없다고 가르치는 이단의 주장이 얼마나 비성경적인지를 잘 드러내는 대목입니다.

예수 그리스도를 통해 나타난 하나님의 은혜에 의해서 믿음으로 말미암아 구원받은 우리 그리스도인들은 이제 예전처럼 함부로 살면 안 됩니다. 물론 구원받기 위해서 선한 일을 하는 것은 아니지만, 우리 그리스도인들은 이제부터 선한 일을 하면서 살도록 새롭게 창조된 사람들이기 때문입니다.

그런데 여기에서 '선한 일'good works이란 구체적으로 무엇을 말하는 것일까요? 물론 가난한 사람을 도와주고 강도 만난 이웃을 돌보는 것도 '선한 일'에 해당할 것입니다. 그러나 바울이 말하는 '선한 일'은 그런 윤리적이고 도덕적인 차원의 '선행'善行을 의미하지 않습니다. 바울은 이렇게 말합니다. "이 일은 하나님이 전에 예비하사 우리로 그 가운데서 행하게 하려 하심이니라"(10절b).

'선한 일'은 '하나님께서 전에 예비하신 일'입니다. 다시 말해서 우리가 생각하기에 착한 일들이 아닙니다. 하나님께서 예비해두신 착한 일들이 있다는 것입니다. 하나님이 우리를 구원해주신 이유는, 우리가 '그 가운데서 행하게 하려고' 즉 그 착한 일들을 행하면서 살아가게 하기 위해서였습니다.

이렇게 설명해도 여전히 바울이 말하는 '그 선한 일들'이 무엇인지 감이 잡히지 않으실 것입니다. 사실 바울이 말하는 '선한 일'은 이미 앞에서 설명되었습니다. 7절을 다시 한번 읽어보지요.

"이는 그리스도 예수 안에서 우리에게 자비하심으로써 그 은혜의 지극히 풍성함을 오는 여러 세대에 나타내게 하심이라"(엡 2:7).

이 말씀을 묵상하면서, 우리를 구원해주신 하나님의 목적은 앞으로 오는 세대를 향하여 우리가 직접 체험한 지극히 풍성하신 하나님의 은혜를 계속해서 선포하는 것이라는 말씀을 드렸습니다. 그것이 바로 하나님께서 태초부터 이 세상 마지막 때까지 품고 계시는 '선한 일'입니다. 그 '선한 일'을 이미 우리에게 베푸셨고, 그로 말미암아 우리가 구원받았습니다. 그리고 그 '선한 일'을 함께 하도록 구원받은 우리 그리스도인들에게 요청하고 계시는 것입니다.

그래서 메시지 성경은 오늘 본문을 다음과 같이 풀이하고 있습니다. "하나님은 그리스도 예수를 통해 우리 각 사람을 지으셨습니다. 그렇게 하신 것은 그분께서 하시는 일, 곧 우리를 위해 마련해 놓으신 선한 일, 우리가 해야 할 그 일에 우리를 참여시키시려는 것입니다"(엡 2:10).

그렇습니다. 우리를 구원하신 것도 하나님이 마련해 놓으신 '선한 일'이었고, 우리가 해야 할 일도 바로 '선한 일'입니다. 결국, 그 일에 우리를 참여시키려고 하나님께서 우리를 구원하신 것이지요. 이 메시지를 단지 "착하게 살라!"는 윤리적인 교훈으로 해석하면 안 됩니다. 그러면 하나님의 은혜를 또다시 율법주의에 가두어버리는 잘못을 범하게 되는 것입니다.

예수 그리스도를 통해 우리를 새롭게 창조하신 하나님께서, 우리를 통해 제일 하고 싶어 하시는 '선한 일'이 있습니다. 그것은 새롭게 창조된 새 사람으로서 다른 사람들과 새로운 관계를 맺으며 살아가는 것입니다. 앞으로 우리가 계속 묵상하게 될 내용입니다.


◻ 은혜 나누기

"나는 하나님이 창조하신 걸작품이다!"라는 말씀을 어떻게 생각합니까? 자신의 솔직한 느낌을 이야기해봅시다.

◻ 공동 기도

하나님 아버지, 우리를 구원하여 새로운 존재로 창조해 주심을 감사합니다.

하나님께서 우리에게 기대하시는 '선한 일'이 무엇인지 발견하게 하시고, 그 일을 행함으로 하나님의 마음을 기쁘게 해드리는 우리 가정이 되게 해주세요. 예수님의 이름으로 기도합니다. 아멘.

## 2월 4주

 막힌 담을 허무는 사람

□ 주님의 기도 주님이 가르쳐주신 기도로 가정예배를 시작합니다.

□ 찬송 부르기 604장(완전한 사랑)

□ 성경 읽기 에베소서 2:14-15

　※ 개역개정판

　14 그는 우리의 화평이신지라 둘로 하나를 만드사 원수 된 것 곧 중간에 막힌
담을 자기 육체로 허시고 15 법조문으로 된 계명의 율법을 폐하셨으니 이는 이
둘로 자기 안에서 한 새 사람을 지어 화평하게 하시고….

　※ 메시지성경

　14-15 메시아께서 우리 사이를 화해시키셨습니다. 이제 밖에 있던 이방인과 안
에 있는 유대인 모두가 이 일에 함께하도록 하셨습니다. 그분은 우리가 서로
거리를 두기 위해 이용하던 벽을 허무셨습니다. 그분은 도움보다는 방해가 되
었던, 깨알 같은 글자와 각주로 꽉 찬 율법 조문을 폐지하셨습니다. 그런 다음
에, 전혀 새로운 출발을 하셨습니다. 그분은 오랜 세월 동안 증오와 의심에
사로잡혀 둘로 갈라져 있던 사람들을 그대로 두지 않으시고 새로운 인류를 지
으셔서, 누구나 새 출발을 하게 하셨습니다.


□ 말씀 나누기

　지난 시간에 우리는, 그리스도인을 통해 하나님께서 제일 하고 싶
어 하시는 '선한 일'은 다른 사람들과 새로운 관계를 맺으며 살아가는

것이라는 말씀을 묵상했습니다. 오늘 본문에서 바울은 '선한 일'의 한 가지 예로서 '유대인'과 '이방인', '할례자'와 '무할례자' 사이에 맺어지는 새로운 관계에 관해 설명합니다.

### 우리의 화평

바울은 이렇게 말합니다. "그는 우리의 화평이신지라. 둘로 하나를 만드사 원수 된 것 곧 중간에 막힌 담을 자기 육체로 허셨다"(14절). '화평'和平이란 경쟁이나 적대 관계에서 벗어나 서로 화목하게 지내는 것을 말합니다. 우리를 화목하게 만든 '그는' 바로 예수 그리스도이십니다. 그런데 여기에서 '우리'는 누구를 가리키는 것일까요?

앞에서 바울은 의도적으로 '너희'You라는 복수 2인칭 대명사를 사용해왔습니다. '너희'는 에베소교회의 이방인 그리스도인들을 가리키는 말입니다. 그렇다면 '우리'We는 누구일까요? 우리는 '유대인 그리스도인'과 '이방인 그리스도인'을 모두 포함하는 말입니다. 바로 뒤에 "둘로 하나를 만드셨다"고 한 것도 '유대인 그리스도인'과 '이방인 그리스도인'의 두 그룹(two groups)을 하나로 합하여 '우리'로 만드셨다는 뜻입니다.

서로 다른 두 그룹이 하나가 되려면 먼저 둘 사이를 가로막고 있는 담이 허물어져야 합니다. 바울은 그것을 '원수 된 것, 곧 중간에 막힌 담'(the dividing wall of hostility)이라고 표현합니다. 국가 간에, 사회 계층 간에, 또는 개인 간에 하나가 되지 못하는 것은 중간에 막힌 담이 있기 때문입니다.

이스라엘 사람들과 팔레스타인 사람들이 사는 곳에는 높게 쌓은 콘크리트 벽이 중간에 놓여있습니다. 그 담이 두 그룹을 하나 되지 못하게 갈라놓고 있습니다. 우리나라에는 휴전선이라는 담이 남북을 가로막고 있습니다. 사람들 마음에도 눈에 보이지 않는 장벽이 있습니다. 그 장벽이 계층 간, 지역 간, 세대 간에 사람들 사이를 가로막고 있습니다. 그 담이 허물어지기 전에는 진정한 의미에서 하나가 되기란 불가능합니다.

가정마다 부부 사이에, 부모와 자녀 사이에 막힌 담이 있습니다. 이웃집 사람들과의 사이에 막힌 담이 있습니다. 층간 소음에도 칼부림하는 그런 세상이 되었습니다. 그 속에서 사람들은 불행하게 살 수밖에 없습니다. 사람들 사이를 막고 있는 의심의 담, 서로 원수가 되게 하는 증오의 담을 어떻게 허물 수 있을까요? 예수 그리스도가 답입니다.

메시지 성경은 다음과 같이 풀이합니다.

"메시아께서 우리 사이를 화해시키셨습니다. 이제 밖에 있던 이방인과 안에 있는 유대인 모두가 이 일에 함께하도록 하셨습니다. 그분은 우리가 서로 거리를 두기 위해 이용하던 벽을 허무셨습니다"(엡 2:14, 메시지).

이방인과 유대인이 하나가 된다는 것은 마치 물과 기름이 하나가 되는 것처럼 불가능한 일입니다. 그러나 그리스도 안에서는 얼마든지 하나가 될 수 있습니다. 서로 그리스도를 영접하기만 하면 그들 사이에 막힌 담이 허물어지고 화평이 만들어집니다.

죽어서 천국 가는 것만 구원이 아닙니다. 구원은 이 세상에서부터 경험되어야 합니다. 막힌 담이 허물어지고, 원수가 친구가 되고, 주님이 주시는 화평으로 '선한 일'을 위해 함께 일하는 삶이 바로 구원입니다.

### 새로운 인류의 창조

바울은 계속해서 하나님이 법조문으로 된 계명의 율법을 폐하신 이야기를 거론하면서, 그 이유를 다음과 같이 설명합니다. "이는 이 둘로 자기 안에서 한 새 사람을 지어 화평하게 하시기 위해서다"(15

절). 여기에서 '둘'은 물론 유대인과 이방인을 의미합니다. 그 두 그룹이 하나 되어 화평을 누리게 하려고, 하나님께서 스스로 율법을 폐하셨다는 것입니다.

이를 뒤집으면, 율법이 존재하는 한 유대인과 이방인은 결코 화평을 누릴 수 없다는 뜻이 됩니다. 즉 율법이 유대인과 이방인 사이를 나누는 막힌 담이 되어왔던 것이지요. 그래서 메시지 성경은 다음과 같이 풀이합니다.

> "그분은 도움보다는 방해가 되었던, 깨알 같은 글자와 각주로 꽉 찬 율법 조문을 폐지하셨습니다. 그런 다음에, 전혀 새로운 출발을 하셨습니다. 그분은 오랜 세월 동안 증오와 의심에 사로잡혀 둘로 갈라져 있던 사람들을 그대로 두지 않으시고 새로운 인류를 지으셔서, 누구나 새 출발을 하게 하셨습니다"(엡 2:15, 메시지).

구약의 율법은 본래 하나님의 백성답게 살아갈 수 있는 지침으로 주어진 것입니다. 그런데 메시지 성경은, 율법 조문이 도움이 되기보다는 방해가 되었다고 합니다. 물론 율법 자체가 잘못되었기 때문이 아닙니다. 율법을 받은 유대인들이 그것을 자기들과 이방인들과의 거리를 벌려두기 위한 목적으로 잘못 사용하였기 때문입니다. 그러니까 선민으로서 자신들의 기득권을 유지하기 위한 수단으로 율법을 이용해왔던 것이지요.

그래서 하나님은 '전혀 새로운 출발'을 하셨습니다. 오랜 세월 동안 증오와 의심에 사로잡혀 살던 두 그룹을 예수 그리스도의 십자가 사건으로 묶어서, '하나의 새로운 인류'(a new kind of human being)를 창조하신 것입니다. 더는 유대인과 이방인의 구분이 없고, 더는 할례자와 무할례자로 구별되지 않는 새로운 종류의 인간을 만드신 것입니다. 그렇게 만들어진 것이 바로 우리 '그리스도인'입니다!

오늘 말씀 묵상을 통해서 우리는 하나님의 관심이 무엇인지 확실히 알게 되었습니다. 하나님은 법조문으로 된 계명의 율법을 차라리 포기하더라도 사람들과 사람들 사이를 가로막고 있는 담을 허물어버리기를 원하셨습니다. 그것이 이 세상을 위한 '구원'이기 때문입니다.

우리 '그리스도인'은 예수 그리스도의 십자가 사건을 통해서 새롭게 창조된 '새로운 인류'입니다. '새로운 인류'로서 우리가 해야 할 가장 중요한 사역은 사람들 사이에 막힌 담을 허무는 일입니다. 그것이 하나님이 지금까지 해 오신 '선한 일'입니다. 그리고 주님이 다시 오실 그때까지 계속해서 이루어가실 일입니다. 그리스도인은 담을 쌓는 사람이 아니라, 막힌 담을 허무는 사람입니다.

□ 은혜 나누기
우리 가족들 사이에 막힌 담이 있나요? 만일 있다면 그것을 어떻게 허물 수 있을까요? 함께 나누어봅시다.

□ 공동 기도
예수 그리스도의 은혜로 구원받은 우리를 통해서 사람들 사이의 모든 막힌 담을 허물기를 원하시는 하나님 아버지, 먼저 우리 가정에서부터 막힌 담이 허물어지게 해주세요. 그리고 다른 사람과의 관계에서도 담을 쌓는 사람이 아니라, 막힌 담을 허무는 사람으로 살아가게 해주세요. 예수님의 이름으로 기도합니다. 아멘.

**3월 1주**

# 신(新)인류 창조의 목적

▫ 주님의 기도 주님이 가르쳐주신 기도로 가정예배를 시작합니다.

▫ 찬송 부르기 559장(사철에 봄바람 불어 잇고)

▫ 성경 읽기 에베소서 2:16

※ 개역개정판

또 십자가로 이 둘을 한 몸으로 하나님과 화목하게 하려 하심이라. 원수 된 것을 십자가로 소멸하시고….

※ 새번역성경

원수 된 것을 십자가로 소멸하시고 이 둘을 한 몸으로 만드셔서, 하나님과 화해시키셨습니다.

▫ 말씀 나누기

바울은 하나님께서 유대인과 이방인 사이의 화평을 위하여 스스로 율법을 폐하셨다고 합니다. 율법이 존재하는 한 유대인과 이방인 사이에 화평이 이루어질 수 없었기 때문입니다. 하나님은 율법을 포기하면서까지 사람들 사이를 가로막고 있던 담을 허물어버리기로 하신 것입니다!

게다가 하나님께서는 아예 유대인과 이방인을 하나로 묶어서 '새로운 인류'를 창조하기로 하셨다고 바울은 선언합니다. 그렇게 창조된 '신인류'(新人類)가 바로 '그리스도인'이라는 것입니다. 계속해서 바울은 하나님이 '신인류'를 창조하신 데에는 특별한 목적이 있다고 말합니다. 오늘 우리가 묵상할 말씀입니다.

### 하나님과 화목

하나님이 신인류를 창조하신 목적에 대해서 바울은 오늘 본문에서 이렇게 설명합니다. "십자가로 이 둘을 한 몸으로 하나님과 화목하게 하려 하심이라"(16절a). 우리말 성경에는 '십자가로'가 제일 앞에 나와 있지만, 헬라어 원문은 제일 뒤에 놓여있습니다. 그리고 의미상 주어는 '그리스도'입니다(14절). 그러니까 "그리스도께서 이 둘을 한 몸으로 하나님과 화목하게 하신다."(Christ might reconcile them both in one body to God.)입니다. 그 방법은 물론 '십자가를 통해서'through the cross입니다.

여기에서 우리가 주목해야 할 것은, 둘이 한 몸 되는 것이 하나님과 화목하는 것보다 앞서있다는 사실입니다. 둘은 물론 유대인과 이방인을 가리킵니다. 하나님은 그 둘을 하나로 묶어서 '신인류'를 창조하셨다고 했습니다. 그러니까 '한 몸으로'는 결국 '신인류로서', 즉 '그리스도인으로서'라는 뜻이 됩니다. 하나님께서 그리스도인이라는 신인류를 창조하신 목적은 '하나님과 화목하게 하는 것'입니다.

새번역 성경이 이 순서를 잘 표현하고 있습니다. "이 둘을 한 몸으로 만드셔서, 하나님과 화해시키셨습니다." 그렇습니다. 하나님께서 신인류를 창조하신 목적은 바로 '하나님과 화해하는 것'입니다. 그런데 하나님과 화해하기 위해서는 먼저 유대인과 이방인이 한 몸이 되어야 합니다!

이것은 사실 "하나님께서 율법을 폐하셨다."는 말씀만큼이나 충격적입니다. 특별히 선민選民이라는 자부심으로 살아가는 유대인들에게 더더욱 충격적인 말씀입니다. 유대인은 자신이 이방인으로 태어나지 않게 된 것을 특별한 감사의 조건으로 생각하고 있습니다. 그런데 하나님과 화목하기 위해서는 먼저 이방인과 한 몸이 되어야 한다니 어떻게 그 말씀을 받아들일 수 있겠습니까?

그런데 이 말씀은 유대인뿐만 아니라, 신앙생활을 하나님과의 수직적인 관계로만 이해하는 사람들에게도 똑같이 충격적인 말씀입니다. 다른 사람들과 복잡하게 엮이지 않고 혼자서 조용히 하나님을 믿는 것으로 충분하다고 생각하는 사람들에게, 원수처럼 여기는 이웃과 먼저 한 몸 되어야 하나님과 화목할 수 있다는 것은 소화하기 쉽지 않은 말씀입니다.

그러나 이 말씀은 사실 바울의 개인적인 생각이 아닙니다. 그것은 이미 예수님께서 산상수훈에서 제자들에게 가르치신 말씀입니다.

"[23]그러므로 예물을 제단에 드리려다가 거기서 네 형제에게 원망들을 만한 일이 있는 것이 생각나거든 [24]예물을 제단 앞에 두고 먼저 가서 형제와 화목하고 그 후에 와서 예물을 드리라"(마 5:23-24).

여기에서 '예물'은 특별히 구약 성경의 '화목제의 제물'(레 3장)을 염두에 두고 하신 말씀입니다. 화목제는 두 가지 목적을 가지고 있는데, '하나님과의 화목'과 '이웃과의 화목'이 그것입니다. 그래서 하나님께 제물을 드림으로써 하나님과 화목하고 난 후에, 반드시 그 제물을 이웃과 함께 나누어 먹게 했던 것입니다. 이는 '하나님과의 화목'이 '이웃과의 화목'으로 나아가야 한다는 가르침입니다.

그러나 예수님은 그 순서를 바꾸어서 말씀하셨습니다. 하나님께 예물을 드리려다가 만일 형제에게 원망들을 만한 일이 생각나면, 예물을 그대로 제단에 두고 먼저 가서 형제와 화목하고 난 다음에 다시 와서 하나님께 예물을 드리는 일을 마무리하라는 것입니다. 이는 '이웃과의 화목'이 선행되지 않고서는 '하나님과의 화목'이 완성될 수 없다는 점을 강조하시는 말씀입니다.

이와 같은 주님의 가르침에 근거하여 바울은 오늘 본문에서 "둘이 한 몸 되어야 하나님과 화목할 수 있다"고 주장하고 있는 것입니다. 그리고 그것은 주님의 가르침에 대한 바른 이해입니다.


### 십자가를 통해

문제는 둘이 한 몸 되기가 말처럼 그렇게 쉽지 않다는 사실입니다. 유대인과 이방인은 더더욱 그렇습니다. 어떻게 그것이 가능할까요? 바울은 그에 대한 답도 준비해놓고 있습니다. 뒤에 붙여진 '십자가를 통해'through the cross가 바로 그 대답입니다. 예수 그리스도의 십자가를 통하지 않고서는 그 누구와도 한 몸이 될 수 없습니다. 사실 '새 사람'이 되는 것도 오직 십자가를 통해서만 가능한 일입니다. 십자가를 통해서 그리스도와 함께 죽고 또 그리스도와 함께 다시 살아나지 않고서는 그 누구도 새 사람으로 거듭날 수 없습니다.

흔히들 '새 사람'을 개인적인 영적인 차원의 변화만을 의미한다고 생각하는데, 아닙니다. 오히려 '새 사람'은 바울이 말하고 있는 '신인류'로 창조되는 것을 의미합니다. 하나님께서 창조하신 '신인류'가 누구라고 했습니까? 유대인과 이방인을 하나로 묶어서 만들어진 '그리스도인'입니다. 그 누구도 예수 그리스도의 십자가를 통하지 않고서는 그리스도인이 될 수 없습니다.

그렇다면 왜 하나님께서 우리를 '그리스도인'이라는 '신인류'로 창조하셨습니까? 유대인과 이방인이 한 몸이 되어 하나님과 화목하게 되었듯이, 이 세상의 모든 사람이 증오와 의심의 담을 허물어버리고 한 몸이 되어 하나님과 화목하게 하기 위해서입니다. 바로 그것이 인류를 구원하기 위한 하나님의 방법입니다.

그런데 이 사실을 바르게 이해하지 못하는 그리스도인들이 참으로 많이 있습니다. 그래서 독불장군식으로 오직 자신만을 위한 개인적인 구원에 집착하거나, 영적이고 내세적인 차원의 구원만을 추구하고 있는 것입니다. 하나님은 '원수 된 것을 소멸하시기' 원하셔서 예수 그리스도를 이 땅에 보내주셨는데, 예수님을 믿는다고 하는 사람들이 오히려 서로 '원수 되어' 편을 가르고 대적하고 있는 것입니다.

그 모두 하나님께서 우리를 '그리스도인'이라는 '신인류'로 창조하셨다는 사실을 제대로 알지 못하고 있기 때문입니다. '신인류'란 이 세상에서 하나 되기에 가장 힘든 관계였던 유대인과 이방인을 하나로 묶어 새롭게 만들어진 '새 사람'이라는 사실을 피부로 실감하지 못하고 있기 때문입니다.

지난 시간의 결론을 반복함으로 오늘 묵상을 마칩니다. '신인류'로서 우리 그리스도인들이 해야 할 가장 중요한 사역은 막힌 담을 허무는 일입니다. 그것이 하나님이 지금까지 해 오신 '선한 일'입니다. 그 일 하라고 우리를 '그리스도인'으로 불러주셨습니다. 우리에게 주어진 사명을 깨닫고 실천하는 우리 가정이 되기를 소망합니다.


□ 은혜 나누기

하나님과 화목하기 위해서 내가 지금 바른 관계를 회복해야 할 사람이 있다면 누구입니까? 함께 나누어봅시다.

□ 공동 기도

하나님 아버지, 우리 가족들 사이에는 막힌 담이 없게 해주세요. 우리의 잘못된 말이나 행동으로 인해 혹시라도 마음의 거리가 생기지 않게 해주시고, 만일 그런 일이 생긴다면 솔직하게 털어놓고 즉시 관계를 회복할 수 있게 도와주세요. 예수님의 이름으로 기도합니다. 아멘.

# 하나님의 가족

□ 주님의 기도 주님이 가르쳐주신 기도로 가정예배를 시작합니다.

□ 찬송 부르기 218장(네 맘과 정성을 다하여서)

□ 성경 읽기 에베소서 2:19

　※ 개역개정판

　그러므로 이제부터 너희는 외인도 아니요 나그네도 아니요 오직 성도들과 동

　일한 시민이요 하나님의 권속이라.

　※ 메시지성경

　너무도 분명하지 않습니까? 여러분은 더 이상 떠돌이 유랑민이 아닙니다. 이

　믿음의 나라가 이제 여러분의 본향입니다. 여러분은 더 이상 나그네나 이방인

　이 아닙니다. 여러분은 이 믿음의 나라에 속한 사람입니다. 여러분은 여느 사

　람 못지않게 그리스도인이라는 이름에 딱 어울리는 사람입니다. 하나님은 한

　집을 짓고 계십니다.

□ 말씀 나누기

　지금까지 바울은 하나님께서 유대인과 이방인을 하나로 묶어서 '그리스도인'이라는 신인류를 창조하셨다는 점을 강조해왔습니다. 따라서 그리스도인이 해야 할 가장 중요한 일은 모든 종류의 막힌 담을 허물어버리는 것이라 했습니다. 유대인은 선민의식이라는 자만심의 담을 허물어버려야 합니다. 이방인은 나그네라는 부정적인 인식의 담

을 허물어버려야 합니다. 오늘 본문에서 바울이 권면하는 내용입니다.

### 하나님의 백성

바울은 말합니다. "그러므로 이제부터 너희는 외인도 아니요 나그네도 아니다"(19절a). '외인'은 '외국인'foreigners을, '나그네'는 '낯선 사람'strangers을 의미합니다. 모두 이방인을 가리키는 말들입니다. 실제로 앞의 12절에서 바울은 이방인 그리스도인들이 본래 '이스라엘 나라 밖의 사람'이었고 '약속의 언약들에 대하여는 외인'이라고 했습니다. 그러나 이제 더는 아닙니다. 왜냐면 십자가를 통해 신인류로 창조되었기 때문입니다.

바울은 이방인 그리스도인을 향해서 "오직 성도들과 동일한 시민이요 하나님의 권속이라."고 선언합니다. 그런데 '성도들'이라고 하니까 교회 다니는 그리스도인들을 가리키는 말처럼 오해할 수 있지만, 사실은 '하나님의 백성'God's people이라고 번역하는 것이 맞습니다. 메시지 성경은 "믿음의 나라(the kingdom of faith)가 이제 여러분의 본향입니다"라고 표현합니다. 그러니까 이방인도 이제는 당당하게 하나님 백성의 시민권을 가진 자들로 인정받을 수 있게 되었다는 것입니다.

하나님께서 선택하신 이스라엘은 본래 '혈연공동체'가 아니라 '신앙공동체', 즉 '믿음의 나라'였습니다. 물론 아브라함과 그의 후손들이 중심이 되어 출애굽 하긴 했지만, 그들이 전부는 아니었습니다. 그들보다 훨씬 많은 '수많은 잡족'(a mixed multitude)이 아브라함의 후손들과 함께 출애굽 했습니다(출 12:38). 그리고 시내 산에서 하나님과 계약을 맺고 '이스라엘' 즉 하나님이 다스리시는 신앙공동체를 형성하게 된 것입니다.

메시지 성경이 '떠돌이 유랑민'과 '믿음의 나라'를 대조하여 설명하고 있는 것도 다분히 이와 같은 출애굽 사건의 의미를 염두에 둔 해석이 아닐까 싶습니다. 이스라엘은 처음부터 단일 민족으로 이루어진 혈연공동체가 아니었습니다. 떠돌이 유랑민이었던 그들이 하나님과의 계약을 통해 믿음의 나라로 만들어진 것입니다.

따라서 예수 그리스도의 십자가 사건을 통해서 이제 이방인도 '믿음의 나라'에 들어와서 당당하게 하나님의 백성으로 인정받게 된 것은 너무나도 자연스러운 일이 아닐 수 없습니다. 바로 이것이 하나님께서 이스라엘 백성을 선택하실 때 품고 계시던 본래 계획이었기 때문입니다.

교회는 '혈연공동체'가 아니라 '신앙공동체'입니다. 교회 또한 영적인 이스라엘이요 '믿음의 나라'입니다. 이 정체성을 분명히 붙들고 있을 때만 교회로서의 사명을 감당하게 되는 것입니다.


## 하나님의 가족

그다음에 우리가 주목해야 할 부분은 '하나님의 권속'이라는 말씀입니다. '권속'眷屬을 쉬운 말로 풀이하면 '한집안 식구'household 또는 '가족'이라는 뜻입니다. 그러니까 '하나님의 권속'이란 '하나님 때문에 한 식구가 된 사람들'을 가리킵니다. 과거에는 유대인과 이방인이 한집안 식구가 될 수 없었지만, 이제는 유대인 이방인 구분 없이 모두 하나님의 권속이 될 수 있다는 것입니다.

이것은 오늘날의 교회에 그대로 적용될 수 있습니다. 우리는 '하나님의 권속' 즉 '하나님의 가족'입니다. 하나님을 아버지로 모시는 한집안 식구입니다. 우리는 성도 다르고, 얼굴도 다르고, 자라온 환경도 다릅니다. 관심도 다르고, 할 수 있는 일들도 다릅니다. 그러나 예수 그리스도를 믿고 세례받아 하나님의 자녀가 되어 한 교회를 섬기면서,

우리는 모두 하나님 가족의 구성원(members of God's household)이 되었습니다.

그런데 교회를 다니기는 하는데, 예수님을 믿기는 하는데, 외국인처럼 낯선 손님처럼 그렇게 서성거리는 사람들이 있습니다. 그것은 제대로 된 신앙생활이 아닙니다. 교회는 가정과 같은 곳입니다. 하나님을 믿는 사람들은 믿음 안에서 한 가족이 되어야 합니다. 사도행전에 기록된 예루살렘 교회가 바로 그런 모습을 보여줍니다. 그들은 단지 성도 간에 교제를 나누는 것으로 만족하지 않았습니다. 그들은 성도의 교제에 헌신했습니다.

"그들이 사도의 가르침을 받아 서로 교제하고 떡을 떼며 오로지 기도하기를 힘쓰니라"(행 2:42).

우리 말 번역에 따르면 그들이 가장 중요하게 생각한 일은 기도였다는 식으로 이해하기 쉽습니다. "오로지 기도하기를 힘썼다"고 하니까 말입니다. 그러나 본래는 그런 뜻이 아닙니다. 그들은 네 가지에 헌신했습니다. 그중 하나가 기도하는 것이었습니다. 그보다 앞서서 그들은 '서로 교제하는 일'에 헌신했습니다. 왜 그랬을까요? 교회는 하나님의 권속, 즉 믿음의 가족이요 한 식구였기 때문입니다.

우리가 건강한 신앙생활을 하려면 믿음의 가족들과 교제하는 일을 잘해야 합니다. 아무리 혼자서 성경을 많이 읽고, 아무리 혼자서 기도 생활 열심히 하더라도, 그것이 그저 개인적인 차원에서 머물러 있다면 그 사람의 신앙은 반쪽짜리에 불과합니다. 믿음의 식구들과 삶을 나누고 신앙을 나누고 교제하는 일이 빠져 있으면, 그 사람의 믿음은 절대로 자라나지 않습니다.

어느 부인이 교회를 다니기 시작했습니다. 몇 달 동안 혼자서 조용히 주일 아침 예배에 출석했습니다. 그런데 이 부인은 절대로 예배시간 전에 교회에 오는 법이 없었습니다. 예배가 시작되고 난 다음에 왔다가 목사님의 축도가 끝나기 전에 서둘러서 나가곤 했습니다. 그런데 어느 날부터인가 예배시간에 보이지 않았습니다. 그 교회에 다니는 것을 그만둔 것입니다.

몇 주일이 지나서 목사님이 길에서 우연히 그 부인을 만났습니다. 반갑게 인사하면서 물었습니다. "요즘 예배시간에 성도님을 잘 볼 수 없는 것 같아요." 그러니까 그 부인이 이렇게 대답하더랍니다. "네, 저는 그 교회에 별로 나가고 싶지 않아요. 거기에는 나를 돌보는 사람이 아무도 없더군요."

오늘날 많은 사람이 이 부인처럼 신앙생활 합니다. 교회에 오기는 하지만 누군가가 말을 걸기도 전에 교회를 떠나갑니다. 그러면서 왜 성도들 사이에 좋은 관계가 세워지지 않는지 궁금해합니다. 왜 아무도 자기에게 관심이 없느냐고 합니다. 물론 그 교회를 다니고 있는 성도 중에 먼저 다가가는 분이 있었어야 합니다. 그렇지만 누군가가 말을 걸 수 있도록 최소한 그 자리에 남아 있어야 하는 것 아닐까요.

하나님의 가족이 되려면 먼저 구성원(member)이 되어야 합니다. 그것은 다른 사람의 책임이 아니라 나 자신의 책임입니다. 먼저 다가가지 못한다고 하더라도, 최소한 누군가가 다가올 수 있도록 마음 문을 열어 두어야 합니다. 누군가가 말을 걸 수 있도록 그 자리에 남아 있어야 합니다. 아니 누군가가 말을 걸어올 때까지 기다리지 말아야 합니다. 내가 먼저 말을 걸고, 자신의 이야기를 시작해야 합니다. 그러면 믿음의 가족이 됩니다. 하나님은 그렇게 한 집을 짓고 계십니다.

□ 은혜 나누기

나는 우리 가족에게 먼저 말을 하는 편입니까? 아니면 누가 말을 붙일 때까지 기다리는 편입니까? 왜 그러는지 함께 나누어봅시다.

  □  공동 기도

하나님 아버지, 교회 안에서나 가정에서 먼저 다가가는 사람이 되게 해주세요. 교회에서는 성도들을 믿음의 가족으로 받아들이게 하시고, 가정에서는 가족들을 믿음의 구성원으로 받아들이게 해주세요. 그리하여 어디서나 막힌 담이 없이 서로 사랑하며 살게 해주세요. 예수님의 이름으로 기도합니다. 아멘.

# 그리스도인의 기초

□ 주님의 기도 주님이 가르쳐주신 기도로 가정예배를 시작합니다.

□ 찬송 부르기 210장(시온성과 같은 교회)

□ 성경 읽기 에베소서 2:20

※ 개역개정판

너희는 사도들과 선지자들의 터 위에 세우심을 입은 자라 그리스도 예수께서 친히 모퉁잇돌이 되셨느니라.

※ 메시지성경

하나님은 우리가 어떻게 이 믿음의 나라에 이르게 되었는지 따지지 않으시고 우리 모두를 사용하셔서, 그분이 짓고 계신 그 일에 우리를 참여시키십니다. 하나님은 사도들과 예언자들을 기초로 삼으셨습니다. 이제 벽돌을 차곡차곡 쌓듯이, 여러분을 그 기초 위에 끼워 넣으십니다.

□ 말씀 나누기

모든 일에는 기초가 가장 중요합니다. 어느 운동을 하든지 그에 맞는 기본적인 자세를 가장 먼저 배워야 합니다. 피아노나 바이올린 같은 악기를 다룰 때도 마찬가지입니다. 건물을 지을 때도 기초가 잘못되면 절대로 든든하게 세워지지 않습니다. 어찌해서 세웠다고 하더라도 오래 가지 못하는 법입니다.

신앙생활도 마찬가지입니다. 그 기초가 무엇이냐에 따라서 신앙의 성숙도가 달라집니다. 오늘 본문에서 바울이 다루고 있는 내용입니다.

### 그리스도인의 기초

바울은 말합니다. "너희는 사도들과 선지자들의 터 위에 세우심을 입은 자라"(20절a). 여기에서 '너희'는 에베소교회의 이방인 출신 그리스도인들을 가리킵니다. 바울은 그들이 '사도들과 선지자들의 터 위에' 세우심을 입은 자라고 선언합니다. '사도들'the apostles과 '선지자들'prophets은 초대교회 내에서 가장 중요한 지도력을 발휘하는 두 가지 직분이었습니다(고전 12:28).

'사도'는 예수님의 제자들을 가리키고, '선지자'는 말씀을 해석하여 선포하는 설교가들을 가리킵니다. 그러니까 초대교회에서 가장 중요한 지도자들이 두 발을 딛고 서 있는 '터', 즉 '기초'foundation 위에 이방인 그리스도인들도 세우심을 입었다는 것입니다. 결국, 사도들과 선지자들이나 이방인 그리스도인들은 모두 같은 '터' 위에 세워져서 신앙생활을 하고 있다는 것입니다. 이 '터'가 무엇일까요? 아니 누구일까요?

바울은 고린도후서에서 그 '터'에 대해 분명하게 말합니다.

"[10]내게 주신 하나님의 은혜를 따라 내가 지혜로운 건축자와 같이 터를 닦아 두매 다른 이가 그 위에 세우나 그러나 각각 어떻게 그 위에 세울까를 조심할지니라. [11]이 닦아 둔 것 외에 능히 다른 터를 닦아 둘 자가 없으니 이 터는 곧 예수 그리스도라"(고전 3:10-11).

그렇습니다. '예수 그리스도'가 바로 '터'입니다. 그러나 이것은 단순히 '예수님이라는 인물'이 우리 신앙의 기초가 되어야 한다는 뜻이 아닙니다. 오히려 "예수님이 그리스도이시다."(Jesus is the Christ.)라는 신앙고백이 우리 신앙의 기초라는 뜻입니다. 모든 그리스도인은 바로 이 기초 위에 세워진 것입니다.

베드로의 신앙고백을 들으신 후에 예수님은 그 고백에 기초하여 교회를 세우겠다고 말씀하셨습니다(마 16:16-18). 그런 의미에서 초대교회에서 가장 중요한 직분을 수행하고 있는 사도들이나 선지자들과 에베소교회에서 신앙생활 하는 이방인 그리스도인들이 전혀 다르지 않습니다.

그리스도인의 정체성은 교회를 다닌다는 것으로 증명되지 않습니다. 건물 높이 십자가를 세워두었다고 해서 모두 교회가 되는 것은 아닙니다. 예수 그리스도에 대한 신앙고백이 분명해야 그리스도인입니다. 예수 그리스도가 분명히 그 교회의 머리가 되어야 진정한 교회인 것입니다.

우리가 주일예배를 드릴 때마다 '사도신경'으로 신앙고백을 하는 이유가 바로 여기에 있습니다. '사도신경' 속에는 "예수님이 그리스도 이시다"라는 고백이 담겨 있기 때문입니다. 그 기초가 분명한 사람이 진정한 예배자가 될 수 있으며, 믿음의 공동체 안에서 하나님의 권속이 되어 함께 건강하고 성숙한 신앙생활을 할 수 있는 것입니다.

### 교회의 모퉁잇돌

바울은 계속해서 말합니다. "그리스도 예수께서 친히 모퉁잇돌이 되셨느니라"(20절b). '모퉁잇돌'a cornerstone이란 건물의 기초를 튼튼히 하기 위해 기둥 밑에 괴는 돌을 말합니다. 다른 말로 '주춧돌'a foundation stone이라고도 합니다. 그런데 사각형의 건물을 세우려면 최소한 4개의 기둥과 네 개의 모퉁잇돌이 필요합니다. 그중에서도 가장 중요한 모퉁잇돌이 있습니다. 그것은 그 건물의 기준이 되는 돌입니다.

마치 느헤미야가 예루살렘 성벽을 건축할 때에 '양문'(the sheep

gate)을 출발점으로 삼았던 것과 같이, 건물을 짓기 위해 기준으로 삼는 돌을 말합니다. '모퉁잇돌'은 바로 그 기준이 되는 가장 중요한 돌을 가리킵니다. 그래서 '모퉁잇돌'을 대부분의 영어 성경은 '바로 그 모퉁잇돌'(the cornerstone)이라고 표현합니다. 그러니까 여러 모퉁잇돌 중의 하나가 아니라, 가장 중요한 기준이 되는 그 주춧돌이 예수 그리스도임을 선포하고 있는 것입니다.

성경은 하나님이 천지를 창조하실 때에 땅이 흔들리지 않도록 기초를 다져놓으셨다고 말합니다(시 102:25). 마찬가지로 이 세상을 구원하기 위한 하나님의 영적인 사역에서도 어떤 기초가 필요합니다. 하나님은 오래전 이사야 선지자를 통해서 이미 그 말씀을 하셨습니다.

"그러므로 주 여호와께서 이같이 이르시되 보라 내가 한 돌을 시온에 두어 기초를 삼았노니 곧 시험한 돌이요, 귀하고 견고한 기촛돌이라. 그것을 믿는 이는 다급하게 되지 아니하리로다"(사 28:16).

여기에서 '시온'은 하나님의 성전 '예루살렘'을 가리키는 말입니다. 예루살렘은 하나님의 백성이 하나님께 예배하는 장소입니다. 이스라엘 백성들의 정체성을 결정하는 가장 중요한 장소입니다. 그 시온을 세울 때 '귀하고 견고한 기촛돌'을 놓아두었다고 하십니다. 그런데 '그 기촛돌'은 그냥 돌이 아니라 '믿어야 하는 대상'입니다. "믿는 이는 다급하게 되지 않는다"는 말씀이 바로 그 뜻입니다.

그러니까 그 돌은 그냥 성전을 세우는 기초 석石 정도가 아니라, 인격적인 믿음의 대상을 말하는 것입니다. 그게 누구일까요? 그렇습니다. 바로 예수 그리스도이십니다. 물론 이 예언이 선포되었을 당시 이스라엘 사람들은 '그 기촛돌'이 바로 '예수 그리스도'를 가리키는 것인지 알지 못했습니다. 그것을 알아차린 사람은 베드로였습니다.

"⁴사람에게는 버린 바가 되었으나 하나님께는 택하심을 입은 보배로운 산 돌이신 예수께 나아가 ⁵너희도 산 돌 같이 신령한 집으로 세워지고 예수 그리스도로 말미암아 하나님이 기쁘게 받으실 신령한 제사를 드릴 거룩한 제사장이 될지니라"(벧전 2:4-5).

여기에서 '산 돌'은 '살아있는 돌'living stone 이라는 뜻입니다. 예수님은 단지 십자가에 달려 죽으심으로 우리를 위한 구원의 반석이 되신 것이 아닙니다. 십자가에서 죽으셨지만 다시 살아나심으로 우리에게 영원한 생명을 주신 '산 돌'이 되셨습니다. 바로 그 돌이 우리 그리스도인이 신앙생활의 기초로 삼고 있는 '모퉁잇돌'인 것입니다.

신앙생활에 있어서 가장 중요한 것은 기초입니다. 우리 신앙의 기초가 되는 모퉁잇돌은 오직 살아계신 예수 그리스도밖에 없습니다. 이에 대한 분명한 신앙고백을 가진 사람은 누구나 믿음의 형제자매입니다. 우리집은 예수님이 그리스도가 되심을 고백하며 오직 우리 삶의 주인 되신 예수님을 따라 살아가는 가정이 되기를 간절히 소망합니다.

□ 은혜 나누기

우리 가정의 기초는 예수 그리스도입니까? 무엇을 보아 그 사실을 알 수 있습니까? 함께 나누어봅시다.

□ 공동 기도

하나님 아버지, 예수 그리스도를 우리집의 기초로 삼게 해주시고, 오직 예수님만 섬기는 가정으로 만들어 주심을 정말 감사합니다. 예수님을 우리 인생의 모퉁잇돌로 삼고 그 위에 우리집을 세워갈 수 있게 해주세요. 그리하여 세상의 어떤 풍파가 닥쳐온다고 해도 절대로 흔들리지 않고 든든히 서 있게 해주세요. 예수님의 이름으로 기도합니다. 아멘.

# 성전이 되어감

□ 주님의 기도 주님이 가르쳐주신 기도로 가정예배를 시작합니다.

□ 찬송 부르기 208장(내 주의 나라와)

□ 성경 읽기 에베소서 2:21-22

※ 개역개정판

²¹그의 안에서 건물마다 서로 연결하여 주 안에서 성전이 되어 가고 ²²너희도 성령 안에서 하나님이 거하실 처소가 되기 위하여 그리스도 예수 안에서 함께 지어져 가느니라.

※ 새번역성경

²¹그리스도 안에서 건물 전체가 서로 연결되어서, 주님 안에서 자라서 성전이 됩니다. ²²그리스도 안에서 여러분도 함께 세워져서 하나님이 성령으로 거하실 처소가 됩니다.

□ 말씀 나누기

바울은 에베소서에서 믿음의 공동체인 교회를 두 가지 비유로 설명합니다. 그 첫째는 교회를 사람의 몸으로 설명하는 것입니다. 사람의 몸에서 가장 중요한 부분은 '머리'입니다. 그래서 바울은 예수님이 교회의 머리이시고, 교회는 그의 몸이라고 설명합니다(엡1:22-23).

둘째는 교회를 건물로 설명하는 것입니다. 건물이 세워지기 위해서 가장 중요한 부분은 '모퉁잇돌'입니다. 그래서 바울은, 지난 시간에 묵상한 대로, "예수 그리스도께서 친히 모퉁잇돌이 되셨다"(엡 2:20)고 했습니다. 이 두 가지 비유는 교회가 예수 그리스도를 중심으로 하여 믿음의 공동체 각 사람이 서로 유기적으로 연결된 구조라는 것을 잘 설명하고 있습니다.

우리 그리스도인들은 그리스도의 몸을 이루는 지체들(parts)입니다. 또한, 우리 그리스도인들은 하나님의 성전을 이루는 벽돌들(bricks)입니다. 여기에 혼자 따로 고독하게 신앙생활 하는 그리스도인이란 있을 수 없습니다.

### 주 안에 세워지는 교회

바울은 오늘 본문에서 이렇게 말합니다. "그의 안에서 건물마다 서로 연결하여 주 안에서 성전이 되어 가고 너희도 성령 안에서 하나님이 거하실 처소가 되기 위하여 그리스도 예수 안에서 함께 지어져 가느니라"(21-22절).

이 짧은 말씀 안에 같은 말이 되풀이되고 있다는 사실을 발견할 수 있습니다. 그것은 '그 안에서', '주 안에서', '그리스도 예수 안에서'입니다. 다시 말해서, 하나님이 거하시는 처소로서 성전이 되어가기 위해 가장 중요한 기초는 바로 '예수 그리스도 안'(In Jesus Christ)이라는 사실을 거듭 강조하고 있는 것입니다.

그렇습니다. 교회는 베드로의 신앙고백 위에 세워졌습니다. 예수님이 그리스도임을 고백하는 사람들만이 하나님이 머무시는 성전을 세워갈 수 있습니다. 그 외의 다른 기초는 없습니다. 그런데 그것이 전부는 아닙니다. 믿음의 공동체인 교회가 세워지기 위해서는 물론 기초가 가장 중요하지만, 그 기초 위에 서로가 연결되어야 한다는 사실이 또한 중요합니다.

새번역 성경은 "그리스도 안에서 건물 전체가 서로 연결되어 자라서 성전이 된다"고 풀이합니다. 어떤 건물이든지 반드시 모퉁잇돌과 연결되어 있어야 합니다. 그래야 교회가 됩니다. 예수님을 모퉁잇돌로 삼지 않고도 성전 건물을 얼마든지 크게 건축할 수 있습니다. 그러나 그곳은 하나님이 머무시는 성전이 아닙니다. 예수님과 접촉점이 없으면서 그 성전에 얼마든지 드나들 수도 있습니다. 그러나 그것은 신앙생활이 아닙니다. 그렇게 해서는 주님의 몸 된 교회가 세워지지 않습니다.

지금 바울은 에베소교회 하나만을 두고 말하고 있는 것이 아닙니다. 오히려 저 멀리 팔레스타인에 있는 예루살렘교회와 그를 선교사로 파송한 안디옥교회와 그가 땅끝을 찾아가며 세운 갈라디아교회, 빌립보교회, 고린도교회, 에베소교회, 그 외의 모든 교회가 '서로 연결되어' 예수 그리스도 안에서 함께 세워져 가는 모습을 마음속에 그리면서 이 이야기를 하고 있습니다.

그 많은 교회의 공통분모가 무엇입니까? 그들을 '교회'라고 부르게 만드는 이유가 무엇입니까? 그들이 기초로 삼고 있는 모퉁잇돌이 바로 예수 그리스도이기 때문입니다. 주 안에서 세워진 것입니다.

### 함께 지어져 가는 교회

바울은 말합니다. "너희도 그리스도 예수 안에서 함께 지어져 가느니라"(22절). 여기에는 누가 먼저 믿기 시작했는지, 나중에 믿기 시작했는지 아무런 문제가 되지 않습니다. 여기에서 유대인과 이방인을 구별하는 것은 아무런 의미가 없습니다. 할례자와 무할례자를 구분할 필요도 없습니다. 마치 벽돌처럼 서로가 서로에게 연결되어 함께 성전으로 세워져 갈 뿐입니다. 그렇게 하나님께서 머무시는 성전으로 지어져 가는 것입니다.

그렇습니다. 혼자서 존재하는 교회는 이미 교회가 아닙니다. 지역 교회들이 서로 연결되어 있어야 교회라고 부를 수 있습니다. 우리 교회는 교단에 소속되어 있습니다. 교단이라는 끈으로 한국에 있는 수천 개의 교회와 서로 연결되어 있습니다. 그뿐만이 아닙니다. 개신교라는 이름으로 수만 개의 교회와 또한 서로 연결되어 있습니다. 기독교라는 이름으로 온 세계 모든 나라에 서로 연결되어 있습니다. 그 수를 헤아린다는 것은 거의 불가능한 일입니다.

동시대의 교회들만 그렇게 연결된 것이 아닙니다. 과거와 현재와 미래의 교회들이 서로 연결되어 있습니다. 십자가의 길을 앞두고 제자들을 위해서 중보하시던 예수님의 기도에 아주 중요한 내용이 담겨 있습니다.

"나는 그들을 위해서만 아니라 그들 때문에, 그리고 나에 대한 그들의 증언 때문에 나를 믿게 될 이들을 위해서도 기도합니다. 그들 모두 한마음 한뜻이 되고 아버지께서 내 안에 계시고 내가 아버지 안에 있듯이, 그들도 우리와 한마음 한뜻이 되는 것, 이것이 내 기도의 목적입니다"(요 17:20-21, 메시지).

예수님은 그를 따르던 열두 제자를 위해서만 기도하지 않으셨습니다. 앞으로 제자들을 통해서 예수님을 믿게 될 사람들을 위해서도 기도하셨습니다. 그들이 한마음 한뜻으로 하나님을 섬기고 하나님의 성전을 세워나가기를 기도하셨던 것입니다. 따라서 초대교회만 교회가 아닙니다. 지금까지 2천 년의 기독교 역사를 통해서 세워진 교회들과 앞으로 세워질 모든 교회가 서로 연결되어 하나님의 성전을 완성해가고 있는 것입니다.

이처럼 하나님이 거하실 처소가 되기 위하여 함께 지어져 가는 교회의 일치를 위해 결정적인 두 가지 요소가 있다면, 그것은 바로 '기초'(foundation)와 '연결'(connection)입니다. 모퉁잇돌 되시는 예수 그리스도에 대한 분명한 확신이 있어야 하고, 또한 서로 연결되어 함께 하나님의 성전이 되어간다는 공동의 고백이 있어야 합니다.

이와 같은 교회의 일치는 모든 교회가 '공교회성'의 가치를 회복함으로 보존될 수 있습니다. 우리가 주일예배를 드릴 때마다 사도신경을 통해서 "거룩한 공회를 믿는다"고 고백하는 것이 바로 그 때문입니다. 문제는 그 의미를 제대로 알지 못하면서 무턱대고 외우는 사람들이 많다는 사실입니다. 이제부터 우리는 그 의미를 정확하게 알고 고백해야 할 것입니다.

교회는 결코 혼자서 존재할 수 없습니다. '개교회주의'는 발붙일 자리가 없습니다. 한 교회는 세계의 모든 교회와 서로 연결되어 있습니다. 과거와 현재와 미래의 교회들과도 연결되어 있습니다. 주님의 몸 된 교회로서 우리 모두의 공통된 기초는 모퉁잇돌 되시는 예수 그리스도이십니다. 그 위에 세워지고 또한 서로 연결됨으로써 거룩한 공교회(公敎會)를 이루어가는 것입니다.

그렇기에 우리는 북한의 지하 교회 성도들을 위해서 기도해야 합니다. 이슬람 지역의 박해받는 교회와 성도들을 위해서 함께 아파해야 합니다. 우리에게 허락하신 땅끝에 교회를 세우는 일을 중단하지 말아야 합니다. 이 땅에 하나님의 나라가 완성될 그 날까지 하나님의 일하심에 참여해야 합니다.

▫ 은혜 나누기

오늘 말씀을 묵상하던 중에 마음에 떠오른 교회가 있습니까? 그 이유가 무엇인지 함께 나누어봅시다.

□ 공동 기도

하나님 아버지, 오직 '내 교회'만 잘 되기를 기도해왔던 우리의 속 좁은 생각을 용서해주세요. 이제부터는 예수님이 기도하셨던 것처럼, 지구상에 존재하는 모든 교회를 위해서 기도하게 하시고, 특히 탄압과 박해 속에서도 신앙을 지켜 나가는 사람들을 위해서 기도하게 해주세요. 예수님의 이름으로 기도합니다. 아멘.

# 새 사람으로 살기

## (4 ~ 6월)

# 이방인같이 살지 마세요!

□ 주님의 기도 주님이 가르쳐주신 기도로 가정예배를 시작합니다.

□ 찬송 부르기 559장(사철에 봄바람 불어 있고)

□ 성경 읽기 에베소서 4:17

※ 개역개정판

그러므로 내가 이것을 말하며 주 안에서 증언하노니 이제부터 너희는 이방인
이 그 마음의 허망한 것으로 행함 같이 행하지 말라.

※ 메시지성경

그러므로 나는 힘주어 말합니다. 하나님께서도 내 말을 지지하십니다. 아무
생각이나 분별없이 사는 대중들을 따라가지 마십시오.

□ 말씀 나누기

지난 3개월 동안 우리는 에베소서의 전반부(1-3장) 말씀을 묵상했
습니다. 여기에서 바울은 기독교 신앙의 교리와 원칙에 대하여 집중
적으로 설명합니다. 이 부분을 살펴보면서, 예수 그리스도를 통한 구
원은 하나님의 새로운 창조 역사라는 사실을 알게 되었습니다. 그리
스도 없이 살던 죄인이 구원받아 '그리스도인'이라는 신인류로 창조되
었다는 것입니다.

하나님이 '신인류'를 창조하신 목적은 새로운 관계를 만들어 내기
위해서입니다. 바울은 그것을 '막힌 담을 허무는 일'로 설명합니다. 사

람들 사이를 단절시켜왔던 모든 종류의 담을 허무는 일부터 시작해야 한다는 것입니다. 우선 유대인과 이방인의 담을 허물어야 합니다. 그리고 함께 하나님의 가족이 되어야 합니다. 하나님이 머무시는 성전으로 지어져야 합니다. 그러기 위해서 예수 그리스도를 모퉁잇돌로 삼고, 그 위에 서로 연결되어야 합니다. 지금까지 우리가 묵상한 말씀입니다.

오늘부터 우리는 에베소서의 후반부(4-6장) 말씀 묵상을 시작합니다. 바울은 전반부와 달리 기독교 신앙의 윤리와 삶의 문제를 다룹니다. 새 사람으로서 살아가야 하는 새로운 생활방식이 무엇인지, 가정에서 부부 사이와 부모-자녀 사이에서 만들어야 할 새로운 관계는 어떤 것인지에 대해서 구체적으로 권면합니다.

### 바울의 권면

우선 새 사람으로서 살아가는 여러 가지 지침에 대해서 살펴보겠습니다. 오늘 본문에서 바울은 이렇게 말합니다. "그러므로 내가 이것을 말하며 주 안에서 증언하노니 이제부터 너희는 이방인이 그 마음의 허망한 것으로 행함같이 행하지 말라"(17절).

우리말 성경에는 "내가 주 안에서 증언한다."라고 되어있어 바울의 어조가 그다지 강하게 느껴지지 않지만, 본래는 아주 강력한 표현입니다. NIV 성경은 "내가 주 안에서 고집스럽게 요구한다."(I insist on it in the Lord.)로 번역합니다. 메시지 성경도 "나는 힘주어 말합니다."라고 풀이합니다. 아주 중요한 이야기를 할 때 바울이 즐겨 사용하는 표현입니다.

바울이 그렇게 힘주어서 강력하게 요구할 수 있는 근거는 바로 '주 안에서'(in the Lord)입니다. 주님을 믿고 따르는 자들에게 바울은 주님께서 부여하신 권위를 가지고 이렇게 강력하게 권면하는 것입니다. 마치 주님께서 직접 말씀하시는 것처럼, 주님을 믿는 그리스도인들에게 요구하고 있는 것입니다.

문제는 이 말씀을 받는 사람들이 과연 바울의 말을 주님의 말씀으로 받아들일 수 있겠느냐 하는 점입니다. 바울은 데살로니가교회에 보낸 편지에서 성도들에게 감사하는 이유 중의 하나로, 그들이 "하나님의 말씀을 받을 때 사람의 말로 받지 아니하고 하나님의 말씀으로 받는다"(살전 2:13)는 사실을 언급합니다.

아무리 '주 안에서' 강력하게 권면한다고 해도, 만일 그것을 하나님의 말씀이 아니라 사람의 말로 받는다면 어떻게 될까요? 그 말씀은 그저 짜증스러운 잔소리에 불과할 것이고, 아무런 생명의 능력도 나타내지 못할 것입니다.

그것은 마치 오순절 당일에 행한 베드로의 설교를 통해서 찔림을 받은 사람들이 회개하고 주님의 제자가 되었지만, 똑같은 내용의 설교를 듣고 똑같이 찔림을 받은 사람들이 오히려 스데반 집사님을 돌로 쳐서 죽였던 것과 같습니다. 하나님의 말씀을 사람의 말로 받는 사람에게는 그 어떤 생명과 변화의 역사도 일어나지 않는 것입니다.

### 이방인의 허망한 삶

바울의 첫 번째 권면은 "이방인같이 살지 말라!"는 것입니다. 그런데 여기에서 바울이 말하는 '이방인'(Gentiles)은 '유대인'(Jews)과 대조되는 개념이 아닙니다. 오히려 '그리스도인'(Christians)과 대조되는 '비기독교인'(Non-Christians)을 의미합니다. 이것에 대해서 바울은 이미 에베소서 2장에서 자세히 설명한 적이 있습니다.

"... [11] 너희는 그 때에 육체로는 이방인이요 손으로 육체에 행한 할례를 받은 무리라 칭하는 자들로부터 할례를 받지 않는 무리라 칭함을 받는 자들이라. [12]그 때에 너희는 그리스도 밖에 있었고 이스라엘 나라 밖의 사람이라. 약속의 언약들에 대하여는 외인이요 세상에서 소망이 없고 하나님도 없는 자이더니…"(엡 2:11-12).

에베소교회 성도들도 과거에는 그냥 '이방인'이었습니다. '이방인'은 '그리스도 밖에 있는 사람'이요 '하나님도 없는 사람'입니다. 그러나 예수 그리스도를 통해서 이방인과 유대인 사이의 막힌 담이 허물어졌습니다. 하나님은 그들을 '한 새 사람'으로 지어 화평하게 하셨던 것입니다(엡 2:15). 여기에서 '새 사람'이란 이방인도 유대인도 아닌 제삼의 새로운 종류의 인간, 즉 '그리스도인'을 가리킵니다.

바울은 주님을 믿고 따르는 그리스도인이 된 에베소교회 성도들을 향해서 강력하게 권면합니다. "이제부터 너희는 이방인같이 살지 말라!" 자, 그렇다면 "이방인같이 산다"는 것은 무슨 의미일까요? 바울은 이렇게 설명합니다. "그 마음의 허망한 것으로 행한다." 우리말 '허망한 것'으로 번역된 헬라어는 '마타이오테스'(matiaiotes)입니다. 영어로는 '헛됨'(vanity), '공허'(emptiness)로 번역합니다.

NIV 성경은 '무가치'(futility)로 표현합니다. 아무짝에도 쓸데없는 무가치한 일이나 어떤 대상에 매달려서 헛되게 살아가는 것을 말합니다. 그래서 메시지 성경은 "아무 생각이나 분별력 없이 산다"고 풀이합니다. 우리나라에서 방영된 어느 드라마의 내용입니다. 아들을 둔 젊은 부부가 딸을 낳기 위해서 애를 쓰는데, 장모가 어디 용한 집에 가서 점을 쳤더니 아들 쌍둥이 얻는다는 점괘가 나왔습니다. 그 말을 전해 들은 부부는 크게 실망하면서 포기합니다.

아니, 지금이 어떤 세상인데 아직도 그런 내용을 담은 드라마가 방영되고 있다니 놀라운 일이 아닐 수 없습니다. 정말 아무짝에도 쓸데

없는 일에 매달려서 헛되게 살아가고 있습니다. 문제는 그렇게 사는 사람들이 적지 않다는 사실입니다. 그러니 드라마에도 등장하는 것이 겠지요. 하나님을 알지 못하는 사람, 그리스도 밖에 있는 사람들은 그렇게 허망하게 살아가고, 허망한 이야기를 재미있게 생각합니다.

그러나 우리 그리스도인은 하나님을 알지 못하는 이방인처럼 살면 안 됩니다. 옛날에는 그렇게 살았을지라도, 이제는 그렇게 살면 안 됩니다. 왜냐면 우리는 하나님을 믿는 사람들이기 때문입니다. 예수 그리스도를 통해서 하나님의 자녀가 되었기 때문입니다. 그런데 안타깝게도 그리스도인이라고 하면서 아직도 점집을 찾아다니는 사람들이 있다고 합니다. 왜 그럴까요? 그들에게 하나님은 여러 신(神) 중의 하나이기 때문입니다.

우리가 믿는 하나님은 이 세상에 존재하는 유일하신 참 하나님이십니다. 진짜 하나님 외의 다른 신들은 모두 사람이 만들어 놓은 우상입니다. 세상 사람들은 신들이 많을수록 좋다고 생각할지 모릅니다. 부처님이든 공자님이든 신령님이든 아니면 하나님이든 그중에 어떤 것 하나라도 걸려서, 이 세상에서 복 받으면서 살고 죽어서 좋은 세상에 가면 그만이라 생각할지 모릅니다. 그러나 그것이야말로 '허망한 생각'입니다.

하나님을 알지 못하는 이방인처럼 아무 생각 없이 살면 안 됩니다. 천지를 창조하신 위대하신 하나님을 잡신(雜神) 중의 하나로 취급하면 안 됩니다. 하나님을 하나님으로 섬겨야 합니다. 그리고 하나님이 우리에게 기대하시는 대로 생각하며 살아가야 합니다. 그것이 '새 사람'으로 살아가는 첫걸음입니다.

□ 은혜 나누기

하나님을 믿지 않는 사람들이 허망하게 살아가는 모습의 예화를 생각나는 대로 나누어봅시다.

□ 공동 기도

하나님 아버지, 우리를 하나님을 믿는 가정으로 만들어 주신 것을 감사드립니다. 헛된 일에 우리의 마음을 빼앗기지 않게 하시고, 새 사람다운 모습으로 오직 하나님의 기대에 따라서 살아갈 수 있게 해주세요. 예수님의 이름으로 기도합니다. 아멘.

# 낡은 생활방식

▫ 주님의 기도 주님이 가르쳐주신 기도로 가정예배를 시작합니다.

▫ 찬송 부르기 191장(내가 매일 기쁘게)

▫ 성경 읽기 에베소서 4:21-22

※ 개역개정판

[21]진리가 예수 안에 있는 것같이 너희가 참으로 그에게서 듣고 또한 그 안에서 가르침을 받았을진대 [22]너희는 유혹의 욕심을 따라 썩어져가는 구습을 따르는 옛사람을 벗어버리고….

※ 메시지성경

[21-22]그런 삶은 여러분에게 어울리지 않습니다. 여러분은 그리스도를 배웠습니다! 우리가 예수 안에서 배운 것처럼, 여러분도 그분께 세심한 주의를 기울였고 진리 안에서 제대로 교육받았습니다. 따라서 우리에게는 못 배워서 그랬다는 핑계가 통하지 않으니, 저 낡은 생활방식과 관련된 모든 것 -말 그대로 모든 것- 을 버리십시오. 그것은 속속들이 썩었으니, 내다 버리십시오!

▫ 말씀 나누기

바울의 표현에 의하면 우리 그리스도인들은 '예수 그리스도'라는 '진리'를 배운 자들입니다. 그 진리는 우리를 이 세상의 모든 속박에서부터 자유롭게 하는 구원의 복음입니다. 우리는 그리스도에 대해서 들음으로써 믿음을 갖게 되었고, 그 말씀대로 순종함으로써 그리스도 안에서 가르침을 받았습니다.

따라서 우리 그리스도인들은 진리를 배우지 못한 자들과 구별되어 살아야 합니다. 그렇게 구별되어 살아가는 구체적인 모습이 무엇입니까?

### 옛사람을 벗어버리라!

바울은 말합니다. "너희는 유혹의 욕심을 따라 썩어져 가는 구습을 따르는 옛사람을 벗어버리고…"(22절). 우선 옛사람을 벗어버려야 합니다. '옛사람'이란 '새 사람'이 되기 전의 모습을 의미합니다. NIV 성경은 "네 옛 자아를 벗어 버리라!"(Put off your old self.)고 번역합니다. 하나님을 알기 전에 허망한 것을 추구하며 살던 모습을 가리킵니다. 그 자아가 바뀌어야 한다는 것입니다.

그런데 '옛사람'이 무슨 옷이라도 된단 말입니까? 그것을 어떻게 벗어버릴 수 있을까요? 물론 낡고 때 묻은 헌 옷을 벗어버리듯이 그렇게 쉽게 우리의 '옛사람'을 벗어버릴 수는 없습니다. 여기에서 바울이 말하려고 하는 것은 '옛사람'이 추구하던 삶의 방식을 바꾸라는 것입니다. 이것을 메시지 성경은 다음과 같이 번역합니다.

"저 낡은 생활방식과 관련된 모든 것-말 그대로 모든 것-을 버리십시오. 그것은 속속들이 썩었으니, 내다 버리십시오!"(엡 4:22, 메시지).

메시지 성경은 '옛사람'을 '낡은 생활방식'(old way of life)이라고 풀이합니다. 그렇습니다. '옛사람'을 벗어 버린다는 것은 '낡은 생활방식'을 버린다는 뜻입니다. 말로는 '새 사람'이 되었다고 말하면서 과거의 잘못된 습관을 포기하지 않고 그대로 간직하고 있다면, 그것은 아직 실제로 '새 사람'이 되지 못했다는 증거입니다. 낡은 생활방식이 새로운 생활방식으로 바뀌기 전까지는 정말 새로워진 것이 아닙니다.

우리 그리스도인들이 특별히 버려야 할 '옛사람' 즉 '낡은 생활방식'
은 무엇일까요? 바울은 '유혹의 욕심을 따라 썩어져 가는 구습을 따르
는 것'이라고 설명합니다. '구습'(舊習) 즉 하나님을 알지 못하던 옛날
의 습관을 따르는 것이 바로 '낡은 생활방식'입니다. 그 구습은 '유혹의
욕심을 따라 썩어져 가는 것'이라고 합니다. '유혹의 욕심'을 NIV 성경
은 '거짓된 욕망들'(deceitful desires)이라고 표현합니다.

낡은 생활방식의 특징

여기에서 우리는 '낡은 생활방식'의 두 가지 특징을 발견할 수 있습
니다. 그 첫째 특징은 '욕망들'에 따라서 살아간다는 것입니다. 사실
'욕구'(desire)를 무조건 나쁜 것이라고 할 수 없습니다. 무엇인가 바라
고 소원하는 것이 있어야 삶의 의욕이 생기기 때문입니다. 예를 들어
서 '식욕'(食慾)에서 '욕'이 바로 '욕구'(desire)입니다. '식욕'이 있어야
사람들은 밥을 맛있게 먹을 수 있습니다. 따라서 욕구를 무조건 나쁘
다고 말할 수는 없습니다.

문제는 그것이 사사로운 이기심을 만족시키기 위한 '욕망'으로 변
질하기 쉽다는 사실입니다. 남들보다 더 많이 가지기 위해서 '욕심'을
부리고, 수단 방법을 가리지 않고 무조건 성공하려고 하고, 다른 사람
들이 어떻게 되든지 상관없이 오직 자신의 욕망을 채우기 위해서 무슨
일이든 하게 되는 것입니다. 그 욕망이 동기가 되어 살아가는 것이 바
로 하나님을 알지 못하는 사람들의 '낡은 생활방식'의 특징입니다.

둘째 특징은 '거짓'과 '기만'의 수단을 쓴다는 것입니다. 왜 그렇게
할까요? 정직한 방법으로는 자신의 욕망을 충분히 채울 수 없기 때문
입니다. 그래서 사람들은 남을 속이는 기만적인 방법을 선택합니다.
요즘 우리나라에는 이른바 '보이스 피싱'(voice phishing)으로 사기

처서 돈을 빼앗는 일이 많이 일어나고 있습니다. 그리고 그 방법이 날이 갈수록 새롭게 진화하고 있습니다. 일단 대화를 시작하면 웬만한 사람들은 그냥 낚인다고 하니까 아예 모르는 전화는 받지 않는 것이 상책입니다.

그런데 '보이스 피싱'뿐만이 아닙니다. 이 세상에 얼마나 많은 거짓과 기만이 판을 치는지 모릅니다. 수목장(樹木葬) 분양 사업을 한다면서 노인들을 상대로 사기를 치는 것이나, 공무원에게 뇌물을 주고 사업권을 따내는 것이나, 정치인들 뒷돈 대주고 한 자리 차지하는 것이나, 폐기해야 할 곰팡이 핀 멸치를 분말로 만들어 판매하는 것이나, 기만적인 방법으로 자신의 욕망을 채우는 본질에 있어서 '보이스 피싱'과 전혀 다르지 않습니다.

이처럼 '유혹의 욕심'을 따라 '거짓된 욕망들'을 추구하며 살아가는 '낡은 생활방식'은 결국 썩을 수밖에 없습니다. 오늘 본문에서 바울은 '유혹의 욕심을 따라 썩어져 가는 구습'이라고 말합니다. "썩어져 간다"(being corrupted)는 것은 물론 물질이 썩는다는 뜻이지만, 동시에 도덕적인 타락을 의미하기도 합니다. 그렇습니다. 낡은 생활방식을 따라서 살아가면 반드시 타락하게 되어있습니다.

이 세상은 거짓된 욕망을 추구하며 점점 더 타락해 가고 있습니다. 우리 그리스도인들은 이 세상 속에서 과연 얼마나 구별된 생활을 하고 있습니까? 오늘날의 교회는 유혹의 욕심과 거짓된 욕망에서 얼마나 자유로운가요? 우리 가정은 또 어떻습니까? 이 질문에 정직하게 대답할 수 없는 부끄러운 우리 자신의 모습을 봅니다. 왜 그렇게 되었을까요?

이유는 분명합니다. 메시지 성경의 표현처럼 낡은 생활방식과 관련된 모든 것은 속속들이 썩었으니 완전히 내다 버려야 하는데, 그렇게 하지 못했기 때문입니다. 하나님을 믿는다고 하지만 우리의 생활 방식은 여전히 옛사람의 습관을 따르고 있기 때문입니다. 말이 아니라 삶이 변화되어야 합니다. 겉 사람의 소속이 아니라 속사람의 본질이 달라져야 합니다. 이기적인 욕망이 아니라 하나님의 뜻이 우리 삶의 동기가 되어야 합니다.

낡은 생활방식과 관련된 모든 것을 버리는 일부터 시작해야 합니다. 예수 그리스도의 진리와 상관없는 것이라면 무조건 내다 버리는 일부터 시작해야 합니다. 알게 모르게 우리 삶에 들어와 둥지 틀고 있는 거짓된 욕망을 성령의 불로 모두 태워버려야 합니다. 아직도 포기하지 않고 있는 '낡은 생활방식'이 있다면 지금이라도 과감하게 내다 버릴 수 있도록, 우리 모두 성령님의 도우심을 간구해야 하겠습니다.

◻ 은혜 나누기

내가 가지고 있는 생활 습관 중에 그리스도인으로서 어울리지 않는 것은 무엇입니까? 그 습관을 어떻게 바꿀 수 있을지 함께 나누어봅시다.

◻ 공동 기도

하나님 아버지, 우리는 분명히 예수님을 믿음으로 구원받았지만, 우리에게는 아직도 낡은 생활방식이 남아 있습니다. 우리 마음속에 있는 욕심이 그것을 포기하지 못하게 합니다. 성령님이 우리의 마음을 다스려주셔서 낡은 생활방식으로부터 완전한 자유를 얻을 수 있게 해주세요. 예수님의 이름으로 기도합니다. 아멘.

## 4월 3주

# 새로운 생활방식

□ 주님의 기도 주님이 가르쳐주신 기도로 가정예배를 시작합니다.

□ 찬송 부르기 285장(주의 말씀 받은 그날)

□ 성경 읽기 에베소서 4:23-24

　※ 개역개정판

　[23]오직 너희의 심령이 새롭게 되어 [24]하나님을 따라 의와 진리의 거룩함으로 지으심을 받은 새 사람을 입으라.

　※ 메시지성경

　[23-24]그 대신, 전혀 새로운 생활방식을 입으십시오. 하나님께서 그분의 성품을 여러분 안에 정확하게 재현해 내시는 것같이, 하나님께서 만들어 주신 생활, 안에서부터 새로워진 생활을 몸에 익히고, 그 생활이 여러분의 행위에 배어들게 하십시오.


□ 말씀 나누기

　바울의 표현에 의하면 우리 그리스도인들은 '예수 그리스도'라는 '진리'를 배운 사람들입니다. 따라서 우리는 진리를 배우지 못한 사람들과 구별되어 살아야 합니다. 그러기 위해서 마치 낡고 헌 옷을 벗어버리듯이 "옛사람을 벗어 버려야 한다"고 했습니다. '옛사람'은 '거짓된 욕망'을 추구하며 살아가는 '낡은 생활방식'을 의미합니다.

　하나님을 믿는다고 하면서도 세상 사람들과 구별되지 못한다면,

그것은 아직도 옛날 습관을 버리지 못했기 때문입니다. 정말 새롭게 창조된 사람으로 살고 싶다면 낡은 생활방식과 관련된 모든 것을 버리는 일부터 시작해야 합니다. 예수 그리스도의 진리와 상관없는 것이라면 무조건 내다 버리는 일부터 시작해야 합니다.

### 새로운 심령

그다음에 우리가 해야 할 일은 '새로운 생활방식'으로 갈아입는 것입니다. 바울은 말합니다. "옛사람을 벗어 버리고… 새 사람을 입으라." '옛사람'(the old self)이 '낡은 생활방식'을 의미한다면, '새 사람'(the new self)은 '새로운 생활방식'을 의미합니다. 마치 새로운 옷으로 갈아입듯이 새로운 생활방식으로 갈아입고 그것에 따라서 살아가는 것이 바로 '새 사람'입니다.

그런데 그와 같이 새로운 생활방식으로 갈아입기 위해서, 그보다 먼저 바뀌어야 할 부분이 있습니다. 바로 '심령이 새롭게 되는 것'입니다. "오직 너희의 심령이 새롭게 되어…"(23절). 심령이 새로워진다는 말씀을 어떻게 설명할 수 있을까요?

NIV 성경은 "마음의 태도가 새롭게 만들어지는 것"(to be made new in the attitude of your minds)으로 번역합니다. 그러니까 '심령'은 곧 '마음의 태도'라는 것이지요. 하나님과 하나님의 말씀을 대하는 마음의 태도가 달라지고, 이 세상과 사람들을 대하는 마음의 태도가 새로워지는 것입니다. 매사에 부정적인 태도가 긍정적인 태도로 바뀌고, 말씀에 대해 불순종하던 태도가 순종하는 태도로 바뀐다는 것입니다.

주님께서 니고데모에게 말씀하신 '거듭남'의 구체적인 내용이 바로 '마음의 태도가 새롭게 되는 것'입니다. 요한복음 3장에서 주님께서 이렇게 말씀하셨습니다.

"… 진실로 진실로 네게 이르노니 사람이 거듭나지 아니하면 하나님의 나라를 볼 수 없느니라"(요 3:3).

'거듭남'을 영어로는 "다시 태어나는 것"(born again)으로 표현합니다. 그런데 당대의 석학이었던 니고데모는 이 말을 도무지 이해할 수 없었습니다. 그래서 "어떻게 늙고 난 후에 두 번째로 모태에 들어갔다가 다시 태어날 수 있겠느냐"고 물었지요(요 3:4). 지금도 이 '거듭남'이라는 개념에 대해서 정확하고 분명하게 설명하지 못하는 그리스도인들이 참 많이 있습니다.

'거듭남'에 대한 가장 쉬운 설명이 바로 오늘 본문에 있습니다. '거듭남'이란 '심령이 새롭게 됨'을 의미합니다. 마음의 태도가 새롭게 된 상태입니다. 그런데 어떻게 마음의 태도가 새롭게 될 수 있었을까요? 내 안에 과거의 내가 더는 존재하지 않기 때문입니다. 바울이 갈라디아서 2장에서 말한 것처럼, '내가 그리스도와 함께 십자가에서 죽고 또한 그리스도와 함께 다시 살아난' 것입니다(갈 2:20).

바울은 '심령이 새롭게 되는 것'에 대해서 빌립보교회 성도들에게 다음과 같이 권면했습니다.

"너희 안에 이 마음을 품으라. 곧 그리스도 예수의 마음이니…"(빌 2:5).

여기에서 '이 마음'이 바로 에베소서 본문에서 말한 '심령'과 같은 말입니다. 즉 "심령이 새롭게 된다"는 것은 "새로운 마음의 태도를 갖는다"는 뜻이요, 그것은 곧 "그리스도의 마음을 품는다"는 뜻입니다. 그리고 그리스도의 마음을 품고 살아가는 사람이 바로 거듭난 사람인 것입니다.

그렇습니다. 그리스도인은 그리스도의 마음을 품고 살아가는 사람입니다. 과거에는 내 안에 '내 마음'이 있었지만, 이제는 내 안에 '그리스도의 마음'이 들어와서 자리 잡고 계십니다. 바로 그 '그리스도의 마음'이 나에게 하나님과 세상에 대해서 새로운 태도를 보이게 하는 것입니다. "심령이 새롭게 되었다"는 것은 바로 그런 뜻입니다.

### 지속적인 갱신

그런데 심령이 새롭게 되는 것은 단 한 번에 완성되는 사건이 아닙니다. AMP 성경은 이 부분을 '끊임없이 새로워지는 것'(be constantly renewed)으로 풀이합니다. 그러니까 거듭남의 사건이 한 번으로 끝나는 것이 아니라, 계속해서 새롭게 되어야 한다는 것입니다. 이 풀이는 우리에게 아주 중요한 메시지를 전해줍니다.

많은 사람이 과거의 은혜받은 경험이나 생활방식에 매달려 평생 살아가는 것을 봅니다. 물론 그 당시에는 의미가 있었고 또한 필요한 일이기도 했습니다. 그러나 하나님의 은혜는 언제나 새롭게 경험되어야 합니다. 그리고 하나님의 은혜는 언제나 새로운 방식으로 다가옵니다.

해외로 이주하신 동포들의 시계가 이민 가던 당시에 머물러 있다는 사실을 발견합니다. 예를 들어 1970년대 이민 가신 분들은 그 시대 스타일을 그대로 간직하고 있습니다. 옷을 입는 것이나 사고방식이나 좀처럼 그 시대를 벗어나지 못합니다. 신앙생활 하는 것 역시 마찬가지입니다.

물론 옛날 방식으로 얼마든지 하나님의 은혜를 체험할 수 있습니다. 그리고 익숙한 방식을 포기하는 것이 불편하고 어색한 일일 수도 있습니다. 그러나 과거의 전통에만 매달리다가 하나님께서 베풀어주시는 새로운 은혜를 놓쳐버리는 경우가 훨씬 더 많다는 사실을 알아야 합니다. 그래서 우리 주님은 "새 포도주를 낡은 가죽 부대에 넣지 않는다"(마 9:17)고 말씀하신 것입니다.

우리 그리스도인들은 언제나 '새로운 마음의 태도'를 가지고 살아가는 사람들입니다. 하나님께서 어떤 방식으로 역사하시더라도 그것에 따를 준비가 되어있는 사람들입니다. 세상 사람들은 서로 높아지려고 애를 쓸 때도, 우리 그리스도인들은 겸손하게 낮아지는 것을 선택합니다. 우리 안에 새로운 마음, 곧 그리스도의 마음이 들어와 있기 때문입니다.

우리 그리스도인들은 어떤 방식을 통해서 은혜를 체험했다고 해서 그 방식을 불변의 우상으로 삼지 않습니다. 하나님은 언제나 새롭게 우리에게 다가오시기 때문입니다. 물은 흐르는 동안 생명력을 간직할 수 있습니다. 신앙도 마찬가지입니다. 우리의 신앙적인 태도가 끊임없이 새로워져야 언제나 그리스도의 마음을 품고 새로운 은혜를 맛보며 살 수 있는 것입니다.


□ 은혜 나누기
만일 그리스도의 마음으로 가족들을 대한다면 나의 말투가 어떻게 달라져야 할까요? 함께 나누어봅시다.

□ 공동 기도
하나님 아버지, 우리에게 그리스도의 마음을 부어주세요. 하나님의 말씀을 대하는 태도가 달라지게 하시고, 특히 가족들을 대하는 태도가 달라지게 해주세요. 그리하여 우리 가정이 언제나 새로운 은혜를 맛보며 살아가는 작은 천국이 되게 해주세요. 예수님의 이름으로 기도합니다. 아멘.

# 참된 것을 말하세요!

☐ 주님의 기도 주님이 가르쳐주신 기도로 가정예배를 시작합니다.

☐ 찬송 부르기 366장(어두운 내 눈 밝히사)

☐ 성경 읽기 에베소서 4:25

※ 개역개정판

그런즉 거짓을 버리고 각각 그 이웃과 더불어 참된 것을 말하라. 이는 우리가 서로 지체가 됨이라.

※ 메시지성경

덧붙여 말씀드립니다. 더 이상 거짓과 가식이 있어서는 안 됩니다. 이웃에게 진실을 말하십시오. 우리는 너나없이 그리스도의 몸 안에서 서로 연결되어 있기 때문입니다. 다른 사람에게 거짓말하는 것은 결국 자신에게 거짓말하는 것입니다.

☐ 말씀 나누기

바울은 "옛사람을 벗어버리고 새 사람을 입으라"고 권면했습니다. 우리 그리스도인들은 '옛사람' 즉 '낡은 생활방식'을 버리고 '새 사람' 즉 '새로운 생활방식'을 입고 살아가도록 부르심을 받은 사람들입니다. 그러기 위해서 먼저 "심령이 새롭게 되어야 한다"고 했습니다. 새로운 마음의 태도를 가진 새로운 존재가 되어야, 하나님께 적합하게 맞추어진 새로운 생활방식을 따라서 살아가게 되는 것입니다.

그렇다면 '새 사람'이 되어 살아가는 구체적인 모습은 어떤 것일까요?

## 거짓을 버리라

하나님을 알지 못하던 어떤 사람이 '옛사람'을 벗어버리고 예수 그리스도로 덧입은 '새 사람'이 되었다는 사실을 무엇으로 알게 될까요? 그 변화는 가장 먼저 '언어생활'을 통해 감지됩니다. 왜냐면 사람은 하루라도 누군가와 말하지 않고서는 살 수 없는 존재이기 때문입니다. 직접 대화를 나눌 사람이 없다면 어떻게든 상대를 만들어서라도 대화를 해야 합니다.

지난 2000년에 개봉된 '캐스트 어웨이'(Cast Away)라는 제목의 영화가 있습니다. 톰 행크스(Tom Hanks)가 주연했는데요, 비행기 사고로 4년 동안 무인도에서 살다가 구출되는 주인공의 이야기를 아주 실감 나게 연기했습니다. 그중에서 가장 인상적이었던 것은, 무인도에서 살면서 배구공에 사람 얼굴 모양을 그려서 '윌슨'이라는 이름을 붙이고 대화를 나누는 장면입니다. 사람은 그렇게라도 누군가와 대화하지 않으면 살 수 없는 존재입니다.

'언어'는 단순히 소통과 이해의 수단이 아닙니다. 20세기 위대한 사상가 중의 하나인 하이데거(Martin Heidegger)의 표현에 따르면, '언어'는 도구가 아니라 '존재의 집'입니다. 언어는 그 사람의 본질을 드러내는 존재 양식입니다. 그 사람이 말하는 것을 보면 그 사람이 어떤 사람인지 알 수 있다는 것입니다. 하나님을 알지 못하는 '옛사람'은 그 말을 통해서 자신의 본질을 드러냅니다. '새 사람' 역시 마찬가지입니다.

오늘 본문에서 바울은 "거짓을 버리고 참된 것을 말하라"고 합니다. 여기에서 "거짓을 버리라"는 말은 앞에서 "옛사람을 벗어버리라"고 했을 때와 같은 단어입니다. 그러니까 마치 헌 옷을 벗어 버리듯이, 언어생활에서도 "거짓으로 포장된 옷을 벗어 버리라"는 말씀입니다.

그런데 만일 이 세상에서 사람들이 하는 말에서 거짓으로 포장된 부분을 벗겨버리고 나면 과연 무엇이 남게 될까요? 사람들은 자신이 알지 못하는 사이에 거짓말을 자연스러운 생활 습관으로 받아들여 살아가고 있습니다. 사실을 부풀려서 말하는 것에서부터 시작하여 '선의의 거짓말'(white lie)이나 '악의에 찬 고의적인 거짓말'(black lie)에 이르기까지, 사람마다 정도의 차이가 있겠지만 대부분 거짓으로 포장된 말을 하면서 살아갑니다. 그렇게 서로 속고 속이면서 살아가는 것이 세상살이라고 사람들은 받아들입니다.

그러나 모든 종류의 거짓말은 마귀에게서 나온다는 것을 알아야 합니다. 요한복음 8장에서 주님은 자신의 말을 받아들이지 않는 유대인들을 향하여 이렇게 말씀하셨습니다.

> "너희는 너희 아비 마귀에게서 났으니 너희 아비의 욕심대로 너희도 행하고자 하느니라. 그는 처음부터 살인한 자요 진리가 그 속에 없으므로 진리에 서지 못하고 거짓을 말할 때마다 제 것으로 말하나니 이는 그가 거짓말쟁이요 거짓의 아비가 되었음이라"(요 8:44).

마귀는 '거짓말쟁이'(liar)요 '거짓의 아비'(the father of lies)라고 주님은 말씀하셨습니다. 모든 거짓의 뿌리는 결국 마귀에게서 나온다는 것입니다. 왜 마귀는 거짓말을 할 수밖에 없을까요? 왜냐면 그 속에는 '진리'가 없기 때문입니다. '진리'는 하나님에게서 나오는 것인데, 그 진리가 없으니 마귀가 할 수 있는 말은 '거짓말'밖에 없는 것이지요.

여기에서 "거짓을 말할 때마다 제 것으로 말한다"는 말씀을 NIV 성경은 "거짓말할 때 모국어를 사용한다"(when he lies, he speaks his native language.)고 표현합니다. 그렇습니다. 마귀는 거짓말을 모국어로 사용하는 존재입니다. 거짓말을 하는 사람은 모두 마귀의 모국어를 사용하고 있는 것입니다. 그런데 만일 우리 그리스도인이 거짓말을 한다면 어떻게 될까요? 그것은 '그리스도인'이라는 포장이 가짜라는 뜻입니다.

### 그 진리를 말하라

그렇기에 우리 그리스도인은 모든 거짓을 완전히 벗어 버리고, 각각 그 이웃과 더불어 참된 것을 말해야 합니다. 그런데 여기에서 '참된 것'이 무엇일까요? NIV 성경은 "진실되게 말하라"(Speak truthfully)라고 번역합니다. NASB 성경은 "진리를 말하라"(Speak truth)라고 표현합니다. AMP 성경은 한술 더 떠서 "그 진리를 표현하라"(Express the truth)라고 합니다.

그러니까 이 말씀의 뉘앙스는 단지 "거짓말을 하지 말라!"는 정도가 아닙니다. 오히려 "그 진리(the truth)를 말하라!"는 것입니다. '그 진리'가 누구입니까? 바로 예수님이십니다. 바울은 갈라디아서 3장에서 다음과 같이 말했습니다.

"²⁶너희가 다 믿음으로 말미암아 그리스도 예수 안에서 하나님의 아들이 되었으니 ²⁷누구든지 그리스도와 합하기 위하여 세례를 받은 자는 그리스도로 옷 입었느니라"(갈 3:26-27).

우리 그리스도인들은 세례를 통해서 예수 그리스도로 옷을 갈아입은 사람입니다. 우리의 옛사람은 그리스도와 함께 십자가에 못 박혀 죽었습니다. 이제는 내가 사는 것이 아닙니다. 오직 내 안에 그리스도께서 사시는 것입니다. 그러니 다른 사람에게 잘 보이기 위해서 거짓으로 나 자신을 포장할 필요가 없습니다. 오직 그리스도만 드러나면 그것으로 만족이기 때문입니다.

바울이 오늘 본문에서 참된 것을 말하라 한 것도 마찬가지입니다. 참 진리이신 예수 그리스도를 말하라는 것입니다. 나 자신이든지 다른 사람이든지, 우리가 어떤 사람에 대해서 말하기 시작하면 반드시 그 말 속에 '거짓'이 들어오게 되어있습니다. 그렇기에 우리 그리스도인들은 사람에 대해서 말하지 말고, 오직 예수를 말해야 합니다.

어떤 분들은 어떻게 예수 믿지 않는 사람들과 대화하면서 '예수 그리스도'에 대해서만 이야기할 수 있느냐고 반문할지도 모릅니다. 물론 그렇습니다. 우리는 이웃에게 복음을 전해야 하지만, 예수님 이야기만 하면서 살 수는 없는 일입니다.

그런데 오늘 본문에서 바울이 말하는 '이웃'은 예수 믿지 않는 사람을 기리키는 말이 아닙니다. 바로 뒤에 이어지는 "이는 우리가 서로 지체가 됨이라"는 말씀에서 알 수 있습니다. 여기에서 '지체'란 그리스도의 몸인 교회를 구성하는 그리스도인을 가리키는 말이기 때문입니다. 그러니까 이는 믿음의 공동체 안에서 이웃과의 언어생활에 대한 가르침입니다.

예수 믿는 사람들은 아무 말이나 함부로 하면 안 됩니다. 참 진리이신 예수 그리스도를 말해야 합니다. 왜냐면 우리는 서로 지체이기 때문입니다. 지체가 무엇입니까? 지체는 몸의 '부분'(parts)입니다. 우리는 서로 연결되어 그리스도의 몸인 교회를 이루고 있습니다. 상대방의 믿음이 건강해야 나도 건강해지고, 나와 연결된 지체의 믿음이 성숙해야 나도 성숙해지는 것입니다. 메시지 성경의 표현처럼, 다른 사람에게 거짓말하는 것은 결국 자신에게 거짓말하는 것입니다. 가족들 사이에는 특히 더 그렇습니다.

□ 은혜 나누기

그동안 가족들에게 참된 것을 말하지 못했던 경우가 있었다면 솔직하게 고백해봅시다. 그리고 이제부터는 서로에게 진실만을 말하기로 약속해 봅시다.

□ 공동 기도

하나님 아버지, 예수 그리스도를 믿는 사람으로서 이제부터 우리의 언어생활이 달라지게 해주세요. 오직 참된 말을 하게 하시고, 어떤 경우에도 가족들에게 감추는 것이 없게 해주세요. 예수님의 이름으로 기도합니다. 아멘.

# 화를 품지 마세요!

□ **주님의 기도** 주님이 가르쳐주신 기도로 가정예배를 시작합니다.

□ **찬송 부르기** 559장(사철에 봄바람 불어 잇고)

□ **성경 읽기** 에베소서 4:26-27

※ 개역개정판

[26] 분을 내어도 죄를 짓지 말며 해가 지도록 분을 품지 말고 [27] 마귀에게 틈을 주지 말라.

※ 메시지성경

[26-27] 화가 나면 화를 내십시오. 화내는 것 자체는 괜찮습니다. 그러나 화를 연료로 삼아 복수심을 불태워서는 안 될 일입니다. 화난 채로 오래 있지 마십시오. 화난 채로 잠자리에 들지 마십시오. 마귀에게 거점을 내주어서는 안 됩니다.

□ **말씀 나누기**

지금 우리는 '옛사람'을 벗어버리고 '새 사람'을 입고 살아가는 구체적인 모습에 대해서 살펴보고 있습니다. 지난 시간에는 "참된 것을 말하라"는 말씀을 묵상했습니다. 이 말씀은 단순하게 "정직하게 말하라"는 뜻이 아니라, 오히려 참 진리이신 "예수 그리스도를 말하라"는 뜻이라고 했습니다. 특히 믿음의 지체에게 그렇게 해야 한다고 했습니다. 변화된 언어생활이 '새 사람'으로 살아가는 첫째 증거입니다.

죄를 짓지 말라

새 사람으로 살아가는 둘째 변화는 '화를 다스리는 것'으로 드러납니다. 그런데 화를 내는 것이 잘못된 일일까요? 아닙니다. 화를 내는 것 자체가 죄는 아닙니다. 사람이 오래 굶게 되면 배가 고픈 것처럼, 짜증이 많이 쌓이면 누구나 자연스럽게 화를 내게 되어있습니다.

물론 사소한 일에 너무나 쉽게 화를 내거나, 자기 마음대로 되지 않으면 함부로 폭력을 행사하는 그런 사람들도 있습니다. 그러나 만일 그것이 '분노조절장애'라는 질병으로 인한 것이 아니라면, 화내는 자체를 무조건 나쁘다고 말할 수는 없습니다. 오히려 화를 통해서 마음속에 쌓여 있는 분노가 표출되면서 응어리가 풀어질 수 있고 스트레스가 해소되기도 합니다.

문제는 그와 같은 분노가 죄로 발전하는 경우가 참 많이 생긴다는 사실입니다. 예를 들어서 자녀가 거짓말을 한다거나 잘못된 일을 했을 때, 화를 내는 것은 부모로서 마땅한 일입니다. 그러나 그렇다고 해서 심한 욕설을 퍼붓는다거나 함부로 손찌검한다면 그것은 죄입니다. 실제로 우리나라에서 매년 적지 않은 수의 아이들이 부모의 폭력에 의해서 목숨을 잃고 있는데, 대부분 자기의 화를 통제하지 못한 부모들 때문입니다.

어떤 사람들은 그리스도인이라면 어떤 경우에도 결코 화를 내어서는 안 된다고 생각합니다. 그래서 버럭 화를 내고서는 그것으로 인해 죄책감의 후유증에 시달리기도 합니다. 그러나 앞에서도 말했듯이 화를 내는 것이 곧 죄는 아닙니다. 그리스도인이 되었다고 해서 어떤 일에도 절대로 화를 내지 않는 성인군자로 갑자기 변하게 되는 것도 아닙니다.

성경에 여러 가지 하나님의 성품이 기록되어 있는데, 놀랍게도 그

중에 '분노'가 포함되어 있습니다. 하나님은 불의에 대해서 노하십니다. 하나님은 시내 산에서 이스라엘의 금송아지 우상숭배에 대해서 분노하셨고, 그 결과 3천 명이나 목숨을 잃었습니다. 예수님도 성전에서 장사하는 사람들에게 화를 내시면서 채찍으로 그들을 몰아내셨습니다. 우리도 마찬가지입니다. 우리가 불의에 대해서 분노하는 것은 지극히 자연스러운 일입니다.

오늘 본문에서 바울은 "분을 내어도 죄를 짓지 말라"고 합니다. NIV 성경은 "분노 중에도 죄를 짓지 말라."(In your anger do not sin.)고 번역합니다. 사람이 화를 내야 할 때가 있지만, 그렇다고 해서 죄를 지으면 안 된다는 뜻입니다. 그런데 그게 말처럼 쉽지 않습니다. 어떻게 화를 내면서도 죄를 짓지 않을 수 있을까요?

### 틈을 주지 말라

메시지 성경의 번역이 하나의 실마리를 제공합니다.

"화가 나면 화를 내십시오. 화내는 것 자체는 괜찮습니다. 그러나 화를 연료로 삼아 복수심을 불태워서는 안 될 일입니다…"(엡 4:25a, 메시지).

그렇습니다. 화가 나면 화를 내는 것이 지극히 자연스러운 일입니다. 옛날에는 화를 꾹꾹 참다가 결국 '화병'으로 돌아가시는 분들이 적지 않았습니다. 그렇게 되지 않으려면 화가 날 때 화를 내는 것이 좋습니다. 그렇지만 화를 '복수심의 연료'(as fuel for revenge)로 사용하면 안 됩니다. 복수심을 불태우는 것이 바로 '죄'입니다.

화를 복수심의 연료로 사용하지 않게 하는 비결이 무엇일까요? 그것은 바로 '해가 지도록 분을 품지 않는 것'입니다. 메시지 성경은 "화난 채로 잠자리에 들지 마십시오"라고 번역합니다. 화난 채로 잠자리에 들면 밤새도록 그 분노로 인해서 내 영혼과 육체가 시달릴 뿐만 아니라, 내 마음에 복수심이 자리 잡게 됩니다. 특히 화를 낸 당사자보다, 그 말을 들은 상대방에게 더욱 오랫동안 나쁜 영향을 끼치게 됩니다.

만일 부모가 자녀의 잘못에 대해서 정당하게 화를 냈다고 하더라도, 그 자녀가 분노의 감정을 가진 채 잠자리에 들지 않게 해야 합니다. 그것이 분을 내어도 죄를 짓지 않게 하는 실제적인 지혜입니다. 그런데 화난 채로 잠자리에 들지 말아야 하는 진짜 이유는 따로 있습니다. 그것은 마귀에게 틈을 주지 않기 위해서입니다.

이 부분을 메시지 성경은 "마귀에게 거점을 내주어서는 안 됩니다"라고 풀이합니다. '거점'은 쉽게 말하면 '발판'(foothold)입니다. 마귀가 우리 안에 들어와서 마음껏 활동할 수 있는 발판을 내주지 말라는 겁니다. NASB 성경은 "마귀에게 기회를 주지 말라."(Do not give the devil an opportunity.)고 풀이합니다. 우리가 분을 품고 잠자리에 든다면, 그것은 마귀가 우리 안에 거점을 만들 기회를 주는 것과 같습니다.

마귀는 처음부터 강하게 대적해야 합니다. 한 번 들어온 마귀를 쫓아내기란 여간 힘든 일이 아니기 때문입니다. 그래서 베드로 사도는 이렇게 말했습니다.

"⁸근신하라. 깨어라. 너희 대적 마귀가 우는 사자 같이 두루 다니며 삼킬 자를 찾나니 ⁹너희는 믿음을 굳건하게 하여 그를 대적하라…"(벧전 5:8-9).

우리가 예수 그리스도로 말미암아 '새 사람'을 입어 하나님의 자녀가 되었다고 하더라도, 대적 마귀가 우리를 포기한 것은 아니라는 사실을 알아야 합니다. 마귀는 때를 얻든지 못 얻든지 우리 그리스도인들을 다시 자신의 종으로 삼으려고 호시탐탐 노리고 있습니다. 우리가 '화를 낼 때'에, 비록 그 분노가 아무리 정당하고 의로운 것이었을지라도, 마귀는 그 분노를 우리 안에 거점을 만드는 기회로 이용하려고 합니다.

화를 내는 것 자체가 잘못은 아니라고 하더라도, 그 화를 오래 품고 있는 것은 잘못입니다. 그것은 마귀에게 우리 마음의 뒷문을 열어 주는 큰 실수입니다. 바로 그런 일로 인해서 지금까지 수많은 그리스도인이 시험에 들어 낙오했다는 사실을 우리는 잊지 말아야 합니다. '새 사람'이 되었다는 것은 끝이 아니라 새로운 시작입니다. 하나님께서 우리를 부르시는 순간까지 늘 '새 사람'으로 살아가야 합니다.

그래서 주님은 제자들에게 "시험에 들지 않게 깨어 기도하라"(마 26:41)고 말씀하셨습니다. 분을 품고 있다가 죄를 짓고 시험에 들지 않도록, 오늘도 매 순간 늘 깨어서 성령님의 도우심을 간구해야 하겠습니다.

□ 은혜 나누기
버럭 화를 내고 그것을 제대로 수습하지 못해서 가족들을 힘들게 만들었던 기억이 있었다면, 이 시간 솔직하게 털어놓고 용서를 구해봅시다.

□ 공동 기도
하나님 아버지, 우리의 부족함을 용서해주세요. 사랑하는 가족에게 너무나 쉽게 화를 냈습니다. 그리고 그 화를 오래 품었고 또한 오래 품게 했습니다. 이제부터는 화를 잘 다스리게 하시고, 아무리 정당한 분노일지라도 화를 품고 잠자리에 들지 않게 우리에게 지혜를 주세요. 예수님의 이름으로 기도합니다. 아멘.

# 선한 일을 하세요!

□ 주님의 기도 주님이 가르쳐주신 기도로 가정예배를 시작합니다.

□ 찬송 부르기 213장(나의 생명 드리니)

□ 성경 읽기 에베소서 4:28

※ 개역개정판

도둑질하는 자는 다시 도둑질하지 말고 돌이켜 가난한 자에게 구제할 수 있도록 자기 손으로 수고하여 선한 일을 하라.

※ 메시지성경

도둑질로 생계를 꾸렸습니까? 더 이상은 그렇게 살지 마십시오! 정당한 일로 돈을 벌어서, 일할 수 없는 다른 사람들을 도우십시오.

□ 말씀 나누기

'새 사람'으로 살아가는 첫 번째 변화된 모습은 '참된 것'을 말하면서 살아가는 언어생활이었습니다. 두 번째 변화는 '분을 품지 않는 것'이었습니다. 때로 화를 낼 수는 있지만, 화난 채로 잠자리에 들지 않는 것입니다. 그렇게 해야 하는 이유는 마귀에게 거점을 내어주지 않기 위해서라고 했습니다. 화를 오래 품고 있으면, 그것이 아무리 정당하고 의로운 것이었을지라도, 결국에는 마귀에게 틈을 보이고 시험에 들게 되는 것입니다.

'새 사람'으로 살아가는 셋째 변화는 '선한 일'을 통해서 드러납니다.

## 도둑질하지 말라

오늘 본문에서 바울은 말합니다. "도둑질하는 자는 다시 도둑질하지 말라"(28절a). '도둑질'(stealing)은 다른 사람이 수고하여 얻은 소득을 훔치는 몹시 나쁜 행위입니다. 그런데 지금 바울은 이 말씀을 에베소교회 성도들에게 하고 있습니다. 교회를 다니고 있는 성도들에게 이런 권면을 한다는 것 자체가 참으로 놀랍습니다! 그 이야기는 남의 것을 도둑질하는 못된 버릇을 가지고 있는 사람들이 그만큼 교회 안에도 많이 있었다는 증거입니다. 그리고 그 버릇은 하나님을 믿기 전부터 가지고 있던 것이었습니다.

바울이 에베소서를 기록하던 당시 사회에서 '도둑질'은 '거짓말' 만큼이나 아주 만연되어 있던 일상적인 습관이었습니다. 그것은 마치 예전에 시골에서 동네 개구쟁이들이 몰래 '수박 서리'하던 그런 관습과 비슷했습니다. 수박밭에 수박이 아무리 많이 있더라도, 그것은 분명히 다른 사람이 땀 흘려 애써서 농사지어놓은 결실입니다. 그런데 그것을 재미 삼아 훔쳐 먹으면서도 아무런 죄책감을 느끼지 않습니다. 오히려 도둑질한 일을 무용담으로 자랑하기도 합니다.

하긴 이 세상에 나라 살림을 도둑질해 먹는 큰 도둑들이 얼마나 많이 있는데, 그에 비하면 수박 서리하는 좀도둑질쯤이야 애교로 봐줄 수 있을지도 모릅니다. 그러나 크든 작든 도둑질은 도둑질입니다. 다른 사람이 수고하여 얻은 소득을 훔치는 행위는 분명히 죕니다. 금은 보석 같은 귀중품을 훔쳐야만 도둑이 아닙니다. 책 도둑도 도둑이고, 꽃 도둑도 도둑입니다. 남의 논문을 몰래 표절하여 사용하는 것도 도둑입니다.

어떤 종류가 되었든지 도둑질하는 사람들의 공통점이 있습니다. 그것은 바로 '게으름'과 '한탕주의'입니다. 정직하게 열심히 땀 흘려서 일하는 것을 좋아하지 않습니다. 소매치기 기술이 있는 사람은 아무리 감옥에 넣어도 갱생(更生)하기 쉽지 않다고 합니다. 왜냐면 별로 수고하지 않으면서도 한탕만 하면 간단히 돈을 벌 수 있는 기술을 가지고 있기 때문입니다. 그런 사람들이 어떻게 한 달 내내 직장에 다니면서 정직하게 일해서 월급을 받을 생각을 하겠습니까?

문제는 예수 그리스도를 영접하여 하나님의 자녀가 되었다고 하면서도 그 버릇을 버리지 못하고 있는 사람들입니다. 성도들의 너그러운 마음을 이용하여 돈을 빌려 쓰고는 차일피일 갚지 않는 사람들이 있습니다. 세상 사람들이야 악착같이 돈을 받아내려고 하겠지만, 같은 교인들끼리는 그렇게까지 하지 않는다는 것을 알기 때문입니다. 물론 그 나름대로 피치 못할 사정이 있는지도 모릅니다. 얼마나 급하면 그럴까요? 그렇지만 믿음의 공동체 안에서 그렇게 하면 안 됩니다.

이 부분을 메시지 성경은 다음과 같이 표현합니다. "도둑질로 생계를 꾸렸습니까? 더 이상은 그렇게 살지 마십시오." 아무리 생계를 꾸리기 위해서라지만, 하나님을 믿는다고 하면서 어떻게 도둑질로 생계를 꾸릴 생각을 할 수 있습니까? 성도들의 너그러움을 악용하는 것은 어떤 의미에서 더욱 악질적인 도둑질이라고 할 수 있습니다. 정말 '새 사람'이 되었다면 그렇게 살면 안 됩니다. 그것이 바로 하나님 믿지 않는 '옛사람'이 살아가는 생활방식입니다.

### 손으로 수고하라

계속해서 바울은 권면합니다. "자기 손으로 수고하여 선한 일을 하라"(28절b). 여기에서 '선한 일'은 '선행'(善行)이 아닙니다. 오히려 '유용한 일'(something useful, NIV) 또는 '이익을 남길 수 있는 일'을 의미합니다. 그래서 메시지 성경은 "정당한 일로 돈을 벌라."(Get an honest job.)고 풀이합니다. 직역하면 "정직한 직업을 가지라"는 것입니다. 여기에서 '자기 손으로' 수고한다는 것이 중요합니다. '도둑질'은 다른 사람이 수고한 것을 훔치는 '악한 행위'라면, 그와 대조적으로 정직한 직업을 가지고 정당한 일로 돈을 버는 것은 자기 손으로 수고하여 돈을 버는 '선한 일'입니다.

그런데 돈을 버는 것이 정말 '선한 일'이 되려면, 그 소득이 단지 자신의 생계를 유지하기 위해서가 아닌 어떤 '선한 목적'을 가지고 있어야 합니다. 바울은 그 '선한 목적'을 가리켜서 '가난한 자에게 구제할 수 있도록'이라고 명시하여 말합니다. 이 부분을 메시지 성경은 "일할 수 없는 다른 사람들을 도우십시오."(so that you can help others who can't work.)라고 표현합니다.

그렇습니다. '가난한 자'는 단순히 경제적으로 궁핍한 사람들을 이야기하지 않습니다. 일하고 싶어도 일할 수 없는 그런 사람들을 말합니다. 만일 얼마든지 일할 수 있는데도 단지 게으름 때문에 일하지 않아 가난하게 사는 사람들을 무조건 도와준다면, 그것은 진정한 의미의 구제가 아닙니다. 오히려 또 다른 의미에서 그 사람들이 도둑질하는 일을 돕는 것인지도 모릅니다.

아무튼, 바울이 여기에서 말하려고 하는 것은, '새 사람'은 경제적인 활동에서도 새로운 모습을 보여야 한다는 사실입니다. 하나님을 알기 전에는 다른 사람의 수고를 가로채더라도 잘 살기만 하면 그만이었지만, 예수 그리스도로 옷을 갈아입고 난 후에는 정직한 직업을 가지고 일하여 얻은 정직한 소득으로 살아가야 한다는 것입니다. 그것도 단지 다른 사람들보다 더 많은 돈을 벌려고 하는 목적이 아니라, 일할 수 없는 사람들을 도우려는 선한 목적을 가지고 말입니다.

그런 의미에서 '게으른 그리스도인'(a lazy Christian)이란 말은 '얼어

붙은 불'(freezing fire)이란 말처럼 전혀 어울리지 않는 표현입니다. 우리 그리스도인에게는 다른 사람을 도와주려는 선한 목적을 가진 정직한 직업이라면 어떤 직업이든지, 하나님께서 특별하게 허락해 주신 '소명'(vocation)입니다.

다른 사람 것을 가로채는 도둑질은 '옛사람'의 생활방식입니다. 예수 그리스도를 믿음으로 변화된 '새 사람'의 새로운 생활방식이 이 세상을 더욱 아름답고 살맛 나는 곳으로 만들어 갈 것입니다. 오늘도 우리에게 주어진 일을 소명의식을 가지고 기쁨과 감사함으로 잘 감당할 수 있도록 성령님의 도우심을 간구합시다.

▫ 은혜 나누기
나는 어떤 직업을 소망하고 있습니까? 또 그 이유는 무엇입니까? 함께 나누어 봅시다.

▫ 공동 기도
하나님 아버지, 정당하지 못한 방법으로 돈을 버는 것을 행운이라 생각하지 않게 해주세요. 자기 손으로 땀 흘려 수고하는 정직한 직업을 갖게 해주시고, 일하고 싶어도 일할 수 없는 어려운 사람들을 도울 수 있는 넉넉한 마음도 갖게 해주세요. 예수님의 이름으로 기도합니다. 아멘.

# 선한 말을 하세요!

□ 주님의 기도 주님이 가르쳐주신 기도로 가정예배를 시작합니다.

□ 찬송 부르기 424장(아버지여 나의 맘을)

□ 성경 읽기 에베소서 4:29

※ 개역개정판

무릇 더러운 말은 너희 입 밖에도 내지 말고 오직 덕을 세우는 데 소용되는 대로 선한 말을 하여 듣는 자들에게 은혜를 끼치게 하라.

※ 메시지성경

여러분의 말하는 습관을 살피십시오. 여러분의 입에서 불쾌하고 더러운 말이 나오지 않게 하십시오. 도움이 되는 말만 하고, 여러분의 말 한 마디 한 마디가 선물이 되게 하십시오.

□ 말씀 나누기

우리는 지금 '새 사람'이 살아가는 새로운 생활방식의 특징들에 대해서 살펴보고 있습니다. 지금까지 세 가지를 묵상했는데, '참된 것을 말하는 것'과 '분을 품지 않는 것' 그리고 '선한 일을 하는 것'이었습니다. 오늘은 넷째 특징인 '선한 말을 하는 것'에 대해서 살펴보겠습니다.

더러운 말

오늘 본문의 말씀은 새 사람이 살아가는 변화된 언어생활에 대한 권면입니다. 이미 우리는 새 사람의 언어생활에 대해서 묵상했습니다. "거짓을 버리고 그 이웃과 더불어 참된 것을 말하라"(25절)는 첫째 권면이 바로 그것입니다. 그러나 그것은 믿음의 공동체 안에서 형제들과의 언어생활에 대한 가르침이었습니다. 그리고 '참된 것'이란 '정직한 말' 정도가 아니라 '참 진리이신 예수 그리스도'를 가리키는 것이라고 했습니다.

그에 비해서 오늘 본문은 교회에 다니지 않는 이웃을 포함하는 모든 사람과의 대화에 적용되어야 할 언어생활에 대한 권면입니다. 바울은 말합니다. "무릇 더러운 말은 너희 입 밖에도 내지 말라"(29절a). 말은 습관입니다. 더러운 말이 우리 입에서 나온다면, 그것은 우리에게 더러운 말을 하는 나쁜 습관이 있다는 뜻입니다. 그래서 메시지 성경은 "여러분의 말하는 습관을 살펴"고 말합니다.

'선한 말'과 반대 개념인 '더러운 말'이 무엇인지 생각해 보겠습니다. NIV 성경은 이것을 '건강에 좋지 않은 말'(unwholesome talk)이라고 번역합니다. 그렇다면 '선한 말'은 '건강에 좋은 말'(wholesome talk)입니다. 그렇습니다. '더러운 말'이란 '건강에 나쁜 언어', 특히 '정신 건강에 해를 끼치는 언어'를 말합니다.

사람들이 흔히 사용하는 '욕설'이 가장 대표적인 '더러운 말'입니다. 현직 초등학교 교사의 이야기를 들어보면, 요즘 아이들은 욕이 빠지면 대화를 잘 이어가지 못한다고 합니다. 말끝마다 상스러운 욕설을 붙이는데, 대부분은 그 뜻이 무엇인지도 모르면서 무작정 사용한다는 것입니다.

그런데 아이들이 어디에서 그런 욕설을 배웠을까요? 물론 어른들에게서 배운 것입니다. 욕하는 어른들이 아이들에게 더러운 말을 가르친 것입니다. 그렇게 욕하는 습관이 아이들의 언어생활에 자리 잡게 된 것입니다. 어렸을 때부터 욕설을 듣고 또한 직접 욕을 하면서 자라는 아이들이 과연 육체적으로 또는 정신적으로 건강하게 성장할 수 있을까요?

우리나라 남자들은 군대에 가서 그와 비슷한 문화적인 충격을 받습니다. 지금은 어떤지 모르지만, 예전의 군대는 욕을 하지 않으면 대화가 통하지 않는 그런 사회였습니다. 하나님을 알지 못하는 세상 사람들은 욕설과 저주를 아무렇지도 않게 내뱉습니다. 상대방에게 얼마나 큰 해악을 끼치는지는 조금도 생각하지 않기 때문입니다. 아니 어쩌면 그 해악을 알기 때문에 더러운 말을 악의적으로 사용하는지도 모릅니다.

에베소교회 성도들도 과거에는 그런 종류의 사람들이었습니다. 그러나 이제는 예수 그리스도를 믿음으로 '새 사람'이 되었습니다. '새 사람'은 언어생활이 달라져야 합니다. '건강에 나쁜 언어'는 입 밖으로 나오지 않게 해야 합니다. 그동안 무심코 사용해오던 '죽이는 말'을 멈추고, 이제부터는 '살리는 말'을 하기 시작해야 합니다.

### 덕을 세우는 말

바울은 "오직 덕을 세우는 데 소용되는 대로 선한 말을 하라"고 권면합니다. "덕을 세운다"는 것은 다른 사람들을 세워준다는 뜻입니다. 세워주되 그들의 필요를 따라서 도움이 될만한 말을 해주어야 합니다. 예를 들어서 상대방이 슬픔에 잠겨있다면 위로의 말을 해주고, 낙심하고 있다면 용기를 북돋우는 말을 해주고, 갈 길을 알지 못해 방황하고 있다면 방향을 제시하는 말을 해주라는 것입니다. 그러니까 '선한 말'이란 결국 다른 사람을 세워주는 '유익한 말'입니다. 상대방이 어떤 상태에 있는지 관심을 기울여야 '선한 말'을 할 수 있게 되는 것입니다.

이와 대조적으로 '더러운 말'은 상대방의 상태에는 관심이 없고, 오직 자기 기분 내키는 대로 함부로 퍼붓는 말입니다. 상대에게 어떤 상처를 입히든지 상관없이 오직 자기의 분노를 쏟아냄으로써 만족을 얻으려고 하는 세상 사람들의 말이 바로 '더러운 말'입니다. 그러나 우리 그리스도인들은 자신의 기분이 아니라 상대방의 필요에 따라서 도움이 될 수 있는 '선한 말'을 하는 사람들입니다. 그렇게 해야 하는 이유가 무엇일까요?

바울은 이렇게 말합니다. "선한 말을 하여 듣는 자들에게 은혜를 끼치게 하라." "은혜를 끼친다"는 것을 NIV 성경은 "유익이 될 수 있도록"(it may benefit)이라고 번역합니다. 그러나 이 말은 단순히 어떤 도움이나 유익을 주는 것 이상의 뉘앙스를 가지고 있습니다. 왜냐면 '은혜'(grace, God's favor)는 하나님과 상관있는 말이기 때문입니다.

이 부분을 메시지 성경은 "도움이 되는 말만 하고, 여러분의 말 한마디 한 마디가 선물이 되게 하십시오"라고 풀이합니다. 우리말 '은혜'에 해당하는 그리스어는 '카리스'입니다. '카리스'의 본래 뜻이 바로 '선물'(gift)입니다. 그냥 좋은 선물이 아니라, 하나님께서 주시는 선물입니다. 사람들은 뜻밖의 선물을 받게 되면 누구나 감동하게 되어있습니다. 우리가 하는 '선한 말'을 그렇게 사용하라는 것입니다. 하나님의 감동을 전해주는 선물이 되게 하라는 것입니다.

'건강에 나쁜 말', '더러운 말'이 사방에서 들리는 이 세상의 더러운 문화 속에서, 우리 그리스도인들이 하는 '선한 말' 한 마디는 정말 사람들에게 감동을 주는 선물이 될 수 있습니다. 그 선물을 통해서 세상 사람들은 하나님의 사랑과 예수 그리스도의 복음을 알아가게 될 것입니다. 바로 그 이유로 우리 그리스도인은, 때를 얻든지 못 얻든지 오직 선한 말을 함으로써 듣는 사람들에게 하나님의 은혜를 끼치는 사람이

어야 하는 것입니다.

　우리는 그리스도 안에서 '새 사람'이 되었습니다. 그런데 우리의 언어생활은 어떻습니까? '새 사람'에게 어울리는 언어생활을 하고 있습니까? 이제부터 우리가 만나는 사람들에게 오직 '선한 말'을 하기로 작정합시다. '더러운 말'은 아예 입 밖에도 내지 않기로 합시다. 우리의 말 한 마디 한 마디가 그들에게 감동을 주는 하나님의 선물이 될 수 있도록 합시다.

▫ 은혜 나누기
가족 중에 누군가가 내가 가장 아끼는 물건을 그만 실수로 망가뜨렸다고 합시다. 그때 나는 어떤 말을 해주어야 할까요?

▫ 공동 기도
하나님 아버지, 우리의 입에서는 어떤 경우에도 더러운 말이 나오지 않게 해주세요. 세상 사람들은 다 그런다고 하더라도 우리는 그러지 않게 해주세요. 우리 입에서 나오는 말은 듣는 사람에게 하나님의 감동을 전해주는 좋은 선물이 되게 해주세요. 예수님의 이름으로 기도합니다. 아멘.

# 성령님을 근심하게 하지 마세요!

▫ 주님의 기도 주님이 가르쳐주신 기도로 가정예배를 시작합니다.

▫ 찬송 부르기 420장 (너 성결키 위해)

▫ 성경 읽기 에베소서 4:30

※ 개역개정판

하나님의 성령을 근심하게 하지 말라. 그 안에서 너희가 구원의 날까지 인치심을 받았느니라.

※ 메시지성경

하나님을 슬프게 하지 마십시오. 그분의 마음을 아프게 하지 마십시오. 여러분 안에서 숨 쉬고 움직이시는 하나님의 거룩한 영은 여러분 삶의 가장 깊숙한 곳에 자리하십니다. 성령께서 여러분을 하나님께 합당한 사람으로 만들어 주십니다. 그러한 선물을 당연한 것으로 여기지 마십시오.

▫ 말씀 나누기

우리는 지금 '새 사람'이 살아가는 새로운 생활방식의 특징들을 살펴보고 있습니다. 지난 시간에는 넷째 특징인 '선한 말을 하는 것'에 대해서 묵상했습니다. 바울은 '더러운 말'은 입 밖에도 내지 말라고 했습니다. '더러운 말'은 '남을 해치는 말'이요 '선한 말'은 '남을 세워주는 말'이라고 했습니다. '더러운 말'은 내 기분에 따라서 함부로 내뱉는 말이지만, '선한 말'은 상대방의 필요에 따라 도움이 될 수 있는 말이라고 했습니다.

"말 한마디로 천 냥 빚을 갚는다"고 합니다. 상대방을 배려하고 걱정하는 마음으로 필요에 따라 적절하게 하는 말 한마디가 하나님의 은혜를 나누어주는 큰 '선물'이 될 수 있습니다. '더러운 말'로 상대방에게 상처를 주는 것은 우리 그리스도인들과는 전혀 어울리지 않는 모습입니다.

그런데 바울은 '더러운 말'이 단지 사람들을 불쾌하게 하는 정도에 그치지 않고, 성령님을 근심하게 만든다고 말합니다. 오늘 우리가 살펴볼 내용입니다.

### 슬퍼하시는 하나님

오늘 본문에서 바울은 "하나님의 성령을 근심하게 하지 말라"고 말합니다. '하나님의 성령'은 하나님을 의미합니다. 하나님도 얼마든지 근심하실 수 있다는 것입니다. NIV 성경은 이 부분을 "하나님의 영을 슬프게 하지 말라."(Do not grieve the Holy Spirit of God.)고 표현합니다. 메시지 성경도 "하나님을 슬프게 하지 마십시오. 그분의 마음을 아프게 하지 마십시오"라고 풀이합니다.

그런데 성령님을 슬프게 만드는 일이 무엇일까요? 그것은 앞의 말씀과 연결되어 있습니다. 바로 우리 그리스도인들 입에서 나오는 '더러운 말'입니다.

"무릇 더러운 말은 너희 입 밖에도 내지 말고 오직 덕을 세우는 데 소용되는 대로 선한 말을 하여 듣는 자들에게 은혜를 끼치게 하라"(엡 4:29).

우리 그리스도인들은 다른 사람에게 은혜를 끼치는 말을 해야 합니다. 우리의 말은 상대방에게 하나님의 감동을 주는 선물이 되게 해야 합니다. 그런데 만일 상처를 주는 '더러운 말'을 하면, 하나님께서 슬퍼하신다는 것입니다.

'더러운 말'이 다른 사람에게 정신적으로 육체적으로 해를 끼칠 수 있다는 것은 얼마든지 이해할 수 있습니다. 그렇지만 어떻게 성령님을 괴롭히는 일이 될 수 있을까요? 그 이유를, 바울은 이렇게 설명합니다. "너희가 그 안에서 구원의 날까지 인치심을 받았기 때문이다." "인치심을 받았다"는 말은 "봉인되었다"(were sealed)라는 뜻입니다. 편지 같은 것을 밀봉한 자리에 도장을 찍는 것을 '봉인'(封印)이라고 하지요. 그러니까 "성령 안에서 봉인되었다"라는 말씀입니다.

이미 에베소서 1장에서 바울은 다음과 같이 말했습니다.

"그 안에서 너희도 진리의 말씀 곧 너희의 구원의 복음을 듣고 그 안에서 또한 믿어 약속의 성령으로 인치심을 받았으니…"(엡 1:13).

여기에서 '너희'는 물론 에베소교회 성도들입니다. 그들이 예수님의 복음을 듣고 믿음으로 말미암아 그들 안에 주님께서 약속하신 성령님이 들어오셨습니다. 그리고 그들이 믿음의 확신을 가질 수 있도록 성령님께서 도장을 찍어주셨고, 또한 그 믿음 안에 거하며 살아갈 수 있도록 아예 봉인을 해주셨다는 것입니다.

오늘 본문에서 "인치심을 받았다"는 것은 바로 이 말씀의 연장 선상에서 이해해야 합니다. 성령님은 그들이 믿음 안에 거하며 살아가도록 봉인해주신 것입니다. 언제까지 그렇게 해 주십니까? '구원의 날까지'입니다. 즉 우리 주님이 재림하실 때까지 성령님이 도와주시기로 약속하신 것입니다.

### 심판하시는 하나님

그런데 왜 '더러운 말'을 하는 것이 성령님을 근심하게 하는 것이 될까요? 왜냐하면 '더러운 말'을 하는 자를 하나님은 심판하실 수밖에 없기 때문입니다. 그가 누구이든지 간에 말입니다. 이 점에 대해서 주님은 마태복음 12장에서 다음과 같이 분명히 말씀하셨습니다.

"[36]내가 너희에게 이르노니 사람이 무슨 무익한 말을 하든지 심판 날에 이에 대하여 심문을 받으리니 [37]네 말로 의롭다 함을 받고 네 말로 정죄함을 받으리라"(마 12:36-37).

'무익한 말'은 말 그대로 '아무런 유익이 없는 말'입니다. 에베소서 본문에서 바울이 말한 '더러운 말'과 같은 뜻입니다. 그 말에 대해서 심판 날에 하나님으로부터 심문을 받게 된다는 것입니다. 그리고 사람이 한 말로 인해서 의롭다 함을 받거나 정죄함을 받을 것이라고 경고하셨습니다.

주님을 믿음으로 성령님의 인치심을 받은 자라고 하더라도, 만일 그 입에서 계속해서 '더러운 말'이 나온다면 그 말로 인해서 하나님께 정죄함을 받아야 합니다. 성령님은 그가 믿음 안에서 계속해서 살아가기를 원하시는데, 그렇게 도와주시려고 봉인까지 해주셨는데, 그가 '선한 말'을 하기보다는 '더러운 말'을 계속한다면 그때는 성령님도 어쩔 수가 없게 되는 것입니다. 그러니 성령님이 근심하시며 슬퍼하실 수밖에요.

오늘 본문을 메시지 성경은 다음과 같이 번역합니다.

"여러분 안에서 숨 쉬고 움직이시는 하나님의 거룩한 영은 여러분 삶의 가장 깊숙한 곳에 자리하십니다. 성령께서 여러분을 하나님께 합당한 사람으로 만들어 주십니다. 그러한 선물을 당연한 것으로 여기지 마십시오"(엡 4:30, 메시지).

우리 삶의 가장 깊숙한 곳에 성령님이 자리하고 계셔서, 우리를 하나님께 합당한 사람으로 만들려고 하십니다. 그것이 바로 '성령님의 인치심'입니다. 그런데 그 선물을 당연한 것으로 여기고 함부로 '더러운 말을 내뱉는다면 어떻게 될까요. 하나님은 우리를 사랑하지만, 또한 공의로 심판하셔야 합니다. 그래서 하나님은 슬퍼하시는 것입니다.

여기에서 우리는 '구원을 받음'과 '구원을 이룸' 사이의 긴장 관계에 대해서 생각하게 됩니다. 어떤 이단(異端)이 가르치는 것처럼, 예수님을 믿기만 하면 구원받고, 한번 구원받았으면 어떤 나쁜 짓을 하더라도 결국 구원받게 된다는 식의 주장은 성경의 가르침과 완전히 다른 억지 주장입니다. 성령님이 봉인해주신 믿음의 사람이라고 하더라도, 만일 그가 입술로 죄를 짓고 '더러운 말'을 함부로 내뱉는다면 하나님의 심판을 피해갈 수 없게 되는 것입니다.

바울은 빌립보서에서 "항상 복종하여 두렵고 떨림으로 너희 구원을 이루라"(빌2:12)고 말했습니다. 예수님을 영접하여 믿음으로 구원받는 것이 전부가 아닙니다. 그것은 새 사람으로 살아가는 출발일 뿐입니다. 신앙생활은 구원을 이루기 위한 삶의 과정입니다. 그 과정에서 우리가 해야 할 말은 '선한 말'입니다. '더러운 말'은 사람에게 상처를 주고 병들게 할 뿐 아니라, 성령님을 근심하게 만듭니다.

□ 은혜 나누기

누군가의 말로 인해 마음이 슬펐던 경험이 있었나요? 함께 나누어봅시다.

□ 공동 기도

하나님 아버지, 우리의 입에서 나오는 더러운 말로 인해 성령 하나님이 몹시 슬퍼하신다는 놀라운 사실을 알게 되었습니다. 이제부터 우리의 입에서 '죽이는 말'이 아니라 '살리는 말'이 나오도록 성령님께서 우리의 입술을 다스려주세요. 예수님의 이름으로 기도합니다. 아멘.

# 습관을 바꾸세요!

□ 주님의 기도 주님이 가르쳐주신 기도로 가정예배를 시작합니다.

□ 찬송 부르기 454장(주와 같이 되기를)

□ 성경 읽기 에베소서 4:31-32

※ 개역개정판

31너희는 모든 악독과 노함과 분냄과 떠드는 것과 비방하는 것을 모든 악의와 함께 버리고 32서로 친절하게 하며 불쌍히 여기며 서로 용서하기를 하나님이 그리스도 안에서 너희를 용서하심과 같이 하라.

※ 메시지성경

31-32가시 돋친 말, 헐뜯는 말, 불경스러운 말은 입에 담지도 마십시오. 서로 친절하게 대하고, 서로 마음을 쓰십시오. 하나님께서 그리스도 안에서 여러분을 용서하신 것같이, 여러분도 서로 신속하고 완전하게 용서하십시오.

□ 말씀 나누기

지난 시간에 우리는 '더러운 말'이 다른 사람을 해칠 뿐만 아니라 성령님을 근심하게 하고 슬프게 한다는 말씀을 묵상했습니다. 우리가 정말 '새 사람'이 되었다면, 그것에 걸맞은 언어생활을 해야 합니다. 우리의 입에서 불쾌하고 더러운 무익한 말들이 나오지 않게 해야 합니다.

문제는 습관입니다. 나쁜 습관을 좋은 습관으로 바꾸지 않으면 안 됩니다. 오늘 본문에서 바울은 '새 사람'으로서 버려야 할 나쁜 습관과 채워야 할 좋은 습관이 있다고 말합니다.

### 버려야 할 나쁜 습관

바울은 우선 '새 사람'이 버려야 할 나쁜 습관 다섯 가지를 이야기합니다.

"너희는 모든 악독과 노함과 분냄과 떠드는 것과 비방하는 것을 모든 악의와 함께 버리고…"(31절).

가장 먼저 버려야 할 습관은 '악독'(惡毒)입니다. 우리말로는 '악독'을 "마음이 흉악하고 독살스럽다"라는 뜻으로 사용합니다. 그러나 우리가 과연 무엇을 버려야 하는지 조금은 막연합니다. 그런데 NIV 성경은 이것을 '빈정댐'(bitterness)으로, 메시지 성경은 '가시 돋친 말'(cutting)로 번역합니다. 그것이 '악독'입니다.

빈정대는 말, 가시 돋친 말버릇을 가진 사람들이 생각보다 많이 있습니다. 대개는 자신을 돋보이게 하려고 그럽니다. 그렇지만 언제나 상대방의 감정을 상하게 만듭니다. 이런 못된 버릇은 '새 사람'에게 전혀 어울리지 않습니다.

그다음에는 '노함과 분냄'(rage and anger)입니다. '노함'은 단순히 버럭 화를 내는 성격이라면, '분냄'은 상대방에 대해서 적의와 원한을 품는 것을 의미합니다. 이 두 가지는 거의 구분되지 않을 때가 많이 있습니다. 이미 바울은 앞에서 "분을 내어도 죄를 짓지 말며 해가 지도록 분을 품지 말라"(26절)고 권면했습니다.

26절의 '분냄'은 적어도 정당한 명분을 가지고 있는 것입니다. 그러나 오늘 본문의 '노함과 분냄'은 단지 악의적인 동기를 가진 것입니다. 그것은 자신의 악한 성격과 상대방에 대한 원한을 드러낼 뿐입니다. 따라서 우리 그리스도인들은 어떻게든 '노함과 분냄'의 습관을 완전히 버려야 합니다.

그다음에는 '떠드는 것과 비방하는 것'입니다. 떠드는 것(brawling)은 공공장소에서 큰 소리로 욕하면서 소동을 일으키는 것을 의미합니다. 비방하는 것(slander)은 뒤에서 다른 사람을 중상하는 것을 말합니다. 그러니까 공개적으로 하든지, 비공개적으로 하든지 누군가를 비방하는 행위를 가리킵니다. 사실 그것은 마귀가 하는 일입니다(계 12:10). 만일 우리가 믿음의 형제를 비방하고 참소한다면 그것은 마귀의 일을 대신에 해주는 것입니다. 우리 그리스도인들은 이와 같은 못된 버릇을 버려야 합니다.

그런데 여기에서 우리가 주목할 것은 이러한 나쁜 습관들은 모두 악한 동기에 뿌리를 두고 있다는 사실입니다. 그래서 바울은 "너희는 모든 악의와 함께 버리라"고 했습니다. 악의(惡意)는 악한 의도입니다. 상대방을 해코지하려는 악한 생각에서부터 나온 악한 행동입니다.

주님을 믿기로 했다고 해서 과거의 생활 습관이 하루아침에 달라지는 것은 아닙니다. 우리의 몸이 과거의 못된 버릇을 기억하고 있습니다. 그래서 비꼬는 말, 가시 돋친 말이 나오고, 노함과 분냄의 습관이 불쑥 튀어나오고, 공개적으로든 비공개적으로든 다른 사람을 비방하게 되는 것입니다. 그렇기에 의식적으로 자꾸 그 버릇을 버려야 합니다. 우리 마음속에 '악의'가 남아 있지 않을 때까지 계속해서 버리고 또 버려야 합니다.

물론 성령님의 도우심도 필요합니다. 성령님은 우리 안에 계셔서 우리를 하나님께 합당한 사람으로 만들기를 원하십니다. 우리가 기도할 때마다 성령님의 도우심을 간구해야 하는 이유입니다.

### 채워야 할 좋은 습관

옛사람이 가지고 있던 나쁜 습관을 버리는 동시에, 좋은 습관으로 채워가야 합니다. 바울은 세 가지 좋은 습관을 이야기합니다.

"서로 친절하게 하며 불쌍히 여기며 서로 용서하기를 하나님이 그리스도 안에 서 너희를 용서하심과 같이 하라"(엡 4:32).

먼저 "서로 친절하게 하라"(be kind to one another)고 권면합니다. 사람들이 서로에게 친절한 태도를 보인다면 이 세상이 얼마나 살기 좋은 행복한 곳이 될까요. 그러나 바울이 말하는 '친절'은 사람들의 덕목이 아닙니다.

성령의 아홉 가지 열매 중에서 '자비'가 있습니다(갈 5:22). 이것은 '친절'(kindness)로 번역되는 것이 더 적절합니다. '성령의 열매'는 인간의 노력이나 훈련을 통해 얻게 되는 것이 아닙니다. 성령님이 우리를 온전히 다스리실 때 맺게 되는 열매입니다. 즉 '친절'은 본래 인간의 성품이 아니라 하나님의 성품인 것입니다. 우리가 성령님의 다스림을 받으며 살아갈 때 우리 또한 하나님같이 친절하게 되는 것입니다.

그다음에 "서로 불쌍히 여기라"고 권면합니다. "불쌍히 여김"을 한 단어로 표현하면 '긍휼'(矜恤)이 됩니다. 이 또한 '친절'과 마찬가지로 본래 하나님의 성품입니다. 에베소서 2장에서 바울은 하나님을 가리켜서 '긍휼이 풍성하신 분'(2:4)으로 소개했습니다. 죄인이었던 우리가 구원받을 수 있게 된 것은 바로 하나님의 긍휼 때문입니다. 하나님이 우리를 불쌍히 여겨 주셨기에 우리 또한 서로를 불쌍히 여길 수 있게 된 것입니다.

마지막으로 "서로 용서하기를 하나님이 그리스도 안에서 너희를 용서하심 같이 하라"고 권면합니다. 마태복음 18장에 기록된 '용서할 줄 모르는 종의 비유'(마 18:21-35)를 잘 아실 것입니다. 왕에게 만 달란

트의 빚을 탕감받은 사람이, 자신에게 백 데나리온을 빚진 동료의 빚을 탕감해 주지 않았다가 도리어 왕의 노여움을 사는 그런 이야기 말입니다.

그렇습니다. 하나님께서 우리의 죄를 용서해주신 것은 마치 평생을 갚아도 갚을 수 없는 만 달란트의 빚을 없던 것으로 해주신 것과 같습니다. 그런데도 만일 우리가 형제를 용서해주지 않는다면, 겨우 백 데나리온의 빚을 받아내겠다고 악을 쓰는 옹졸한 종과 같습니다.

우리가 왜 형제에게 빈정거리는 말을 합니까? 왜 악의적인 동기로 화를 내거나, 비방하는 일을 합니까? 그 이유는 하나입니다. 용서해주고 싶지 않기 때문입니다. 우리가 서로 용서하지 않는다면 하나님께서 당신의 용서를 없던 것으로 하자고 그러실지도 모릅니다. 따라서 우리 그리스도인들은 하나님같이 서로 용서하는 사람들이어야 합니다.

악한 습관들은 모두 '악의'라는 쓴 뿌리로부터 나왔습니다. 이와 대조적으로 좋은 습관들은 모두 '하나님'으로부터 나왔습니다. 우리가 하나님으로부터 받은 은혜에 집중하는 동안에는 우리도 하나님같이 친절하고, 불쌍히 여기고, 서로 용서하면서 살 수 있습니다. 그러나 우리가 다른 곳에 시선을 돌리면, 과거의 못된 습관들이 우리도 모르는 사이에 튀어나오게 되는 것입니다.

그러니 우리는 매일매일 하나님을 바라보며 살아야 합니다. 우리에게 주어진 하루하루를 하나님의 성품을 연습하는 기회로 삼아야 합니다. 그러다 보면 언젠가 하나님을 닮아있는 우리의 모습을 발견하게 될 것입니다.

▫ 은혜 나누기
나에게 남아 있는 나쁜 습관은 무엇입니까? 그것을 버리기 위해서 나는 어떻게 해야 할까요? 자기 생각을 솔직하게 나누어봅시다.

□ 공동 기도

하나님 아버지, 예수님을 믿고 따른다고 하면서도 우리는 여전히 못된 버릇을 버리지 못하고 있습니다. 우리의 노력이 부족했다면 더욱 노력하게 해주세요. 그러나 성령님의 도움이 절대적으로 필요합니다. 우리에게 좋은 습관이 채워질 수 있도록 우리를 도와주세요. 예수님의 이름으로 기도합니다. 아멘.

# 하나님을 모방하세요!

□ 주님의 기도 주님이 가르쳐주신 기도로 가정예배를 시작합니다.

□ 찬송 부르기 559장(사철에 봄바람 불어 잇고)

□ 성경 읽기 에베소서 5:1-2

※ 개역개정판

[1] 그러므로 사랑을 받는 자녀 같이 너희는 하나님을 본받는 자가 되고 [2] 그리스도께서 너희를 사랑하신 것 같이 너희도 사랑 가운데서 행하라 그는 우리를 위하여 자신을 버리사 향기로운 제물과 희생제물로 하나님께 드리셨느니라.

※ 메시지성경

[1-2] 자녀가 부모에게서 바른 행동을 배우고 익히듯이, 여러분은 하나님께서 하시는 일을 살펴서 그대로 행하십시오. 하나님께서 하시는 일 대부분은 여러분을 사랑하시는 것입니다. 그분과의 사귐을 지속하고, 사랑의 삶을 익히십시오. 그리스도께서 우리를 어떻게 사랑하셨는지 잘 살펴보십시오. 그분의 사랑은 인색한 사랑이 아니라 아낌없는 사랑이었습니다. 그분은 우리에게 무언가를 얻으려고 사랑하신 것이 아니라 자신의 전부를 우리에게 주시기 위해 사랑하셨습니다. 여러분도 그렇게 사랑하십시오.

□ 말씀 나누기

지난 시간 묵상을 통해서 우리는 '새 사람'으로 살기 위해서 버려야 할 나쁜 버릇과 채워야 할 좋은 버릇이 있다는 사실을 알게 되었습니다. 5장에 들어와서 바울은 에베소교회 성도들에게 더욱 적극적으로 하나님을 본받아서 살아갈 것을 권면합니다.

## 사랑을 받는 자녀

오늘 본문에서 바울은 이렇게 말합니다. "그러므로 사랑을 받는 자녀같이 너희는 하나님을 본받는 자가 되고…" '그러므로'라는 접속사는 앞 문장과 뒤 문장을 연결해주는 역할을 합니다. 앞에서 바울은 세 가지 좋은 버릇을 이야기했습니다. '친절'과 '긍휼'과 '용서'가 그것인데, 이는 모두 하나님으로부터 비롯된 것이라고 했습니다. '그러므로' 우리 그리스도인들은 '하나님을 본받는 자가 되어야' 한다는 것입니다.

그런데 바울은 "하나님을 잘 믿는 자가 되라"고 하거나 "교회에서 열심히 봉사하는 자가 되라"고 하지 않습니다. "하나님을 본받는 자가 되라"고 권면합니다. 우리가 '새 사람'으로 살아가야 하는 이유는 단지 교회에 열심히 다니면서 하나님을 잘 믿는 사람이 되기 위해서가 아닙니다. 하나님을 본받기 위해서입니다. 그런데 이것은 구체적으로 무엇을 의미할까요?

헬라어 원문을 직역하면 "하나님을 모방하는 사람이 되라."(Be imitators of God.)입니다. 누군가를 그대로 따라 하는 것이 '모방'(模倣)입니다. 앞에서 살펴본 세 가지 좋은 버릇을 예로 들어 설명하면, 하나님같이 친절하고, 하나님같이 긍휼한 마음을 가지고, 하나님같이 용서하는 것이 바로 하나님을 모방하는 것입니다.

그런데 왜 우리는 하나님을 모방해야 할까요? 왜냐면 하나님은 우리의 아버지가 되셔서 우리를 당신의 자녀로 사랑하시기 때문입니다. 그래서 바울은 '사랑을 받는 자녀같이'(as dearly loved children) 하나님을 본받는 자가 되라고 권면합니다. 메시지 성경은, "자녀가 부모에게서 바른 행동을 배우고 익히듯이, 여러분은 하나님께서 하시는 일을 살펴서 그대로 행하십시오."라고 풀이합니다.

그렇습니다. 자녀는 부모를 모방하면서 자라게 되어있습니다. 좋은 것이든, 나쁜 것이든 부모가 하는 행동을 그대로 따라 합니다. 아버지가 뒷짐 지고 걸으면, 아이도 그대로 따라서 걷습니다. 그래서 부전자전(父傳子傳)이라는 말이 생겼습니다. 문제는 육신의 아버지가 항상 바른 행동만을 보이는 것은 아니라는 점입니다. 물론 자녀를 사랑하는 마음은 있지만, 그 사랑이 삶의 바른 행동으로 표현되지 않는 경우가 많다는 것이 문제입니다.

그러나 하나님 아버지는 다릅니다. 우리를 사랑하시되 언제나 바른 행동으로 사랑하십니다. 그렇기에 우리는 하나님께서 하시는 일을 잘 살펴서 그대로 행해야 합니다. 특별히 하나님의 사랑을 모방해야 합니다. 우리를 사랑해주시는 방식을 잘 살펴서 그대로 모방하여 우리도 사랑해야 합니다. 하나님은 '사랑'에 관해서 우리가 하나님의 마음을 쏙 빼닮기를 기대하십니다.

### 그 사랑의 방식

오늘 본문에서 바울은 그냥 "사랑하면서 살라!"고 하지 않고 "사랑 가운데서 행하라!"고 권면합니다. 바울은 왜 이런 식으로 말하고 있을까요? 여기에는 특별한 의미가 담겨 있습니다. NIV 성경은 "그 사랑의 방식 안에서 걸어가라."(Walk in the way of love.)로 번역합니다. 하나님이 보여주신 어떤 특별한 사랑의 방식이 있는데 그것에 따라 살아야 한다는 겁니다. 그렇다면 '그 사랑의 방식'은 구체적으로 무엇을 말하는 것일까요?

앞뒤에 그 설명이 붙어있습니다. "그리스도께서 너희를 사랑하신 것 같이"와 "그는 우리를 위하여 자신을 버리셨다"는 말씀입니다. 그러니까 바울이 설명하는 '그 사랑의 방식'은 "그리스도께서 너희를 사랑하셔서 자신을 버리신 것 같이"입니다. 바로 이 대목에서 요한복음 13장에서 우리 주님이 제자들에게 '새로운 계명'에 대해서 말씀하시던 장면을 다시 한번 상기할 필요가 있습니다.

"³⁴새 계명을 너희에게 주노니 서로 사랑하라. 내가 너희를 사랑한 것 같이 너희도 서로 사랑하라. ³⁵너희가 서로 사랑하면 이로써 모든 사람이 너희가 내 제자인 줄 알리라"(요 13:34-35).

사실 "사랑하라"는 계명은 구약 성경 여러 곳에서 찾아볼 수 있는 말씀입니다. 그런데도 주님은 굳이 "새 계명을 주겠다"고 말씀하십니다. 그 이유가 무엇일까요? 그 답은 바로 '내가 너희를 사랑한 것같이'라는 말씀에 담겨 있습니다. 주님의 사랑은 사람들이 생각하는 일반적인 의미의 사랑과 다릅니다. 무엇이 다를까요? '사랑의 방식'이 다릅니다.

사람들이 생각하는 사랑은 지극히 '자기중심적'이고 '이기적'입니다. 사랑을 받기 위한 사랑이요, 사랑이라는 이름으로 상대방을 자신에게 묶어놓으려는 사랑입니다. 그러나 주님의 사랑은 지극히 '이타적'입니다. 사랑을 주기 위한 사랑이요, 상대방을 살리기 위해서 자신의 생명을 내어주는 사랑입니다. 주님은 십자가에 달려 죽으심으로 그 사랑을 드러내셨습니다. 즉 '십자가의 대속적인 희생'이 바로 주님께서 보여주신 '새로운 사랑의 방식'인 것입니다.

그렇다면 "서로 사랑하라"는 말씀이 왜 새 계명일까요? 주님께서 새롭게 보여주시는 사랑의 방식에 따라서 사랑하라는 말씀이기 때문입니다. 우리가 그렇게 새로운 방식으로 사랑할 때, 세상 사람들이 우리를 그리스도의 제자로 인정하게 될 것이라고 주님은 말씀하셨습니다.

바울은 주님의 가르침을 아주 정확하게 이해하고 있었습니다. 그래서 에베소교회 성도들에게 "그리스도께서 너희를 사랑하신 것 같이 너희도 사랑 안에서 행하라"고 권면하고 있는 것입니다. 메시지 성경은 이렇게 풀이합니다. "그분은 우리에게서 무언가를 얻으려고 사랑하신 것이 아니라 자신의 전부를 우리에게 주시기 위해 사랑하셨습니다. 여러분도 그렇게 사랑하십시오."

그렇습니다. '무언가를 얻기 위한 사랑'이 사람들의 사랑이라면, '자신의 전부를 주기 위한 사랑'이 주님의 사랑입니다. 그 사랑으로 인해 구원받은 우리 그리스도인들은 주님처럼 그렇게 사랑해야 마땅한 일입니다. 그럴 때 우리는 주님을 따르는 제자가 될 수 있는 것입니다.

자녀는 아버지를 닮게 되어있습니다. 만일 우리가 하나님의 사랑을 받는 자녀라면, 우리도 하나님 아버지를 본받아 사랑하게 되어있습니다. 주님의 십자가를 통해 보여주신 새로운 사랑의 방식을 따라서 살아가게 되어있습니다. 그것이 그리스도 안에서 살아가는 '새 사람'의 특징적인 모습입니다.


□ 은혜 나누기

내가 부모님을 통해 배운 좋은 습관이 있다면 하나만 이야기해봅시다.

□ 공동 기도

하나님 아버지, 우리가 부모님에게 배운 대로 살아가듯이, 하나님 아버지에게 배운 대로 살아가게 해주세요. 특히 하나님이 우리를 사랑하신 것처럼 우리도 서로를 그렇게 사랑하게 해주세요. 무언가를 얻어내기 위해서가 아니라 자신의 전부를 주기 위해서 사랑하게 해주세요. 예수님의 이름으로 기도합니다. 아멘.

# 감사하는 말을 하세요!

□ 주님의 기도 주님이 가르쳐주신 기도로 가정예배를 시작합니다.

□ 찬송 부르기 455장(주님의 마음을 본받는 자)

□ 성경 읽기 에베소서 5:3-4

※ 개역개정판

³음행과 온갖 더러운 것과 탐욕은 너희 중에서 그 이름조차도 부르지 말라 이는 성도에게 마땅한 바니라. ⁴누추함과 어리석은 말이나 희롱의 말이 마땅치 아니하니 오히려 감사하는 말을 하라.

※ 메시지성경

³⁻⁴사랑을 육체의 욕망으로 변질시키지 마십시오. … 몇몇 사람들이 남의 뒷말하기를 즐기더라도, 예수를 따르는 사람들은 그보다 나은 언어 습관을 가져야 합니다. 더러운 말이나 어리석은 말은 입에 담지 마십시오. 그런 말은 우리의 생활방식에 어울리지 않습니다. 우리가 늘 사용해야 할 언어는 감사입니다.

□ 말씀 나누기

지난 시간에 묵상한 말씀에서, 우리 그리스도인들은 주님의 십자가를 통해서 보여주신 새로운 사랑의 방식(the new way of love)에 따라서 살아가는 사람들이라고 했습니다. 그것이 하나님의 자녀가 하나님 아버지를 모방하여 살아가는 삶의 방식입니다.

그리스도를 옷 입은 새 사람으로서 우리 그리스도인들은 가장 먼저 언어생활이 달라져야 합니다. 바울은 이미 앞에서 "거짓을 버리고 이웃과 더불어 참된 것을 말하라"(4:25)고 했고, "더러운 말은 입 밖에도 내지 말고 선한 말을 하라"(4:29)고도 했습니다. 오늘 본문에서 바울은 우리가 입에 담지 않아야 할 말들과 담아야 할 말에 관해서 이야기합니다.

### 입에 담지 않아야 할 말

오늘 본문에서 바울은 "음행과 온갖 더러운 것과 탐욕은 너희 중에서 그 이름조차도 부르지 말라"(3절)고 합니다. 그리스도인의 언어생활에 있어서 절대로 언급되어서는 안 될 '악덕(惡德)의 목록들'(lists of vice)입니다. 바울의 편지 속에는 이와 같은 '악덕의 목록들'이 자주 등장하는데(롬 1:29-31; 고전 5:11; 갈 5:19-21; 골 3:5), 오늘 본문도 그중의 하나입니다.

여기에서 가장 두드러지는 것은 '음행'(sexual immorality), 즉 '성직인 부도덕'입니다. 특별히 언어생활과 관련해서 이것은 '성적인 농담' 즉 '음담패설'(淫談悖說)을 가리킵니다. '온갖 더러운 것'(any kind of impurity) 역시 '외설적인 이야기'를 의미합니다. '탐욕'(greed) 또한 재물에 대한 욕구가 아니라 성적인 욕망을 가리키는 말입니다. 바울은 그런 모든 악덕을 "이름조차 언급하지 말라"고 합니다.

하나님을 알지 못하는 세상 사람들은 이와 같은 성적인 농담들을 아주 자연스러운 대화의 주제로 삼고 있습니다. 에베소교회 성도들도 예수 그리스도를 영접하여 하나님의 자녀가 되기 전까지는, 이러한 세상의 음탕한 문화 속에 섞여서 살았습니다. 그러나 예수 그리스도를 통해서 새로운 사랑의 방식을 알게 된 이후에는 모든 것이 달라졌습니다. 진정한 사랑은 상대방에게서 자신의 욕망을 채우는 것이 아니라, 우리 주님이 그러셨듯이 상대를 위해 자기를 희생하는 것임을 알게 된 것입니다. 그러니 어떻게 세상 사람들이 추구하는 사랑의 방식을 따를 수 있겠습니까?

악덕의 목록은 4절에도 계속 이어집니다. "누추함과 어리석은 말이나 희롱의 말이 마땅치 아니하니…." '누추함'(filthiness)은 추잡한 말을 의미하고, '어리석은 말'(silly talk)이나 '희롱의 말'(coarse joking)은 억지웃음을 만들어 내는 쓸데없는 거친 농담을 의미합니다. 이는 특별히 다른 사람을 가십거리로 만들어서 뒷말할 때에 주로 사용되는 말입니다.

이와 같은 것들은 우리 그리스도인들에게 "마땅치 않다"고 바울은 경고합니다. "마땅치 않다"를 NASB 성경은 "어울리지 않는다"(not fitting)로 번역합니다. 그리스도인의 입에서 추잡한 말, 어리석은 말, 거친 농담이 나오는 것은 전혀 어울리지 않습니다.

### 입에 담고 있어야 할 말

그렇다면 우리에게 잘 어울리는 말은 어떤 것일까요? 그것은 바로 '감사하는 말'(thanksgiving)입니다. 그러고 보니까 '감사'는 우리 그리스도인들이 특별히 많이 사용하는 단어입니다. 신앙생활을 오랫동안 해 오신 분들을 보면 자기도 모르는 사이에 '감사'가 저절로 나오곤 합니다. 바울에 의하면 그것은 지극히 마땅한 일입니다. 하나님의 은혜를 아는 사람들은 감사하는 말을 하지 않을 수가 없기 때문입니다.

메시지 성경은 이 부분을 다음과 같이 번역합니다.

"몇몇 사람들이 남의 뒷말하기를 즐기더라도, 예수를 따르는 사람들은 그보다 나은 언어 습관을 가져야 합니다. 더러운 말이나 어리석은 말은 입에 담지 마십시오. 그런 말은 우리의 생활방식에 어울리지 않습니다. 우리가 늘 사용해야 하는 언어는 감사입니다"(엡 5:4, 메시지).

그렇습니다. '더러운 말'(dirty talk)이나 '어리석은 말'(silly talk)은 우리 그리스도인의 생활방식에 어울리지 않습니다. 이 부분의 영어 원문을 직역하면 "그런 종류의 말은 우리 스타일에 맞지 않습니다."(That kind of talk doesn't fit our style.)가 됩니다. 우리 스타일은 남의 뒷말하는 것이 아닙니다. 그렇게 더러운 말이나 어리석은 말을 하는 것은 세상 사람들의 스타일입니다. 우리 스타일은 바로 '감사'입니다.

'새 사람'이 되었다는 것은 그냥 추상적인 이야기가 아닙니다. 삶의 구체적인 스타일이 달라졌다는 뜻입니다. 낡은 생활방식에서 새로운 생활방식으로 바뀌었다는 뜻입니다. 그 첫 변화는 언어생활에서 나타납니다. 에베소서에서 지금까지 바울이 강조해온 새 사람의 언어생활을 한번 정리해 볼 필요가 있습니다.

우선 믿음의 형제들에게는 '참된 말'을 하는 것입니다(4:25). 그런데 '참된 말'이란 단순히 '정직한 말' 정도가 아니라 '참 진리이신 예수 그리스도'를 가리키는 것이라고 했습니다. 또한, 하나님을 알지 못하는 사람들에게는 '선한 말'을 하는 것입니다(4:29). '선한 말'이란 상대방의 필요에 따라서 도움이 될 수 있는 말인데, 이런 말은 '하나님의 감동을 전해주는 선물'이 될 수 있다고 했습니다. 그리고 마지막으로 오늘 우리가 묵상한 말씀처럼 '감사하는 말'을 하는 것입니다(5:4).

이것이 우리 그리스도인의 언어생활입니다. '참된 말', '선한 말' 그리고 '감사하는 말'을 하는 것이 우리네 스타일입니다. 이 세상의 스타일은 '더러운 말'이요 '어리석은 말'입니다. 다른 사람들의 이목을 끌기 위해서 더 '거친 말', 더 '자극적인 말'을 만들어냅니다. 그러나 우리는 우리 스타일대로 살아가야 합니다. 사람들에게 감동을 주는 말들은 언제나 '참된 말', '선한 말' 그리고 '감사하는 말'입니다. 그런 말들이 결국은 세상을 이기게 되어있습니다.

앞으로 하나님께서 우리에게 허락해 주실 날 동안 우리는 과연 어떤 말을 하면서 살아야 할까요? '거짓된 말', '더러운 말', '음담패설'이 아니라 '참된 말', '선한 말' 그리고 '감사하는 말'을 하면서 살아야 합니다. 말은 그냥 말로 그치지 않습니다. 우리의 인격과 우리의 정체성을 드러냅니다. 우리는 그리스도인입니다. 하나님의 은혜로 거듭난 새 사람입니다.

□ 은혜 나누기
이 시간 돌아가면서 가족들에게 감사의 마음을 전해봅시다. 왜 감사한지, 얼마나 감사한지 말로 표현해봅시다.

□ 공동 기도
하나님 아버지, 우리를 예수님을 믿고 따르는 가정, 하나님께 예배하는 가정으로 삼아주시니 진심으로 감사합니다. 서로 사랑하며 서로 존경하며 또한 서로 배려하는 가정이 되게 하시고, 우리의 입에서 더욱 감사의 말이 풍성하게 나올 수 있게 도와주세요. 예수님의 이름으로 기도합니다. 아멘.

**6월 3주**

# 세월을 아끼세요!

□ 주님의 기도 주님이 가르쳐주신 기도로 가정예배를 시작합니다.

□ 찬송 부르기 552장(아침 해가 돋을 때)

□ 성경 읽기 에베소서 5:15-16

　※ 개역개정판

　[15]그런즉 너희가 어떻게 행할지를 자세히 주의하여 지혜 없는 자 같이 하지 말고 오직 지혜 있는 자 같이 하여 [16]세월을 아끼라. 때가 악하니라.

　※ 메시지성경

　[15-16]그러니 여러분의 발걸음을 살피십시오. 머리를 쓰십시오. 기회를 얻을 때마다 그 기회를 선용하십시오. 지금은 긴박한 때입니다!

□ 말씀 나누기

　성경이 말하는 '지혜 있는 자'는 공부 잘하는 똑똑한 사람이 아닙니다. 오히려 하나님을 경외하는 사람입니다(잠 9:10). 그는 자기 인생에 가장 먼저 하나님을 포함하여 생각합니다. 그래서 '지혜 있는 사람'입니다. 그러나 '지혜 없는 사람'은 정반대로 자기 인생에서 하나님을 빼 버리고 하나님 없이 살아갑니다.

　하나님을 믿기 전, 우리의 '옛사람'은 하나님 없이 살던 사람이었습니다. 그러나 이제 옛사람을 벗어버리고 '새 사람'을 입게 되었으니, 이제부터는 하나에서 열까지 언제나 하나님을 포함하여 생각하고, 매

순간 하나님을 포함하여 선택하고, 실제로 그렇게 행동하며 살아가야
합니다.

바울은 '지혜 있는 자'로 살아가는 몇 가지 실제 모습을 설명합니
다. 그 첫째가 바로 "세월을 아끼라"는 말씀입니다.

### 카이로스의 때

오늘 본문에서 바울은 말합니다. "오직 지혜 있는 자같이 하여 세
월을 아끼라. 때가 악하니라." '아낀다'는 말은 "낭비하지 않는다"는 뜻
입니다. 그렇다면 "세월을 아끼라"는 말은 "시간을 낭비하지 말고 아
껴서 쓰라"는 뜻처럼 보입니다. 물론 그것으로도 충분히 좋은 권면입
니다. 한번 사는 인생입니다. 지나가면 다시 오지 않는 시간인데 정말
아껴서 사용해야지요.

그런데 그렇게 해석하면 그다음 말씀이 문제가 됩니다. "때가 악하
니라." 이것을 앞의 말씀과 연결하면 어떻게 될까요? "시간이 악하다.
그러니 그 시간을 낭비하지 말고 아껴서 써라." 아니, 악한 시간을 왜
아껴서 사용해야 한다는 말씀일까요? 여기에서 우리는 세월을 아끼
라는 말씀이 단순하게 흘러가는 시간을 낭비하지 말라는 뜻이 아니라
는 사실을 충분히 짐작할 수 있습니다.

우리말 '세월'로 번역된 헬라어 원어는 '카이로스'입니다. 헬라어에
는 '시간'에 대한 두 가지 다른 개념을 담고 있는 단어가 있습니다. '크
로노스'(chronos)는 연대기적으로 흘러가는 시간을 말합니다. 만일 본
문에서 '세월'을 '크로노스'로 표현했다면 "흘러가는 시간을 낭비하지
말라"는 뜻이 맞습니다. 그러나 '크로노스'가 아니라 '카이로스'로 표현
되고 있다는 사실입니다.

'카이로스'(kairos)는 그냥 흘러가는 시간이 아니라, 하나님께서 특

별한 사건으로 개입하시는 시간을 말합니다. 성경에 기록된 출애굽 사건이나 예수 그리스도의 탄생이나 십자가 사건은 모두 하나님께서 인류의 역사에 개입하신 특별한 시간, '카이로스'입니다.

그것은 개인적으로도 얼마든지 경험될 수 있습니다. 누구나 자신의 인생 가운데 하나님이 개입하시는 사건을 경험할 수 있습니다. 예를 들어 죽을 수밖에 없었는데 기적적으로 다시 살아났다던가, 어떤 일로 인해서 인생의 방향이 180도 달라졌을 때 그 사건, 그 시간을 가리켜서 '카이로스'라고 말합니다.

자, 그렇다면 "세월을 아끼라"는 말씀의 본래 뜻이 무엇일까요? 하나님께서 우리를 구원하기 위하여 우리의 삶 가운데 개입하시는 그런 카이로스의 시간이 있는데, 어떤 값을 치르더라도 그것을 절대로 놓치지 말라는 뜻입니다. 왜 그래야 할까요? 왜냐면 때가 악하기 때문입니다.

우리가 사는 세상은 악이 지배하는 곳입니다. 그래서 특별히 노력하지 않고 가만히 있기만 해도 자동으로 악에 물들게 되어있습니다. 우리의 눈과 귀를 통해서 이 세상의 악이 끊임없이 들어옵니다. 그래서 우리도 모르는 사이에 더러운 생각을 하고, 나쁜 말을 내뱉고, 잘못된 선택을 하게 되는 것입니다. 그렇게 살다가 보면 어느 순간에 죽음을 맞이하게 될 것이고, 마침내 하나님의 구원을 놓쳐버리고 망하는 인생으로 끝나게 됩니다.

따라서 만일 우리가 하나님 안에서 새로운 인생을 살기를 원한다면, 우리의 삶 가운데 개입하시는 구원의 사건과 시간에 민감하게 반응해야 합니다. 대부분은 인생의 위기를 겪고 있을 때 하나님이 개입하십니다. 그때 하나님을 놓치지 말라는 것입니다. 그런데 안타깝게도 많은 사람이 그들의 삶 가운데 하나님께서 개입하시는 시간을 놓쳐

버립니다. 그들을 구원하기 위하여 역사하시는 하나님의 사건을 알아차리지 못하고 그냥 흘려보내고 있는 것입니다.

## 구원의 기회

그래서 메시지 성경은 "기회를 얻을 때마다 그 기회를 선용하십시오."(Make the most of every chance you get.)라고 표현합니다. 무슨 기회입니까? 하나님께서 우리의 삶에 개입하시는 구원의 기회입니다. 하나님은 우리에게 선한 일들을 이루시기 위해서 준비해놓고 계십니다. 지금까지 놀라운 구원의 역사를 이루시기 위하여 개입해오셨지만, 앞으로도 더욱 큰일을 이루기 위하여 준비하고 계십니다. 그 일을 이루실 때 그 기회를 최대한으로 선용할 수 있어야 한다는 것입니다.

앞에서 '지혜 있는 자'는 자신의 인생에 하나님을 포함하는 사람이라고 했습니다. 어떤 일이든 그냥 우연히 일어나는 일은 없습니다. 그것이 아픈 일이든, 고통스러운 일이든, 실패하는 일이든, 아니면 성공하는 일이든, 하나님께서 우리를 구원하기 위하여 그 모든 일들 가운데 역사하고 계십니다. 그 모든 것이 합력하여 선을 이루어가게 하시는 하나님을 붙잡아야 합니다. 그것이 바로 지혜 있는 자의 선택이요, 새 사람으로 살아가는 삶입니다.

자신의 인생에 하나님을 포함하지 않는 세상 사람들은 이렇게 노래합니다. "노세 노세 젊어서 노세, 늙어지면 못노나니…." 젊었을 때, 기회가 있을 때, 열심히 놀러 다녀야 한다는 겁니다. '세월'을 '크로노스'의 시간으로 생각한다면 얼마든지 그럴 수 있습니다. 더 늙기 전에 기회를 놓치지 말고 시간을 아껴서 정말 열심히 놀러 다녀야 합니다. 그러나 '세월'을 '카이로스'의 시간으로 생각하는 우리 그리스도인들은 다릅니다. 세월이란 영원을 준비하기 위해 우리가 놓쳐서는 안 될 구원의 기회입니다.

이렇게 사나, 저렇게 사나, 한번 사는 인생입니다. 누구에게나 '한 세월'입니다. 그 시간의 양은 달라지지 않습니다. 그러나 자신에게 주어진 세월을 어떻게 살았느냐에 따라서 인생의 종착역은 달라집니다. '하늘'과 '땅' 만큼의 차이가 납니다. '천국'과 '지옥'으로 나누어지기 때문입니다.

공부할 수 있을 때 최선을 다해 공부해야 합니다. 일할 수 있을 때 열심히 일해야 합니다. 그리고 신앙생활 할 수 있을 때 그 기회를 놓치지 말고 신앙생활 해야 합니다. 하고 싶어도 하지 못할 때가 반드시 옵니다. 구원의 문이 언제나 열려 있는 것은 아닙니다.

이제부터 하나님께서 우리에게 허락하시는 시간 동안 정말 '세월을 아끼며' 살아야 하겠습니다. 매 순간 하나님을 포함하여 생각하면서, 하나님이 개입하시는 카이로스의 시간을 잘 분별하고, 구원의 기회를 놓치지 말고 붙잡아야 하겠습니다. 그렇게 이 악한 때를 넉넉히 이겨내는 우리 가정이 되기를 간절히 소망합니다.


▫ 은혜 나누기

하나님이 나의 인생에 개입하셨던 '카이로스'의 사건을 경험한 적이 있습니까? 그 일을 가족들과 함께 나누어봅시다.

▫ 공동 기도

하나님 아버지, 죽을 수밖에 없었던 우리를 구원하셔서 하나님의 자녀로 삼아 주심을 감사드립니다. 이제부터 언제나 하나님을 포함하여 생각하고 선택하며 살아가게 해주세요. 특별히 우리의 인생에 개입하시는 하나님의 때를 놓치지 않도록 늘 깨어 있게 해주세요. 예수님의 이름으로 기도합니다. 아멘.

# 하나님의 영을 마셔요!

□ 주님의 기도 주님이 가르쳐주신 기도로 가정예배를 시작합니다.

□ 찬송 부르기 183장(빈 들에 마른 풀같이)

□ 성경 읽기 에베소서 5:17-18

   ※ 개역개정판

   [17]그러므로 어리석은 자가 되지 말고 오직 주의 뜻이 무엇인가 이해하라. [18]술 취하지 말라 이는 방탕한 것이니 오직 성령으로 충만함을 받으라.

   ※ 메시지성경

   [17]생각 없이 경솔하게 살지 마십시오. 주님이 바라시는 것이 무엇인지를 깨달으십시오. [18]과음하지 마십시오. 과음은 여러분의 삶을 저속하게 만듭니다. 하나님의 영을 들이마시십시오. 벌컥벌컥 들이키십시오.


□ 말씀 나누기

   지난 시간에는 "세월을 아끼라"는 말씀을 묵상했습니다. 여기에서 '세월'이란 그냥 흘러가는 '크로노스의 시간'이 아니라 하나님께서 우리의 인생 가운데 개입하시는 '카이로스의 시간'이라고 했습니다. 따라서 "세월을 아끼라"는 말씀은 하나님께서 우리의 삶에 놀라운 구원의 역사를 이루시려고 개입하실 때에 그 기회를 최대한으로 선용하라는 뜻이라고 했습니다.

### 주의 뜻을 이해하라

계속해서 바울은 이렇게 말합니다. "그러므로 어리석은 자가 되지 말고 오직 주의 뜻이 무엇인가 이해하라"(17절). 우리는 하나님의 피조물입니다. 피조물이 어떻게 창조주이신 하나님의 뜻을 온전히 파악할 수 있겠습니까? 우주를 창조하신 위대하신 하나님을 어떻게 제한된 인생을 살아가는 인간의 얄팍한 이성으로 충분히 이해할 수 있겠습니까?

이 말씀은 눈앞에 보이는 것만 가지고 판단하려고 하지 말고, 하나님의 목적과 인도하심이라는 큰 그림을 보라는 뜻입니다. 다른 말로 하면 "나무만 보지 말고 숲을 보라"는 것이지요. 어떤 사람들은 자기 인생에 다가오는 일들을 그냥 거치적거리는 나무로만 이해합니다. 그 나무가 왜 그 자리에 있는지 모릅니다. 단지 힘들고 거추장스럽고 귀찮고 내 삶의 진보를 방해하는 장애물로 봅니다. 그래서 쉽게 지치고 힘들어하고 절망합니다.

아닙니다. 나무들이 아니라 숲을 보아야 합니다. 큰 그림을 보아야 합니다. 바울은 로마서에서 이렇게 말했습니다.

"우리가 알거니와 하나님을 사랑하는 자 곧 그의 뜻대로 부르심을 입은 자들에게는 모든 것이 합력하여 선을 이루느니라"(롬 8:28).

하나님은 우리 인생길에 존재하는 그 어떤 나무도 그냥 아무런 의미 없이 그 자리에 놓아두지 않으셨습니다. 그 나무들은 우리를 구원으로 인도해 가시기 위해서 하나님께서 세워놓으신 이정표입니다. 하나님은 그 모든 나무가 합력하여 우리에게 구원이라는 선을 향하여 나가도록 하셨습니다. 왜냐면 하나님께서 우리를 사랑하셔서, 그의 뜻대로 부르셨기 때문입니다!

그러니까 숲을 보라, 큰 그림을 보라는 말은, 결국 우리를 사랑하시는 하나님을 보라는 뜻입니다. 우리를 향한 주의 뜻이 무엇인지 이해하라는 말씀은, 우리를 끔찍이도 사랑하시는 하나님이 준비해놓고 계시는 구원의 큰 그림을 믿음의 눈으로 바라보라는 뜻입니다. 하나님은 마치 오케스트라의 지휘자처럼 우리에게 일어나는 모든 사건과 모든 상황을 악기로 사용하셔서 우리 인생에 위대한 구원의 교향곡을 연주하시는 분이십니다. 그 하나님을 신뢰하라는 뜻입니다.

우리가 '유혹의 욕심을 따라 썩어져 가는 구습을 따르는 옛사람'(4:22)을 벗어버리기 전까지는, 우리의 인생에 하나님을 포함하지 않고 하나님 없이 살았습니다. 그때 우리는 이런 큰 그림을 볼 수 없었습니다. 그래서 인생의 과정이 그저 산 넘어 산이요, 죽지 못해 살아가는 힘겨운 삶의 연속이었습니다.

그러나 예수 그리스도를 영접하여 우리 안에 하나님의 형상이 회복되기 시작하고, 하나님의 본을 따라서 빛의 자녀로 살아가는 새 사람으로 변화되기 시작하면서, 우리는 우리를 향한 하나님의 뜻을 조금씩 알기 시작했습니다. 우리가 인생길에서 만나는 하나하나의 사건이 무슨 뜻인지 알지 못할 때가 여전히 많이 있습니다. 그러나 구원과 생명으로 이끌어 가시는 하나님의 큰 뜻을 확실히 알게 된 것입니다.

이와 같은 하나님의 뜻을 이해할 때에 우리는 어리석은 자가 되지 않습니다. 우리의 인생을 헛된 일에 낭비하거나, 우리를 구원하기 위해서 개입하시는 하나님의 손길을 외면하거나, 오히려 자신을 망가뜨리는 잘못된 길을 선택하지 않습니다. 따라서 우리는 하나님의 백성과 하나님의 자녀를 향하신 하나님의 뜻을 분명히 알아야 합니다.

### 성령으로 충만함을 받으라

계속해서 바울은 말합니다. "술 취하지 말라. 이는 방탕한 것이니 오직 성령으로 충만함을 받으라"(18절). 신앙생활 하다 보면 '성령 충만'이라는 이야기를 자주 듣게 됩니다. 많이 들어 익숙하기는 하지만 설명하기는 쉽지 않습니다. 오늘 본문에서 바울은 아주 쉽게 설명합니다. 그것은 '술 충만'의 반대말입니다. 마치 세상 사람들이 술에 취해서 살아가듯이, 성령에 취해서 살아가는 삶이 바로 '성령 충만'이라는 것입니다.

그런데 어떤 분들은 이 말씀을 근거로 하여, "성경에 분명히 술 취하지 말라고 그랬지, 어디 술 먹지 말라고 그랬냐?"라고 하면서 음주의 정당성을 주장하기도 합니다. 물론 그렇습니다. 술 한 모금 먹었다고 지옥에 떨어지는 것은 아닙니다. 그러나 여기에서 바울이 말하고 있는 의도는 그것과 전혀 다릅니다.

한번 생각해 보십시오. 사람들이 왜 술을 찾을까요? 때로 외로움을 달래려고 술을 마십니다. 실연의 아픔을 위로하려고 술을 마시기도 합니다. 술을 마시면 기분이 좋아지니까 마시기도 합니다. 문제는 일시적으로는 기분이 좋아지고 위로를 받는 것 같지만, 그때뿐이라는 사실입니다. 그래서 그다음에는 더 많이 마십니다. 술보다 더 강한 것을 찾습니다. 결국에는 손 쓸 수 없을 정도로 몸과 마음이 망가지게 되는 것입니다.

그래서 바울은 "술 취하지 말라. 이는 방탕한 것이다"라고 말합니다. 그런데 "이는 방탕한 것이다"보다는 "이는 방탕으로 인도한다"가 더 정확한 번역입니다. 이 부분을 메시지 성경은 "과음하지 마십시오. 과음은 여러분의 삶을 저속하게 만듭니다"로 풀이합니다. "저속하게 만든다"(cheapen)는 말은 싸구려 인생을 만든다는 뜻입니다. 그렇기에 육신의 감각을 잠시 마비시키는 술에 의존하는 사람들은 모두 술로 망하게 되어있는 것입니다.

이 세상에 일어나는 범죄의 현장을 보십시오. 거기에는 반드시 술이 있습니다. 스스로 목숨을 끊는 극단적인 선택의 현장을 보십시오. 거기에도 반드시 술이 있습니다. 힘들면 힘들다고 술을 찾고, 외로우면 외롭다고 술들을 찾는 술에 충만한 사람들은 그의 인생에서 하나님을 빼버린 어리석은 사람들입니다.

그러나 우리 그리스도인들은 술에 충만한 사람들이 아니라, 하나님의 영으로 충만한 사람들입니다. 우리는 힘들면 힘들다고 하나님을 찾습니다. 외로우면 외롭다고 하나님께 엎드립니다. 실패하면 실패했다고 하나님께 하소연합니다. 병들면 병들었다고 하나님의 도움을 간구합니다. 그래서 하나님의 영을 벌컥벌컥 마시는 사람들이요, 그래서 성령으로 충만한 사람들입니다.

'술 충만'하면서 동시에 '성령 충만'할 수는 없습니다. 술에 의존하면서 동시에 성령님의 다스림을 온전히 받을 수는 없습니다. 결국, 술을 마시느냐 마시지 않느냐의 문제가 아닙니다. 성령의 충만함을 받아, 성령님의 인도하심에 따라서 사느냐 그러지 않느냐의 문제입니다. 하나님의 다스림을 선택하는 사람들은 술에 목매달지 않습니다. 어떤 일을 만나더라도 성령을 마시는 기회로 삼습니다. 그것이 매 순간 하나님을 포함하는 '지혜 있는 자'의 모습입니다.


◻ 은혜 나누기
'성령 충만'에 대해서 자신이 이해한 대로 가족들에게 한번 설명해봅시다.
◻ 공동 기도
하나님 아버지, 우리를 향한 하나님의 계획을 믿음의 눈으로 바라볼 수 있게 해주세요. 어떤 어려움도 아무런 의미 없이 주어진 것이 아니라는 사실을 깨닫게 해주세요. 매 순간 성령님의 다스림과 인도하심에 따라서 살아가게 해주세요. 예수님의 이름으로 기도합니다. 아멘.

# 새 사람의 부부생활

## (7 ~ 9월)

# 새 사람의 새로운 관계

▫ 주님의 기도 주님이 가르쳐주신 기도로 가정예배를 시작합니다.

▫ 찬송 부르기 559장(사철에 봄바람 불어 있고)

▫ 성경 읽기 에베소서 5:19-21

※ 개역개정판

[19] 시와 찬송과 신령한 노래들로 서로 화답하며 너희의 마음으로 주께 노래하며 찬송하며 [20] 범사에 우리 주 예수 그리스도의 이름으로 항상 아버지 하나님께 감사하며 [21] 그리스도를 경외함으로 피차 복종하라.

※ 메시지성경

[19-21] 축배의 노래 대신 찬송을 부르십시오! 마음에서 우러난 노래를 그리스도께 불러 드리십시오. 모든 일에 노래할 이유를 주신 하나님 아버지께, 우리 주 예수 그리스도의 이름으로 찬양을 드리십시오. 그리스도를 경외하는 마음으로, 서로 예의 바르고 공손하게 대하십시오.


▫ 말씀 나누기

지난 시간에 우리는 '성령 충만'에 대해서 묵상했습니다. '술 충만'은 우리를 방탕한 삶으로 인도하여 결국 죽음으로 이끕니다. 그렇지만 '성령 충만'은 우리를 하나님 앞으로 인도하여 영생을 얻게 합니다. 성령 충만하게 될 때 우리도 모르는 사이에 자연스럽게 하게 되는 일이 있습니다. '찬양'과 '감사'가 그것입니다. 오늘 본문 19절과 20절에

각각 기록되어 있습니다.

그런데 그보다 더 중요한 변화가 성령 충만한 새 사람에게 나타납니다. 다른 사람들과 맺고 살아가는 관계가 달라집니다. 욕심 따라 살아가던 '옛사람'의 '낡은 생활방식'에서는 감히 상상하지도 못할 새로운 관계들이 만들어지는 것입니다. 바울은 그것을 '서로 복종하기'로 설명합니다.

### 피차 복종하라

바울은 이렇게 말합니다. "그리스도를 경외함으로 피차 복종하라"(21절). 우리는 흔히 '복종'(服從)과 '순종'(順從)을 비교하여, '순종'은 기쁜 마음으로 따르는 것을 의미하고 '복종'은 마지못해서 따르는 것을 의미한다고 생각합니다. 물론 그렇게 구분해야 할 상황이 더러 있습니다. 그러나 오늘 본문 말씀은 그런 식으로 생각해서는 안 됩니다. 그러다가는 본래의 중요한 메시지를 놓치기 쉽습니다.

'복종'(服從)을 한자어로 풀이하면 '옷 복'(服) 자에 '좇을 종'(從) 자입니다. 다시 말해서 "옷을 입고 따른다"는 뜻입니다. 옷을 입는다는 것은 상대방에게 예의를 갖추는 행동입니다. 따라서 '복종'이란 예의를 갖추어 상대방의 의견과 뜻에 그대로 따른다는 의미입니다.

이에 해당하는 헬라어는 '후포타쏘'(hupotassó) 동사입니다. 이는 "~밑에 두다"(to place under)라는 뜻입니다. 이를 NIV 성경은 서브밋(submit)으로 번역하는데, 이 또한 상대방에게 공손히 무릎을 꿇는 것을 의미합니다. 물론 "힘이 모자라서 복종한다"는 의미에서 '굴종'(屈從) 또는 '굴복'(屈服)으로 번역하기도 하지만, 본래 기본적인 의미는 상대방의 권위를 인정하고 그 권위에 순순히 따르는 것을 말합니다.

그런데 아무리 좋은 뜻으로 풀이해도 '복종'을 좋아하는 사람은 별로 없을 것입니다. 특히 현대인들은 '복종'을 수치스러운 일로 생각합니다. 상대방의 권위를 인정하고 그 앞에 공손히 무릎 꿇는 것을 그리 좋아하지 않습니다. 오히려 그것을 자존심 상하는 일로, 기분 나쁜 일로 받아들입니다.

그러나 바울은 분명하게 "피차 복종하라"고 권면합니다. 왜냐면 우리는 '옛사람'을 벗어 버리고 예수 그리스도로 말미암아 '새 사람'을 입었기 때문입니다. 옛날 생활방식을 버리고 새로운 생활방식으로 살아가게 되었기 때문입니다. 옛날 생활방식으로는 '복종'이 수치스러운 일입니다. 그러나 새로운 생활방식으로는 전혀 아닙니다. 왜냐면 상대방을 새롭게 이해하게 되었기 때문입니다. 상대방을 귀한 존재로 인정하게 되었기 때문입니다.

그래서 바울은 "다른 사람에게 복종하라"(Submit to other)라고 하지 않고 "피차 복종하라"(Submit to one another)고 권면하고 있는 것입니다. 상대방이 가치 있는 귀한 존재라는 사실을 인정하고 그 앞에 공손히 무릎을 꿇는 것은, 어느 한쪽에게만 일방적으로 요구되는 일이 아니라는 것입니다. 그것은 '피차'(彼此), 즉 '서로' 해야 할 일입니다.

메시지 성경은 "서로 예의 바르고 공손하게 대하십시오"라고 풀이합니다. 그렇습니다. 내가 남편이요 아버지요 상전이라고 해서 내 아내나 자녀나 종에게 함부로 대하면 안 됩니다. 서로에게 예의를 갖추고 공손하게 대해야 합니다. 그렇게 해야 하는 이유는 상대방도 나만큼이나 가치 있는 귀한 존재이기 때문입니다. 이 말씀은 바울 당시의 가부장적인 상황에서 정말 혁명적인 메시지가 아닐 수 없습니다.

그런데 우리 그리스도인들이 그런 식으로 서로 복종해야 하는 이유가 도대체 무엇일까요?

### 그리스도를 경외함으로

그 이유는 '그리스도를 경외함으로'라는 말씀에 담겨 있습니다. 메시지 성경은 이를 '그리스도를 존경하기 때문에'(out of respect for Christ)라고 표현합니다. 우리가 서로를 귀한 존재로 여겨 피차 복종하는 이유는, 바로 예수 그리스도를 존경하고 경외하기 때문이라는 겁니다. 예수 그리스도를 생각하면 우리는 서로에게 공손히 무릎을 꿇지 않을 수 없다는 겁니다.

우리 주님은 사람들이 업신여기던 세리와 죄인들과 어린아이들의 친구가 되어주셨습니다. 그들 한 사람, 한 사람을 사랑하셨고 모두 귀하게 여겨 주셨습니다. 그리고 그들을 구원하기 위하여 십자가에서 대신 속죄 제물이 되어 죽으셨습니다. 우리가 구원받아 하나님의 자녀가 될 수 있었던 것도 바로 그 때문입니다.

그렇다면 구원받은 하나님의 자녀로서 우리가 서로를 귀하게 여기는 것은 지극히 마땅한 일입니다. 우리 주님이 나를 구원하기 위하여 십자가에 달려 죽으신 것처럼, 그 사람을 구원하기 위해서도 똑같이 십자가에 달려 죽으셨기 때문입니다. 주님이 나를 사랑하는 만큼 그 사람도 똑같이 사랑하십니다. 그러니 예수 그리스도를 경외한다면, 그리스도를 생각한다면 우리는 서로에게 공손히 무릎을 꿇지 않을 수 없습니다. 피차 복종하지 않을 수 없는 것입니다.

문제는 이렇게 사는 것이 말처럼 쉽지 않다는 사실입니다. 차라리 우리가 잘 알지 못하는 사람에게 예의 바르고 공손하게 대하기가 더 쉬울지 모릅니다. 그렇지만 우리와 연결된 사람들, 가장 가까이에서 늘 부대끼며 살아가고 있는 사람에게 '서로 복종하며 살아가기'는 절대 쉽지 않습니다. 그 '웬수'가 나에게 어떤 잘못을 했는지 생생하게 다 기억하고 있는데, 어떻게 예의 바르고 공손하게 대할 수 있겠습니까? 그것은 우리 자신의 결심과 의지만으로는 불가능한 일입니다.

그러나 하나님의 말씀은 얼마든지 우리를 그렇게 만드실 수 있습니다. '생수의 강'은 죽음의 바다를 생명의 바다로 바꾸는 능력이 있습니다. 하나님께 예배하는 가운데, 말씀을 묵상하는 가운데, 하나님께 기도하는 가운데 성령님께서 우리를 그렇게 변화시켜주십니다.

그래서 가정예배가 중요합니다. 가정예배가 회복되면 가족관계가 회복될 수 있습니다. 서로를 귀한 존재로 인정하고, 서로에게 예의 바르고 공손하게 대하는 일이 가능해집니다.

▫ 은혜 나누기

나는 가족들에게 예의 바르고 공손하게 대하고 있다고 생각합니까? 만일 그러지 못한다면 그 이유는 무엇입니까? 함께 나누어봅시다.

▫ 공동 기도

하나님 아버지, 우리 가정은 서로에게 예의 바르고 공손한 가정이 되게 해주세요. 서로를 존중하고 서로에게 복종하는 관계가 되게 해주세요. 그러나 어떻게 해야 그렇게 되는지 우리는 잘 모릅니다. 성령님께서 직접 우리를 가르쳐주시고 선한 길로 인도해주세요. 예수님의 이름으로 기도합니다. 아멘.

# 아내여, 남편에게 복종하십시오!

▢ 주님의 기도 주님이 가르쳐주신 기도로 가정예배를 시작합니다.

▢ 찬송 부르기 438장(내 영혼이 은총입어)

▢ 성경 읽기 에베소서 5:22

　※ 개역개정판

　아내들이여 자기 남편에게 복종하기를 주께 하듯 하라.

　※ 메시지성경

　아내 여러분, 그리스도를 지지하는 것처럼 남편을 이해하고 지지해 주십시오.

▢ 말씀 나누기

　지난 시간부터 우리는 '서로 복종하는 삶'에 대해서 살펴보기 시작했습니다. 우리 그리스도인들은 옛사람을 벗어 버리고 예수 그리스도로 말미암아 새 사람을 입게 된 사람들입니다. '새 사람'으로 산다는 말은 '새로운 생활방식'으로 살아간다는 뜻입니다. '새로운 생활방식'은 다른 사람과의 관계에서도 새로운 태도를 보이게 합니다. 바울은 그리스도인이 만들어가는 새로운 관계를 '복종'이라는 말로 풀이합니다.

　'복종'(服從)이란 '옷을 입고 따르는 것'이라고 했습니다. '복종'이란 '굴복'이나 '굴욕'이 아니라 '상대방을 귀한 존재로 인정하는 태도'라고 했습니다. 이 '복종'은 한쪽에만 일방적으로 요구되는 덕목이 아닙니다. 우리 그리스도인들은 그리스도를 경외함으로 즉 그리스도를 존경하기 때문에 서로에게 공손히 무릎을 꿇지 않을 수 없습니다. 우리는 모두 예수 그리스도를 통해 구원받은 하나님의 자녀들이기 때문입니다.

이와 같은 전제로, 바울은 '부부관계'를 다루기 시작합니다.

### 새로운 인간관계

바울은 가장 먼저 아내에게 다음과 같이 권면합니다. "아내들이여, 자기 남편에게 복종하기를 주께 하듯 하라." 그런데 이 말씀을 좋아하는 여성들이 과연 얼마나 될까요? 아마도 거의 없을 것입니다. 성경에 기록되어 있으니까 드러내어 반감을 표시하지 않을 뿐, 속으로는 매우 불편해할 것입니다. 바울 당시의 가부장적인 불평등 사회에서나 통하는 말이지, 지금이 어떤 시대입니까? '남녀평등'을 넘어서서 '여성 상위'를 향해 나아가는 시대입니다. 그런데 아직도 고리타분하게 "남편에게 복종하라!"고 가르치는 것은 시대착오적인 말이 아닐까요?

그러나 성경에 대한 그와 같은 편견이야말로 시대착오적입니다. 만일 여성에게 일방적인 복종을 강요하려는 의도가 조금이라도 있었다면, 바울은 사실 이런 식으로 말할 필요조차 없었습니다. 왜냐면 당시 사회에서는 아내가 남편에게 무조건 복종해야 했기 때문입니다. 굳이 이렇게 강조하지 않아도 실제로 모든 아내는 남편에게 절대복종하고 있었습니다. 그런데 왜 "주께 하듯 하라"고 하면서 '주님'의 이름을 들먹거리면서까지 아내들에게 복종을 강요할 필요가 있겠습니까?

이 말씀을 불편하게 생각하는 분들은 아마도 '복종'을 일방적인 '굴복'이라고 생각하기 때문일 것입니다. 그러나 앞에서 설명한 것처럼, 만일 '복종'이 '상대방을 귀한 존재로 인정하는 태도'라고 한다면 이야기가 완전히 달라집니다. 바울은 결코 남편에 대해서 무조건 굴복해야 한다고 아내에게 강요하지 않습니다. 오히려 남편을 귀한 존재로 인정하고 예의 바르고 공손하게 대하라고 권면하고 있는 것입니다.

사실 육체적으로나 경제적으로 힘이 모자라니까 할 수 없어서 겉으로는 복종하는 것처럼 하지만, 마음속으로는 남편을 무시하면서 사는 아내들이 오늘날 얼마나 많이 있는지 모릅니다. 지금은 고분고분하지만 남편이 점점 늙어가고 힘이 없어지면 과연 어떤 일이 벌어질까요. 요즘 '황혼이혼'이 증가하는 것도 바로 그 때문이 아니겠습니까?

이것은 바울 당시에는 감히 꿈도 꾸지 못하는 일이었습니다. 바울 당시의 아내는 남편의 부속물이었습니다. 그때의 아내들이 남편을 어떻게 대했을까요? 오늘날의 아내들보다 훨씬 더 남편에게 잘 복종했을까요? 아닙니다. 물론 겉으로는 복종했겠지만, 속으로는 남편을 무시하는 아내들이 지금보다 훨씬 더 많았을 것입니다.

그것은 바울이 말하려고 하는 '복종'과는 전혀 다른 차원의 이야기입니다. 왜냐면 상대방을 귀한 존재로 인정하지 않으면서, 단지 그가 가진 돈이나 권력의 힘 앞에 굴복하는 것이기 때문입니다. 성경이 말하는 '복종'은 그런 것이 아닙니다.


### 주께 하듯 하라

예수님을 믿게 된 아내들은 그들의 남편을 대하는 태도가 달라지게 되어있습니다. 남편을 귀한 존재로 인정하고 따릅니다. 그것이 바로 '복종'입니다. 바울은 한 걸음 더 나아가서, 남편에게 복종하기를 "주께 하듯 하라"고 권면합니다.

그런데 이 말씀을, "남편을 하늘처럼 생각하고, 주님처럼 깍듯하게 받들어 섬겨야 한다"는 식으로 이해하면 안 됩니다. 그것은 아주 큰 잘못입니다. 우리 주님은 오직 예수 그리스도 한 분이십니다. 아무리 '하늘 같은 남편'이라고 하더라도 감히 우리 주님과 똑같은 위치에 놓을 수는 없습니다. 자, 그렇다면 "주께 하듯 하라"는 말씀은 무슨 뜻일까요?

"주님께 복종하듯이 그렇게 남편에게도 복종하라"는 뜻입니다. 주님의 권위를 인정하여 복종하듯이, 남편 또한 귀한 존재로 인정하고 그렇게 대하라는 것입니다. 메시지 성경의 풀이가 그 의미를 잘 설명해 줍니다. "아내 여러분, 그리스도를 지지하는 것처럼, 남편을 이해하고 지지해 주십시오."

메시지 성경은 우리말 성경의 '복종'을 이해하고(understand) 지지해 주는 것(support)으로 풀이합니다. 정말 그렇습니다. 만일 남편을 하나님이 나에게 붙여주신 '돕는 배필'(창 2:18)로 인정한다면, 단지 수동적인 의미의 '복종'이 아니라 보다 적극적으로 '이해'해 주고 '지지'해 주는 태도를 보이게 될 것입니다. '돕는 배필'이란 상대방의 부족함을 내가 채워주고, 또한 나의 부족함을 상대방이 채워주는 그런 관계이기 때문입니다.

지금까지 설명에도 불구하고 여전히 "남편에게 복종하기를 주께 하듯 하라"는 말씀을 받아들이기가 쉽지 않다면, 조금만 더 참고 기다려 주십시오. 계속 이어지는 말씀을 묵상하노라면, 이 말씀이 만들어 가는 큰 그림을 볼 수 있게 될 것입니다. '복종'이란 어느 한쪽에만 일방적으로 요구되는 덕목이 아니라고 했습니다. 남편에게는 이보다 더 큰 '희생'과 '복종'이 요구되고 있다는 것을 조만간 알게 될 것입니다.

부부관계는 모든 인간관계의 출발입니다. 서로를 귀한 존재로 인정하고 예의 바르고 공손하게 대하는 부부는, 다른 사람들에게도 그렇게 대합니다. 그것이 그리스도 안에서 '새 사람'이 된 우리 그리스도인들이 만들어가는 새로운 인간관계의 모습입니다. 우리에게 주어진 삶의 모든 관계 속에서 그와 같은 모습이 나타나야 합니다. 우리 가정이 그 출발이 되어야 합니다.

가정에서 부부가 서로를 귀한 존재로 인정하며 서로 이해하고 지지해 줄 때, 그 모습을 자녀들이 보고 배우게 됩니다. 그 반대도 마찬가지입니다. 부부가 서로를 무시하며 자기주장을 앞세워서 사사건건 다툴 때, 그 모습을 또한 자녀들이 보고 배우게 됩니다. 앞으로 그 자녀들이 성장하여 어떤 사람이 될지, 다른 사람들과 어떤 관계를 맺으며 살게 될지는 지금 부모가 하기에 달려있습니다.

문제는 우리 자신의 결심과 힘만으로는 서로 복종하며 살 수 없다는 사실입니다. 그래서 하나님의 도움이 필요합니다. 그래서 가정에 배가 필요합니다. 온 가족이 겸손하게 하나님 앞에 무릎을 꿇을 때 하나님께서 우리를 변화시켜주십니다.

□ 은혜 나누기

우리 가정에서 아버지와 어머니의 관계를 점수로 평가해본다면, 과연 몇 점을 줄 수 있습니까? 또 그 이유가 무엇입니까? 함께 이야기해봅시다.

□ 공동 기도

하나님 아버지, 하나님이 가르쳐주신 대로 살지 못하는 우리를 용서해주세요. 이제부터라도 우리 가정이 달라지게 해주세요. 서로에게 예의 바르고 공손하게 대하게 하시고, 서로를 귀한 존재로 인정하고 바라보게 해주세요. 그리하여 우리 가정에서부터 천국 생활을 맛볼 수 있게 해주세요. 예수님의 이름으로 기도합니다. 아멘.

**7월 3주**

# 남편은 아내의 머리입니다!

□ **주님의 기도** 주님이 가르쳐주신 기도로 가정예배를 시작합니다.

□ **찬송 부르기** 286장(주 예수님 내 맘에 오사)

□ **성경 읽기** 에베소서 5:23

※ 개역개정판

이는 남편이 아내의 머리됨이 그리스도께서 교회의 머리됨과 같음이니 그가 바로 몸의 구주시니라.

※ 메시지성경

남편은 그리스도께서 교회에 하시는 것처럼 아내에게 지도력을 보이되, 아내를 좌지우지하지 말고 소중히 여기십시오.

□ **말씀 나누기**

지난 시간에 "아내가 남편에게 복종해야 한다"는 말씀을 묵상했습니다. 이 말씀은 불편하게 생각할 일이 아니라고 했습니다. 왜냐면 '복종'이란 상대방에게 일방적으로 굴복하는 것이 아니라 '상대방을 귀한 존재로 인정하는 태도'를 말하는 것이기 때문입니다. 나의 부족함을 채워주기 위해서 하나님께서 '돕는 배필'로 붙여주신 짝을 '귀한 존재'로 인정하는 것을 불편하게 생각해서는 안 됩니다.

계속해서 바울은 아내가 남편에게 복종해야 하는 진짜 이유가 따로 있다고 말합니다. 오늘 우리가 묵상할 말씀의 내용입니다.

남편이 아내의 머리다!

바울은 말합니다. "이는 남편이 아내의 머리됨이 그리스도께서 교회의 머리됨과 같음이니 그가 바로 몸의 구주시니라." 이것은 "남편에게 복종하라"는 것보다 더더욱 소화하기 힘든 말씀입니다. '복종'이 상대방을 귀한 존재로 인정하는 태도를 의미한다고 한다면, 왜 굳이 남편이 아내를 다스려야 할까요?

이 말씀의 기원은 저 멀리 창세기로 거슬러 올라갑니다. 아담과 하와가 하나님의 말씀에 불순종하여 선악을 알게 하는 나무의 실과를 따먹고 난 후에 하나님의 책망을 받게 되었는데, 바로 그 장면에서 하나님이 하와에게 이렇게 말씀하셨습니다.

> "또 여자에게 이르시되 내가 네게 임신하는 고통을 크게 더하리니 네가 수고하고 자식을 낳을 것이며 너는 남편을 원하고 남편은 너를 다스릴 것이니라…"(창 3:16).

하나님께서 여자에게 내린 벌은 두 가지입니다. 하나는 '어머니'가 되어 자식을 낳고 키워야 하는 고통과 수고이고, 다른 하나는 '아내'가 되어 남편의 다스림을 받게 되는 것입니다. 그런데 여기에서 우리가 주목해야 할 부분은 '너는 남편을 원하고 남편은 너를 다스릴 것'이라는 말씀입니다.

이 부분을 NIV 성경은 "네 욕망이 네 남편을 향하게 될 것이다"(Your desire will be for your husband)로 번역합니다. 여기에서 '욕망'은 어떤 '성적인 욕망'을 의미하는 것이 아닙니다. 오히려 '남편을 지배하려는 욕망'을 말합니다. 이 말씀의 의미를 가장 잘 번역한 것은 공동번역 성경입니다. "너는 남편을 마음대로 주무르고 싶겠지만, 도리어 남편의 손아귀에 들리라." 새번역 성경도 이와 비슷하게 번역했습니다. "네가 남편을 지배하려고 해도 남편이 너를 다스릴 것이다."

무슨 뜻입니까? 본래 서로 '돕는 배필'이었던 남편과 아내의 평등한 관계가, 이제는 서로 지배하겠다고 으르렁거리는 그런 경쟁과 대립의 관계로 전락하게 될 것이라는 뜻입니다. 아내가 남편의 머리 꼭대기에 올라서겠다고 나대겠지만, 결국에는 남편의 지배를 받는 존재가 될 것이라는 뜻입니다. 이는 죄로 인해 타락한 인간의 현실을 예고한 말씀이지, 하나님께서 본래 의도하셨던 부부관계는 아닙니다.

바울이 '남편이 아내의 머리'라고 말하고 있는 것은 이러한 배경을 염두에 두고 이해해야 합니다. 당시 사회는 현실적으로 남편이 아내를 지배하는 그런 불평등한 시스템으로 운영되고 있었습니다. 그 시스템 속에서 아내들은 평생 남편에게 무조건 복종하면서 살아가야 했습니다. 바울은 그런 현실적인 사회 질서를 부정하지 않습니다. 왜냐면 그게 바로 죄로 인해 타락한 결과였기 때문입니다.

그러나 바울은 그 현실에 안주하여 여자들에게 일방적으로 '복종'을 요구하려고 하지 않았습니다. 오히려 "서로 복종하라"고 가르쳤습니다. 이는 아내에게도 남편에게도 똑같이 요청되는 말씀입니다. 서로를 귀한 존재로 인정하고 이해하고 지지해 주는 것이 하나님이 창조하셨던 본래의 인간관계였기 때문입니다.

그리스도가 교회의 머리다!

바울의 관심은 어떻게 본래의 관계를 회복해 나갈 수 있을 것인가에 있었습니다. '남편이 아내의 머리됨'을 '그리스도가 교회의 머리됨'으로 풀이하고 있는 이유입니다. "그리스도가 교회의 머리다"라는 말은, 예수 그리스도께서 머리가 되어서 그의 몸인 교회를 다스리신다는 뜻입니다. 이처럼 교회를 사람의 몸으로 비유하는 것은 바울의 독특한 이해입니다.

교회에 대한 바울의 이해를 가장 잘 보여주는 대목은 고린도전서 12장에 나옵니다.

"몸은 하나인데 많은 지체가 있고 몸의 지체가 많으나 한 몸임과 같이 그리스도도 그러하니라"(고전 12:12).

여기에서 '그리스도'는 사실 '교회'를 가리키는 말입니다. 그러니까 "그리스도도 그러하다"는 말씀은 "그리스도께서 대표가 되시는 교회가 그와 같다"는 뜻입니다. 오늘 본문에서 바울이 말한 그리스도가 교회의 머리라는 것도 사실 그리스도가 교회를 대표하는 분이라는 의미입니다.

그리스도의 권위가 교회에서 절대적이라는 사실에 동의하지 않는 사람은 아무도 없을 것입니다. 그렇지만 그와 마찬가지로 한 가정에서 남편의 권위 또한 인정되어야 한다는 바울의 말에 선뜻 동의하기는 쉽지 않습니다. 그것은 아마도 남편을 그리스도와 동등하게 받아들이는 것에 거부감을 가지고 있기 때문일 것입니다.

그러나 앞에서 "자기 남편에게 복종하기를 주께 하듯 하라"고 해서 "남편을 주님으로 생각하고 대우해야 한다"는 식으로 해석하면 안 된다고 했듯이, 여기에서도 마찬가지입니다. 남편은 어떤 이유에서든 결코 그리스도와 동등한 존재가 될 수 없습니다. 바울은 그런 뜻으로 말하지 않습니다. 그렇다면 "남편이 아내의 머리됨이 그리스도께서 교회의 머리됨과 같다"는 말씀은 무슨 뜻일까요?

그에 대한 설명이 뒤에 붙어있습니다. "그가 바로 몸의 구주시니라." 이 말씀은 그리스도가 교회의 머리가 되시기 위해서 치르셨던 희생을 기억하라는 뜻입니다. 우리는 예수님이 우리의 '구주'가 되시기 위해서 치르신 '대속사역'을 잘 알고 있습니다. 모든 인간의 죄를 지시고 십자가에서 대신 죽으심으로 그를 믿고 따르는 자들이 구원을 받을 수 있는 길을 열어놓으셨지요. 그렇기에 교회의 머리가 되실 수 있는 것입니다.

만일 '남편이 아내의 머리됨'이 '그리스도께서 교회의 머리됨'과 같아야 한다면, 그리스도가 그의 몸인 교회를 구원하기 위해서 희생하신 것처럼 남편 역시 아내를 구원하기 위해서 희생해야 한다는 뜻입니다. 그래야 아내의 머리가 될 자격을 갖추게 되는 것입니다. 아내를 위해서 조금도 희생하지 않고, 무조건 아내의 희생만을 강요하면서 그 위에 군림하려는 폭군 남편은 아내의 머리가 될 자격이 없습니다.

생각해 보십시오. 만일 남편이 나를 살리기 위해서 자신의 목숨을 아깝게 생각하지 않고 그 어떤 희생도 감수한다는 사실을 아내가 알고 있다면, 남편에게 복종하는 것이 무슨 어려운 일이겠습니까? 오히려 감격하는 마음으로 매사에 복종하지 않겠습니까? 남편은 아내의 머리입니다. 남편은 아내를 위해서 목숨을 바치는 존재이기 때문입니다. 그렇기에 아내는 자기 남편을 귀한 존재로 인정하여 복종할 수밖에 없는 것입니다.

서로 복종하여 섬기며 만들어가는 부부관계가 바로 '새 사람의 생활방식'입니다. 부부 사이의 주도권 쟁탈전을 이제는 완전히 끝내버리고 주 안에서 새로운 인간관계를 세워가는 우리 가정이 되기를 소망합니다.


□ 은혜 나누기
가정에서 남편의 지도력은 아내를 위한 희생을 통해 세워진다는 말씀을 어떻게 생각합니까? 가족들과 함께 나누어봅시다.

□ 공동 기도
하나님 아버지, 예수 그리스도의 은혜로 구원받은 사람들은 서로에게 복종해야 한다는 사실을 깨우쳐주시니 감사합니다. 먼저 우리 가정에서 이러한 모습들이 회복되게 하시고, 먼저 아내가 남편의 지도력을 인정하고 예의 바르고 공손하게 대하는 변화가 나타나게 해주세요. 예수님의 이름으로 기도합니다. 아멘.

# 범사에 남편에게 복종하십시오!

□ 주님의 기도 주님이 가르쳐주신 기도로 가정예배를 시작합니다.

□ 찬송 부르기 289장(주 예수 내 안에 들어와)

□ 성경 읽기 에베소서 5:23-24

※ 개역개정판

23 이는 남편이 아내의 머리됨이 그리스도께서 교회의 머리됨과 같음이니 그가 바로 몸의 구주시니라. 24 그러므로 교회가 그리스도에게 하듯 아내들도 범사에 자기 남편에게 복종할지니라.

※ 메시지성경

23-24 남편은 그리스도께서 교회에 하시는 것처럼 아내에게 지도력을 보이되, 아내를 좌지우지하지 말고 소중히 여기십시오. 남편이 그러한 지도력을 발휘하면, 아내도 교회가 그리스도께 순종하듯 남편에게 순종해야 합니다.

□ 말씀 나누기

지금 우리는 '서로 복종하며 살기' 묵상을 하고 있는 중입니다. 서로에게 존경하는 마음을 가지고 예의 바르게 대하는 것은 '새 사람'이 '새로운 생활방식'으로 만들어가는 '새로운 인간관계'의 특징입니다. 바울은 이 원칙을 가장 먼저 아내와 남편의 관계에 적용하여, 아내는 자기 남편에게 복종해야 한다고 말합니다. 왜냐면 그리스도가 교회의 머리이듯이 남편이 아내의 머리이기 때문입니다.

'남편이 아내의 머리됨'이 '그리스도께서 교회의 머리됨'과 같아야 한다면, 그리스도께서 그의 몸인 교회를 구원하기 위해서 십자가에 달려 죽으신 것처럼 남편 또한 아내를 구원하기 위해서 희생하고 죽어야 한다는 뜻이라고 했습니다. 그래야 남편이 아내의 머리가 될 자격을 갖추게 되고, 아내는 그 남편에게 기쁜 마음으로 복종할 수 있게 되는 것입니다.

### 아내에게 요구되는 복종

이와 같은 전제에서 바울은 결론적으로 말합니다. "그러므로 교회가 그리스도에게 복종하듯이 아내들도 범사에 자기 남편에게 복종해야 합니다." 이 세상에 교회가 참 많이 있지만, 십자가를 세워놓았다고 해서 모두 교회가 되는 것은 아닙니다. 오직 그리스도의 다스림에 온전히 복종할 때에만 진정한 의미의 교회라고 할 수 있는 것입니다.

그와 마찬가지로 아내도 자기 남편에게 복종할 때에만 진정한 의미의 '아내'라고 할 수 있습니다. 물론 여기에는 남편이 아내를 구원하기 위해서 자신의 생명조차 아낌없이 희생할 수 있어야 한다는 전제조건이 있습니다. 그러나 그것은 남편에게 요구되는 자격이요, 아내에게 요구되는 자격은 남편에게 복종하는 것입니다. 남편이 그런 자격을 충분히 갖출 때까지 복종하지 않아도 괜찮다는 이야기가 아닙니다.

여기에서 우리가 특별히 주목해야 할 부분은 "범사에 복종하라"는 말씀입니다. '범사'는 말 그대로 '모든 일'(in everything)이라는 뜻입니다. 아내는 모든 일에 남편의 권위를 인정하고 존경하는 마음을 가지고 예의 바르게 남편을 대하며 그의 뜻에 따라야 한다는 것입니다. 그러나 실제로 즐거운 마음으로 이 말씀에 순종하는 아내는 아마도 이 세상에 하나도 없을 것입니다. 왜냐면 창세기 3장에서 하나님께서 말쓸하신 것처럼, 기본적으로 모든 아내는 '남편을 지배하려는 욕망'을 가지고 있기 때문입니다(창 3:16).

겉으로는 자기 남편에게 복종하는 것처럼 행동하지만, 속으로는 남편을 무시하고 업신여기는 그런 아내들이 얼마나 많이 있는지 모릅니다. 요즘에는 아예 그런 속내를 감추려고 하지 않고 겉으로 드러내어 남편을 함부로 대하는 그런 아내들도 참 많이 생겨나고 있습니다. 물론 나름의 이유가 있습니다. 남편을 존경하지 못할 이런저런 이유를 비장의 무기처럼 마음에 품고 있습니다.

그러나 아내들이 자기 남편에게 복종하지 못하는 진짜 이유는 '남편을 지배하려는 욕망' 때문입니다. 그것이 죄로 타락한 인간의 솔직한 현실입니다. 만일 아내를 위해서 자신의 생명조차 아끼지 않고 그렇게 헌신적으로 섬기는 착한 남편을 두었다면, 그 아내가 모든 일에 있어서 남편에게 복종할 수 있을까요? 그렇지 않습니다. 오히려 남편을 더욱 만만하게 보고 머리 꼭대기에 앉아서 사사건건 부려먹으려고 할 것입니다.

무슨 말씀입니까? 죄의 문제가 먼저 해결되어야 한다는 이야기입니다. 그러지 않고서는 '서로 복종하여 사는 것'이 원천적으로 불가능합니다. 그래서 바울은 지금 '옛사람'을 벗어 버리고 '새 사람'을 입은 그리스도인들이 만들어가는 '새로운 인간관계'에 대해서 말하고 있는 것입니다. '새 사람'을 입고 '새로운 생활방식'으로 살아간다는 전제에서, 남편은 아내를 위해 자신을 희생하고 또한 아내는 남편을 존경하며 모든 일에 남편의 뜻에 따라 복종하는 일이 가능해지는 것입니다.

### 남편의 지도력
메시지 성경은 오늘 본문을 다음과 같이 풀이합니다.

"남편은 그리스도께서 교회에 하시는 것처럼 아내에게 지도력을 보이되, 아내를 좌지우지하지 말고 소중히 여기십시오. 남편이 그러한 지도력을 발휘하면, 아내도 교회가 그리스도께 순종하듯 남편에게 순종해야 합니다"(엡 5:23-24, 메시지).

남편이 아내에게 보여주어야 할 '지도력'(leadership)은 '아내를 좌지우지하는 것이 아니라 소중히 여기는 것'(not by domineering but by cherishing)이라는 메시지 성경의 해석은 정말 탁월합니다. 이것은 '옛사람'을 벗어 버리고 '새 사람'을 입고 살아가는 '새로운 생활방식'에서나 가능한 이야기입니다.

남편의 지도력이 아내를 자기 마음대로 좌지우지하는 것이라는 생각은, 하나님을 알지 못하고 죄 가운데 살아가던 '옛사람'이 가지고 있던 생활 습관이요 생활방식이었습니다. 그러나 예수 그리스도를 통해서 죄의 문제가 해결된 '새 사람'은 그런 방식으로 더는 살지 않습니다. 오히려 주님께서 우리를 소중히 여기셔서 구원하셨듯이, 그렇게 아내를 소중히 여기는 방식으로 남편의 지도력을 발휘합니다.

아내도 마찬가지입니다. 육체적으로나 경제적으로 힘이 부족해서 하는 수 없이 겉으로만 남편에게 굴복하는 것이 아닙니다. '옛사람'이 가지고 있던 '남편을 지배하려는 욕망'을 십자가에 완전히 못 박아 버리고, 교회가 그리스도께 순종하듯이 정말 기쁜 마음으로 남편에게 순종합니다. 모든 일에 남편의 권위를 인정하고 남편을 존경하며 남편의 뜻에 따라 복종할 수 있게 되는 것입니다.

이런 일이 어떻게 가능하게 될까요? 지난 시간의 말씀으로 되돌아갑니다. "그가 바로 몸의 구주시니라." 그렇습니다. 예수 그리스도께서 우리를 죄에서 구원해주셨기 때문에 이처럼 '서로 복종하며 사는 일'이 가능해진 것입니다. 예수님을 구세주로 영접하지 않는 사람들은 이와 같은 새로운 인간관계를 감히 상상할 수도 없습니다. 오직 예수님을 믿음으로 죄의 문제가 해결되고 '새 사람'이 되어야만 이런 일이 가능해지는 것입니다.

만일 아내와 남편의 관계 속에서 이와 같은 모습으로 서로 복종하지 못하고 여전히 갈등과 대립 속에서 살아가고 있다면, 그것은 아직도 죄의 문제를 완전히 청산하지 못했기 때문입니다. 아내에게는 '남편을 지배하려는 욕망'이 살아있고, 남편에게는 '아내를 좌지우지하려는 욕망'이 남아 있다는 뜻입니다. 이 모든 죄의 욕망이 그리스도와 함께 십자가에 못 박혀 완전히 죽어버리지 않고서는, 새로운 인간관계가 세워지지 못합니다.

그러기에 우리는 성령님의 도우심이 필요합니다. 우리 속에 아직도 남아 있는 죄악의 쓴 뿌리를 성령의 불로 태워주셔서, 이제부터 오직 예수 그리스도의 마음을 품고 서로에게 복종하며 살아갈 수 있도록 기도해야 할 것입니다.


▢ 은혜 나누기

남편과 아내가 벌이는 주도권 다툼의 본질은 상대방을 지배하려는 죄의 문제에서 비롯된다는 말씀을 어떻게 생각합니까?

▢ 공동 기도

하나님 아버지, 상대방을 지배하려는 욕망이나 좌지우지하려는 욕망은 그리스도와 함께 십자가에 못 박아 버리게 하시고, 우리 가정은 서로를 존경하고 이해하고 배려하는 사랑의 관계로만 가득 채워지게 해주세요. 예수님의 이름으로 기도합니다. 아멘.

# 남편이여, 아내를 사랑하십시오!

▫ 주님의 기도 주님이 가르쳐주신 기도로 가정예배를 시작합니다.

▫ 찬송 부르기 559장(사철에 봄바람 불어 잇고)

▫ 성경 읽기 에베소서 5:25

※ 개역개정판

남편들아, 아내 사랑하기를 그리스도께서 교회를 사랑하시고 그 교회를 위하여 자신을 주심같이 하라.

※ 메시지성경

남편 여러분, 그리스도께서 교회를 사랑하신 것과 같이, 아내를 사랑하는 일에 전력을 다하십시오. 그런 사랑의 특징은 받는 것이 아니라 주는 것입니다. 그리스도의 사랑은 교회를 온전하게 합니다.

▫ 말씀 나누기

우리는 지금 그리스도인이 만들어가는 새로운 인간관계, 즉 서로 복종하며 사는 모습에 대해서 계속 살펴보고 있습니다. 우선 "아내는 자기 남편에게 복종해야 한다"고 바울은 말했습니다. 아내에게 요구되는 의무는 '복종'이라는 것입니다.

그러나 이 말을 "아내는 남편에게 복종해야 할 의무가 있고, 남편은 아내에게 무엇이든지 명령할 권리가 있다"는 식으로 해석하면 안 됩니다. 바울은 지금 어느 한쪽에게만 일방적으로 요구되는 복종을 이야기하고 있지 않기 때문입니다. 그렇다면 남편에게 요구되는 복종은 무엇일까요?

### 남편에게 요구되는 복종

오늘 본문에서 바울은 말합니다.

*"남편들아 아내 사랑하기를 그리스도께서 교회를 사랑하시고 그 교회를 위하여 자신을 주심 같이 하라"(엡 5:25).*

남편에게 요구되는 복종은 바로 '사랑'입니다. 그런데 아내에게는 "남편에게 복종하라"고 하면서, 남편에게는 "아내를 사랑하라"고 말하는 것 자체가 바울이 가지고 있는 남성 중심적인 사고가 아니냐고 생각하는 분들이 더러 있습니다. 그러나 그것은 큰 오해입니다. 앞에서 묵상해 온 말씀을 잘 읽어보았다면 그렇게 말할 수 없을 것입니다.

남편들도 "아내를 사랑하라"는 말씀을 가볍게 받아들이면 안 됩니다. 왜냐면 바울이 말하는 '사랑'은 단지 감정적인 차원에서 설명될 수 있는 것이 아니기 때문입니다. 사실, 아내를 사랑하지 않는 남편이 어디에 있겠습니까? 최소한 한때라도 사랑했기 때문에 결혼하여 가정을 꾸리며 살아가는 것이지요.

그러나 많은 경우에 진짜 '사랑'이 무엇인지도 모르면서 "사랑한다"고 말하는 사람들이 참 많다는 것이 문제입니다. '사랑'을 자신의 편리함을 추구하거나 이기적인 욕망을 채우는 수단으로 변질시키고 있는 것이 사실입니다. 지금 바울이 말하는 '사랑'은 그런 종류와 전혀 다른 차원의 것입니다.

'사랑'은 남편에게 요구되는 '복종'입니다. 자, 그렇다면 지금까지 바울이 설명해온 아내에게 요구되는 '복종'과 남편에게 요구되는 '사랑'이라는 복종은 어떻게 다를까요? 그 뒤에 이어진 말씀, "그리스도께서 교회를 사랑하시고 그 교회를 위하여 자신을 주심같이 하라"는 부분이 바로 그에 대한 설명입니다.

바울은 남편의 아내 사랑은 그리스도께서 교회를 사랑하심과 같아야 한다고 말합니다. 그리스도께서 어떻게 교회를 사랑하셨습니까? 그리스도께서는 교회를 위하여 자신을 주기까지 사랑하셨습니다. 그렇습니다. 진짜 사랑은 내 편리함을 위해서 상대방을 이용하는 것이 아닙니다. 오히려 상대방을 위해서 나 자신의 편리함을 포기하는 것입니다. 진정한 사랑은 이기적인 만족을 위해서 상대방에게 무엇이든지 명령하거나 끝없는 복종을 요구하는 게 아닙니다. 오히려 상대방의 행복과 유익을 위해서 자신의 이기적인 만족을 과감히 포기하는 것입니다. 그것이 그리스도께서 교회를 사랑하신 모습입니다.

예수 그리스도는 믿음의 지체들로 구성된 교회를 구원하기 위하여 십자가에서 수치와 고통을 당하시고 자신의 생명을 내려놓으셨습니다. 그것이 바울이 말하는 '사랑'이요, 이 세상의 모든 그리스도인 남편들에게 요구하는 '사랑'이라는 복종입니다. 만일 남편들이 이와 같은 '사랑'으로 아내를 대한다면 과연 어떤 일이 벌어지게 될까요?

자기 생명을 포기하는 사랑

예를 들어 배가 암초에 부딪혀 좌초하고 있는데 구명조끼가 단 하나만 남아 있다고 가정해 봅시다. 그때 구명조끼를 아내에게 입혀주고 자신은 물속에 빠져가면서도 행복한 미소를 지을 수 있는 것이 바로 사랑입니다. 아내를 구원하기 위해서 자기 생명을 포기하는 것이 예수 그리스도께서 우리에게 보여주신 사랑이기 때문입니다.

오늘 본문을 메시지 성경은 다음과 같이 풀이합니다.

"남편 여러분, 그리스도께서 교회를 사랑하신 것과 같이, 아내를 사랑하는 일에 전력을 다하십시오. 그런 사랑의 특징은 받는 것이 아니라 주는 것입니다"
(엡 5:25, 메시지).

진정한 사랑의 특징은 '받는 것'(getting)이 아니라 '주는 것'(giving)입니다. 그것이 그리스도께서 우리에게 보여주신 사랑입니다. 그런 사랑으로 아내를 사랑하라는 것입니다. 즉 아내에게 무엇인가 받아내려고 하지 말고, 오로지 주는 일에만 전력을 다하라는 겁니다. 바울이 모든 그리스도인 남편들에게 요구하는 사랑은 이런 것입니다. 그렇다면 아내들에게 요구하는 '복종'이 쉬울까요? 아니면 남편들에게 요구하는 '사랑'이 쉬울까요?

물론 그 어느 것도 쉽지 않습니다. 아내의 복종도, 남편의 사랑도 자기를 희생하지 않고서는 불가능한 일이기 때문입니다. 그러나 만일 남편이 아내를 위해서 목숨을 내어주는 것도 아깝게 생각하지 않을 정도로 그렇게 사랑한다는 사실을 안다면, 그 남편에게 복종하는 일이 그다지 어렵지 않을 것입니다. 또한, 아내가 모든 일에 남편의 권위를 인정하고 남편을 존경하며 남편의 뜻에 따라 기꺼이 복종한다는 사실을 안다면, 그 아내를 위해서 무엇이든지 아낌없이 주며 사랑하는 것이 그리 어렵지 않을 것입니다.

그런데 왜 이런 이야기들이 우리와는 전혀 상관없는 것처럼 들리는 것일까요? 왜 우리는 남편에게 복종하기가 죽기보다 싫고, 아내를 위해서 무조건 내어주는 사랑은 상상하는 것조차도 힘들어하는 것일까요? 우리 속에 죄악의 쓴 뿌리가 남아 있기 때문입니다. 아내에게는 여전히 '남편을 지배하려는 욕망'이 남아 있고, 남편에게는 여전히 '아내를 좌지우지하려는 욕망'이 남아 있기 때문입니다.

우리가 그리스도 안에서 '새 사람'이 된다는 것은, 바로 이 모든 죄의 욕망이 그리스도와 함께 십자가에 못 박혀서 완전히 죽어버린다는 뜻입니다. 그러지 않고서는 바울이 지금 말하고 있는 '서로 복종하며 사는' 새로운 인간관계가 세워지지 못합니다. 모든 인간관계 중에서 가장 기초적이고 가장 친밀한 관계인 아내와 남편 사이에 이와 같은 관계가 세워지지 못한다면, 다른 사람들과의 관계 속에서 무엇을 기대할 수 있겠습니까?

하나님의 말씀에 접촉하는 가정, 하나님의 말씀에 순종하는 가정, 생수의 강이 흐르는 가정에서는 얼마든지 이런 일이 가능해집니다. 아내는 범사에 남편에게 복종하고, 남편은 목숨 바쳐 아내를 사랑하게 됩니다. 우리 가정에서 이와 같은 관계가 회복되기를 간절히 소원합니다. 우리가 결심하고 노력한다고 다 되는 일이 아닙니다. 우리가 늘 성령님의 도우심을 간구해야 하는 이유입니다.

□ 은혜 나누기

'아내의 복종'과 '남편의 사랑' 중에서 어느 것이 더 어려울까요? 그렇게 생각하는 이유는 무엇입니까? 함께 나누어봅시다.

□ 공동 기도

하나님 아버지, 우리의 마음속에 있는 죄악의 쓴 뿌리가 없어지게 해주세요. 주님의 다스림 속에 새로운 인간관계를 세워갈 수 있게 도와주세요. 그 일이 바로 우리 가정에서부터 시작될 수 있게 해주세요. 예수님의 이름으로 기도합니다. 아멘.

## 8월 2주

# 아내를 거룩하게 만드십시오!

▫ 주님의 기도 주님이 가르쳐주신 기도로 가정예배를 시작합니다.

▫ 찬송 부르기 436장(나 이제 주님의 새 생명 얻은 몸)

▫ 성경 읽기 에베소서 5:25-27

※ 개역개정판

²⁵남편들아 아내 사랑하기를 그리스도께서 교회를 사랑하시고 그 교회를 위하여 자신을 주심 같이 하라. ²⁶이는 곧 물로 씻어 말씀으로 깨끗하게 하사 거룩하게 하시고 ²⁷자기 앞에 영광스러운 교회로 세우사 티나 주름 잡힌 것이나 이런 것들이 없이 거룩하고 흠이 없게 하려 하심이라.

※ 메시지성경

²⁵⁻²⁷남편 여러분, 그리스도께서 교회를 사랑하신 것과 같이, 아내를 사랑하는 일에 전력을 다하십시오. 그런 사랑의 특징은 받는 것이 아니라 주는 것입니다. 그리스도의 사랑은 교회를 온전하게 합니다. 그리스도의 말씀은 교회를 일깨웁니다. 그분의 모든 행동과 말씀은 교회를 가장 아름답게 만들며, 눈이 부실만큼 흰 비단으로 교회를 둘러서, 거룩함으로 빛나게 하려는 것입니다.

▫ 말씀 나누기

바울은 그리스도인이 만들어가는 새로운 인간관계를 '복종'이라는 개념으로 풀어냅니다. 아내에게는 '자기 남편에게 복종할 것'을 요구하면서 동시에 남편에게는 '자기 아내를 사랑할 것'을 요구함으로써,

복종이 어느 한쪽에게만 일방적으로 요구되는 것이 아님을 분명히 보여주었습니다.

남편에게 요구되는 복종의 모델은 '그리스도께서 교회를 사랑하심'이었습니다. 지난 시간에 우리는 그리스도의 교회 사랑이 '자신을 주심'으로 드러났다는 사실을 묵상했습니다. 주님은 십자가에서 수치와 고통을 당하시고 자신의 생명을 내려놓으셨습니다. 바로 그런 방식으로 남편들은 아내를 사랑해야 합니다.

그러나 그것이 전부는 아닙니다. 계속해서 바울은 그리스도께서 교회를 사랑하심이 구체적으로 무엇을 의미하는지 설명합니다.

### 거룩하게 만드는 사랑

바울은 본문에서 그리스도께서 교회를 사랑하시는 방식을 '교회를 거룩하게 하심'으로 설명합니다. "이는 곧 물로 씻어 말씀으로 깨끗하게 하사 거룩하게 하시고…"(26절). 그리스도께서 교회를 위하여 '자신을 주심'은 교회를 '거룩하게 하심'을 그 목적으로 하고 있다는 말씀입니다. 그러니까 교회를 거룩하게 하려고 자신의 생명을 아끼지 않고 내어주신 것입니다.

마찬가지로 아내를 향한 남편의 사랑 또한 이와 같아야 합니다. 만일 남편의 아내 사랑이 그리스도께서 교회를 사랑하심과 같아야 한다면 남편이 아내에게 어떻게 대해야 할까요? 단지 아내를 위하여 희생하는 것으로 충분하지 않습니다. 그보다 더 중요한 책임은 아내를 거룩하게 만드는 것입니다. 아내를 거룩하게 만들지 않으면서 진정으로 아내를 사랑한다고 할 수 없습니다. 그것이 그리스도께서 교회에 보여주신 사랑입니다.

우리말 '거룩'에 해당하는 헬라어는 '하기오스'(hagios)입니다. 이것은 "따로 떼어둔다"(set apart)라는 뜻입니다. 누구를 위해서입니까? 하나님을 위해서입니다. 자, 그렇다면 "아내를 거룩하게 만든다"는 말은 무슨 뜻일까요? 그것은 아내가 세상의 다른 여인네들과 구별되어 살 수 있게 해주어야 한다는 뜻입니다. 무엇에 있어서 구별되어야 할까요? 그렇습니다. '예배'와 '삶'에 있어서 구별되도록 해야 합니다. 그렇게 해야 할 책임이 바로 남편에게 있다는 것입니다.

그런데 남편이 어떻게 자기 아내를 거룩하게 만들 수 있을까요? 오늘 본문에서 바울은 명확한 답을 주고 있습니다. "이는 곧 물로 씻어 말씀으로 깨끗하게 하사…"(26절). 아내를 거룩하게 만들려면 물로 씻어서 깨끗하게 해야 합니다. 그런데 그냥 물이 아닙니다. '말씀을 통해서 흐르는 물'로 씻어야 합니다. 말씀의 생명수로 씻어주어야 합니다. 그렇게 거룩하게 만들어야 합니다.

그리스도인 남편의 '아내 사랑'은 열심히 일해서 돈 벌어다 주는 것이 전부가 아닙니다. 설거지나 청소나 집안일을 도와주는 거로 충분하지 않습니다. 오히려 남편에게 '말씀의 권위'가 세워져서, 그 말씀으로 아내를 거룩하게 만들어가야 합니다. 그것이 바로 그리스도께서 교회를 사랑하심과 같이 아내를 사랑하는 진정한 남편의 모습입니다.

### 아름답게 만드는 사랑

또한, 바울은 그리스도께서 교회를 사랑하시는 방식을 '교회를 아름답게 하심'으로 설명합니다. 오늘 본문을 메시지 성경은 다음과 같이 풀이합니다.

"그리스도의 사랑은 교회를 온전하게 합니다. 그리스도의 말씀은 교회의 아름다움을 일깨웁니다. 그분의 모든 행동과 말씀은 교회를 가장 아름답게 만들며, 눈이 부실 만큼 흰 비단으로 교회를 둘러서, 거룩함으로 빛나게 하려는 것입니다. 남편은 아내를 그런 식으로 사랑해야 합니다"(엡 5:26-27, 메시지).

교회가 '거룩함'을 잃어버리면 '아름다움'도 상실합니다. 교회가 세상과 구별되는 모습이 없어지면 세상으로부터 손가락질을 받습니다. 교회가 얼마나 아름다운 곳인지 그리스도의 말씀이 일깨워 줍니다. 그리고 실제로 그렇게 만들어갑니다. 하나님의 말씀을 통해서 아름답게 다듬어 갑니다. 마침내 교회를 눈이 부실 만큼 흰 비단으로 둘러서 거룩함으로 빛나게 하십니다. 그것이 바로 그리스도께서 교회를 사랑하시는 모습입니다.

남편은 아내를 그런 식으로 사랑해야 합니다. 만일 아내에게 부족한 모습이 보인다면 무조건 타박만 할 것이 아니라, 그 부족함을 채워주고 바꾸어주려는 노력을 기울여야 합니다. 만일 아내에게 어떤 허물이 드러난다면 그것을 자꾸 들추어내기보다는, 오히려 이해하고 덮어주어야 합니다. 아내가 잘하지 못하는 일들에 대해서 핀잔만 할 것이 아니라, 아내가 잘하는 일들을 찾아서 더 잘할 수 있도록 격려해 주어야 합니다.

그렇게 아내를 가장 아름답게 만들어가는 것이 남편이 해야 할 일입니다. 그렇게 하라고 하나님께서 우리를 서로에게 '돕는 배필'로 세워주셨습니다. 아내가 남편에게 '돕는 배필'이듯이, 남편 또한 아내에게 '돕는 배필'이어야 합니다. 우리에게 왜 '돕는 배필'이 필요할까요? 서로에게 부족함이 있기 때문입니다. 그 부족한 부분을 채워주라고 '남편'과 '아내'로 세워주신 것입니다.

그런데 우리는 어떻게 합니까? 자신은 완벽하지도 않으면서 상대방에게 완벽함을 요구합니다. 자신은 고치려고 하지 않으면서 상대방에게만 고치라고 다그칩니다. 그러면서 말로는 "사랑한다"고 합니다.

그것은 사랑이 아닙니다. 아름답기에 하는 사랑은 그리 오래가지 않습니다. 아름답게 만들어서 하는 사랑이 오래갑니다. 그것이 그리스도께서 교회를 사랑하시는 방식입니다.

오늘 우리는 아내를 거룩하게 만들어야 할 남편의 책임에 대해서 묵상했습니다. 말씀을 통해서 흐르는 생명수로 아내를 씻어주어야 한다고 했습니다. 그것이 아내를 거룩하게 만드는 길이요, 또한 아내를 아름답게 만드는 길이라고 했습니다. 그렇게 할 수 있는 가장 좋은 방법이 바로 '가정예배'입니다.

가정에서 남편의 영적인 권위를 회복하는 것이 가정 회복의 출발입니다. 아내를 정말로 사랑한다면 남편이 가정예배를 직접 인도할 수 있어야 합니다. 가정예배서에 기록된 말씀의 물로 아내를 씻겨주고, 자녀들에게 생명수를 마시게 해야 합니다. 아내도 남편을 자꾸 세워주어야 합니다. 특히 자녀들 앞에서 남편의 영적인 권위를 인정해야 합니다.

그러다 보면 언젠가 우리 가정에 생명수가 흐르는 날이 올 것입니다. 하나님의 말씀이 우리 가정을 회복시키실 것입니다.


□ 은혜 나누기

우리 가정에서 '아름답게 만드는 사랑'을 실천하기 위해서 내가 할 수 있는 일이 있다면 어떤 것일까요? 함께 나누어봅시다.

□ 공동 기도

하나님 아버지, 아내를 거룩하게 만들어야 할 책임이 남편에게 있음을 깨우쳐주시니 감사합니다. 한없이 부족한 우리를 아름답게 만들어 사랑하시는 주님처럼, 우리도 서로를 거룩하고 아름답게 만들어서 사랑할 수 있게 해주세요. 그 일이 오늘부터 시작되게 해주세요. 예수님의 이름으로 기도합니다. 아멘.

# 아내를 흠이 없게 만드십시오!

□ 주님의 기도 주님이 가르쳐주신 기도로 가정예배를 시작합니다.

□ 찬송 부르기 375장(나는 갈 길 모르니)

□ 성경 읽기 에베소서 5:26-27

※ 개역개정판

26이는 곧 물로 씻어 말씀으로 깨끗하게 하사 거룩하게 하시고 27자기 앞에 영광스러운 교회로 세우사 티나 주름 잡힌 것이나 이런 것들이 없이 거룩하고 흠이 없게 하려 하심이라.

※ 메시지성경

26-27그리스도의 말씀은 교회를 일깨웁니다. 그분의 모든 행동과 말씀은 교회를 가장 아름답게 만들며, 눈이 부실만큼 흰 비단으로 교회를 둘러서, 거룩함으로 빛나게 하려는 것입니다.

□ 말씀 나누기

지금 우리는 남편에게 요구되는 복종인 '사랑'에 대해서 살펴보고 있습니다. 그리스도인 남편은 자신이 알고 있는 사랑, 자신이 생각하는 방식으로가 아니라, 그리스도께서 교회를 사랑하는 방식으로 아내를 사랑해야 합니다. 지난 시간에는 '아내를 거룩하게 만드는 사랑'에 대해서 살펴보았습니다. 오직 말씀을 통해서 흐르는 생명수로 깨끗하게 씻어줄 때 아내를 거룩하게 만들 수 있다고 했습니다.

오늘은 교회를 흠이 없게 하시는 주님의 사랑에 대해서 묵상하겠습니다.

## 영광스러운 교회로 세움

오늘 본문에서 바울은 주님께서 "자기 앞에 영광스러운 교회로 세우셨다"고 합니다. 이것은 주님이 교회를 아름답게 만드시는 목적을 잘 설명하고 있습니다. 주님은 왜 그렇게 교회를 아름답게 만들려고 애쓰시는 것일까요? 왜냐면 교회는 주님의 '신부'이기 때문입니다. 요한계시록에 그 이야기가 나와 있습니다.

"⁷어린 양의 혼인 기약이 이르렀고 그의 아내가 자신을 준비하였으므로 ⁸그에게 빛나고 깨끗한 세마포 옷을 입도록 허락하셨으니 이 세마포 옷은 성도들의 옳은 행실이로다…"(계 19:7-8).

여기에서 '어린 양'은 물론 '예수 그리스도'를 가리키고, 어린 양의 '아내'는 '교회' 즉 '믿음의 공동체'를 구성하는 성도들을 가리키고, '혼인 기약'은 '주님께서 재림하시는 때'를 가리킵니다. 그러니까 주님께서 재림하실 때에 교회를 그의 신부로 맞아들이신다는 겁니다. 이 말씀에서 우리는 주님이 교회를 사랑하시는 이유를 발견하게 됩니다. 장차 영광스럽고 빛나는 모습의 신부로 맞아들여야 하기 때문입니다.

요한계시록에서는 "그의 아내가 자신을 준비하였다"고 하여 마치 교회와 성도들이 '옳은 행실'로 자신을 깨끗하게 한 것처럼 되어있지만, 오늘 에베소서 본문에 의하면 교회를 빛나는 모습으로 세우기 위해서 준비시키시는 분은 사실 주님이십니다. 만일 주님께서 교회와 성도들을 사랑하시지 않는다면 그렇게 준비될 수 없습니다.

이 말을 뒤집으면, 현재 교회는 완벽하게 준비된 상태가 아니라는 뜻이 됩니다. 그렇게 영광스럽지도 빛나지도 않는 상태입니다. 그런데도 주님은 교회를 사랑하셔서 영광스럽고 빛나는 모습을 갖추도록 애쓰고 계십니다. 주님은 교회를 사랑스럽게 만들어서 사랑하시는 것입니다.

이것은 우리가 생각하고 실제 경험하는 사랑과는 아주 다른 모습입니다. 우리는 사실 사랑할만하기 때문에 사랑합니다. 외모가 아름답다거나 목소리가 곱다거나 재능이 뛰어나다거나 돈이 많다거나 좋은 대학을 나와서 좋은 직장에 다니고 있다거나 하는 식으로, 우리가 사랑할만한 어떤 조건을 이미 갖추었기 때문에 그 사람에게 매력을 느끼고 그 사람을 사랑한다고 생각하고 그래서 그 사람과 결혼하려고 합니다.

문제는 우리가 한때 '매력'이라고 생각했던 것의 시효가 그리 오래 가지 않는다는 사실입니다. 사람은 항상 날씬한 몸매를 유지할 수 없고, 항상 아름다운 목소리를 낼 수 없고, 항상 건강하고 부유하게 살 수 없습니다. 아니 어떻게든 그런 매력을 계속 유지한다고 하더라도, 살다 보면 보이지 않던 결점들이 드러나게 되어있습니다. 그러면 상대에 대한 매력이 감소할 수밖에 없고, 결국 사랑하는 감정도 식게 됩니다.

오늘날 대다수 부부가 경험하는 관계의 위기는 바로 '사랑스럽기에 하는 사랑'에서 시작된다는 사실을 우리는 알아야 합니다. 우리 그리스도인의 사랑은 세상 사람들과 구별되어야 합니다. 특별히 그리스도인 남편의 아내 사랑은 그리스도께서 교회를 사랑하심을 모델로 합니다. 주님은 교회를 사랑스럽게 만들어서 사랑하십니다. 그리스도인 남편의 아내 사랑도 마찬가지여야 합니다.

### 티나 주름 잡힌 것이 없음

그다음에 우리가 주목할 부분은 "티나 주름 잡힌 것이나 이런 것들이 없어"라는 말씀입니다. 결혼식을 앞둔 예비 신부가 특별히 피부 관리에 신경을 쓰는 것을 봅니다. 가장 아름다운 모습으로 등장하기 위해서 얼굴에서 잡티나 점을 없애고, 피부 마사지도 합니다. 그것은 물론 신부가 스스로 해야 할 일입니다. 그러나 주님의 교회 사랑은 그 일까지도 주님께서 맡아서 해주신다고 말씀하십니다. 물론 주님의 관심은 우리의 육체적인 피부가 아니라 영적인 상태에 있습니다.

하나님은 우리가 의인이 되었기 때문에 사랑하신 것이 아닙니다. 우리가 '아직 죄인 되었을 때'부터, 여러 가지 결점과 흠집과 부족함을 가지고 있었음에도, 우리를 먼저 사랑하셨습니다. 그러나 그렇다고 해서 우리가 계속해서 죄인인 상태로 남아 있어도 괜찮다는 뜻은 아닙니다. 주님은 우리를 사랑스럽게 만들어서 사랑하시는 분이십니다. 주님은 우리의 결점과 흠집을 제거하여 완전한 신부로 만들어가기를 원하십니다.

그러면 어떻게 해야 할까요? 우리가 힘쓰고 노력하면 될까요? 아닙니다. 우리의 노력만으로는 '점'과 '흠'이 없는 완전한 모습을 갖출 수 없습니다. 요즘은 피부과에서 기미나 잡티를 없애는 시술을 받지만, 그것도 오래가지 않습니다. 관리를 소홀히 하면 다시 생겨납니다. 우리 영혼을 얼룩지게 만드는 '점'과 '흠'도 마찬가지입니다.

참으로 다행스러운 것은, 주님이 우리를 돕고 있다는 사실입니다. 주님의 사랑은 우리를 구원해주신 것으로 끝나지 않습니다. 우리가 점도 없고 흠도 없는 상태가 될 때까지 계속 사랑하십니다. 우리가 힘써야 할 것은 우리를 돕고 계시는 주님을 붙드는 것입니다. 우리가 죄로부터 완전히 깨끗해질 수 있는 것은 '오직 흠 없고, 점 없는 어린 양

같은 그리스도의 보배로운 피'(벧전 1:19)로만 가능합니다. 따라서 우리가 해야 할 모든 노력은 바로 주님 안에 머물러 있는 것입니다.

그리스도인 남편은 아내가 '점도 없고 흠도 없는' 상태가 되도록 도와주어야 합니다. 그러기 위해서 아내가 언제나 주님 안에 머무를 수 있도록 남편이 할 수 있는 모든 노력을 기울여야 합니다. 그것이 바로 '사랑스럽게 만들어서 사랑하는' 그리스도의 사랑을 본받는 것입니다.

그런데 문제가 있습니다. 남편에게도 점과 흠이 많다는 것입니다. 남편도 거룩한 모습으로 살지 못하고 있다는 것입니다. 그래서 아내의 부족한 모습을 보면 그것을 덮어주고 채워주어서 완전한 상태가 되도록 도와주어야 하는데, 오히려 짜증을 내고 화를 내고 비난하고 책망합니다. 그것은 남편에게도 똑같은 부족함이 있다는 뜻입니다. 그런 남편이 어떻게 주님이 교회를 사랑하시듯이 아내를 사랑할 수 있을까요?

자신의 힘이나 노력으로 하려고 하면 절대로 불가능합니다. 그러나 "내가 그리스도와 함께 십자가에 못 박혔나니 그런즉 이제는 내가 사는 것이 아니요 오직 내 안에 그리스도께서 사시는 것이라"(갈 2:22)는 바울의 고백처럼, 나는 죽고 내 안에 그리스도께서 살아계신다면 얼마든지 가능합니다. 옛사람은 죽어버리고 새 사람으로 옷을 갈아입을 때만 이와 같은 새로운 관계를 만들어갈 수 있는 것입니다.

따라서 그리스도인 남편이 진정으로 아내를 사랑하기 원한다면, 먼저 그리스도께서 교회를 위하여 자신을 주심같이 자기 자신을 죽이는 일부터 시작해야 합니다. 자기 생각과 감정과 경험을 모두 내려놓아야 합니다. 그리고 주님께 온전히 맡기고 오직 주님의 말씀을 붙들어야 합니다. 말씀의 권위를 가져야 합니다.

그럴 때 우리 주님처럼 아내를 사랑스럽게 만들어서 사랑하게 되고, 점도 흠도 없는 상태가 되도록 도울 수 있게 되고, 마침내 나무랄 데가 없는 거룩하고 아름다운 모습으로 세워갈 수 있게 되는 것입니다.

□ 은혜 나누기

만일 가족들의 모습이나 행동에서 어떤 흠을 발견했다면 나는 어떻게 해야 할까요? 함께 나누어봅시다.

□ 공동 기도

하나님 아버지, 주님의 사랑은 우리에게서 최고의 것을 끌어내고 있다는 사실을 알게 되었습니다. 지금 우리는 부족하지만 주 안에서 살아갈 때 가장 아름답고 사랑스러운 모습으로 변하게 될 것을 믿습니다. 우리 가족이 서로를 격려하며 그렇게 세워갈 수 있게 해주세요. 예수님의 이름으로 기도합니다. 아멘.

# 아내 사랑이 곧 자기 사랑입니다!

▫ 주님의 기도 주님이 가르쳐주신 기도로 가정예배를 시작합니다.

▫ 찬송 부르기 303장(날 위하여 십자가의)

▫ 성경 읽기 에베소서 5:28

※ 개역개정판

이와 같이 남편들도 자기 아내 사랑하기를 자기 자신과 같이 할지니 자기 아내를 사랑하는 자는 자기를 사랑하는 것이라.

※ 메시지성경

남편은 아내를 그런 식으로 사랑해야 합니다. 그런 남편은 자기 자신에게 특별한 사랑을 베푸는 것이나 다름없습니다. 두 사람은 결혼하여 이미 "하나"이기 때문입니다.

▫ 말씀 나누기

바울은 남편들에게 "아내를 사랑하라"고 권면했습니다. 그러나 그 사랑은 남편이 마음 내키는 대로 하는 그런 사랑이 아닙니다. 남편의 아내 사랑은 반드시 '그리스도께서 교회를 사랑하심같이' 해야 합니다. 다시 말해서 그리스도께서 보여주신 사랑의 본을 따라서 아내를 사랑해야 한다는 것입니다.

한동안 그 구체적인 내용과 의미를 묵상해 오면서, 바울이 이야기하는 그대로 아내를 사랑한다는 것은 우리에게 거의 불가능한 일이라는 사실을 알게 되었습니다. 바울은 왜 남편의 아내 사랑을 이처럼 어렵게 해석하고 있는 것일까요? 당시의 가부장 사회제도 속에서 그냥 가만히 있기만 해도 아내는 남편에게 절대복종하게 되어있는데, 왜 남편의 아내 사랑을 언급함으로써 괜히 긁어 부스럼을 만들고 있는 것일까요?

### 주님에게 배운 사랑

왜냐면 그것은 사실 바울이 스스로 생각해낸 독창적인 아이디어가 아니라, 주님께 배운 것이기 때문입니다. 그 이야기가 요한복음 13장에 나옵니다. 주님은 제자들에게 '새 계명'을 주시겠다고 하면서 "서로 사랑하라"고 말씀하셨지요. 그런데 '사랑의 계명'은 그다지 새로운 것이 아니었습니다. 구약 성경 곳곳에서 흔하게 찾아볼 수 있기 때문입니다. 그런데도 주님은 "서로 사랑하라"는 계명을 '새 계명'(a new commandment)이라고 소개하고 있습니다. 그 이유가 무엇일까요?

요한복음 13장 본문을 함께 읽으면서 그 답을 찾아보겠습니다.

> "새 계명을 너희에게 주노니 서로 사랑하라. 내가 너희를 사랑한 것 같이 너희도 서로 사랑하라"(요 13:34).

"서로 사랑하라"는 주님의 말씀이 새로운 계명이 되는 것은 바로 '내가 너희를 사랑한 것 같이'라는 설명 때문입니다. "서로 사랑하라"는 말씀은 그냥 서로 사이좋게 지내라는 정도의 의미가 아닙니다. 주님께서 십자가에서 보여주신 희생적인 사랑의 방식을 따르라는 초대의 말씀입니다. 요한복음 15장에서 주님은 가장 '큰 사랑'에 대해서 이렇게 말씀하셨습니다.

> "¹²내 계명은 곧 내가 너희를 사랑한 것 같이 너희도 서로 사랑하라 하는 이것이니라. ¹³사람이 친구를 위하여 자기 목숨을 버리면 이보다 더 큰 사랑이 없

나니 <sup>14</sup>**너희가 내가 명하는 대로 행하면 곧 나의 친구라**"(요 15:12-14).

이것은 주님께서 '친구를 위하여' 즉 '제자들을 위하여' 십자가에서 자기 목숨을 버리실 것을 예고하신 말씀입니다. 그것이 바로 주님께서 말씀하시는 사랑입니다. 이와 같은 사랑은 구약 성경에서는 찾아볼 수 없는 것입니다. 그렇기에 '새 계명'입니다. 바울은 이와 같은 주님의 가르침에 따라서 남편의 아내 사랑을 '그리스도께서 교회를 사랑하심'으로 설명하고 있는 것입니다.

지금까지 우리가 살펴본 대로 '그리스도께서 교회를 사랑하심'이라는 말씀 속에는 '교회를 위하여 자신을 내어주시는 희생'과 '교회를 말씀으로 씻어 거룩하게 하심'과 더불어 '교회를 점도 흠도 없게 만들어서 사랑하심'의 내용이 담겨있습니다. 계속해서 바울은 남편의 아내 사랑은 곧 자기를 사랑하는 것이라고 설명합니다.

### 자기 몸같이 사랑하라

바울은 오늘 본문에서 이렇게 말합니다.

"**이와 같이 남편들도 자기 아내 사랑하기를 자기 자신과 같이 할지니 자기 아내를 사랑하는 자는 자기를 사랑하는 것이라**"(엡 5:28).

여기에서 '자기 자신과 같이'는 '자기 몸과 같이'(as their own bodies)라는 뜻입니다. 두 사람이 '남남'으로 살다가 결혼하여 남편과 아내가 되는 순간 더는 '남남'이 아닙니다. 그들은 '한 몸'이 되는 것입니다.

크리스천 결혼 상징(the Christian marriage symbol)을 보면 두 개의 원이 안으로 묶여 있고, 그 가운데에 그리스도를 상징하는 문양(Xp)이 연결고리 역할을 하고 있습니다. 무슨 뜻입니까? 남편과 아내는 여전히 두 인격이지만 결혼을 통해서 그리스도 안에서 한 몸이 되었다는 뜻입니다. 그러니까 남편이 자기 아내를 사랑하는 것은 자기 자신을 사랑하는 것과 마찬가지인 셈입니다.

메시지 성경은 오늘 본문을 다음과 같이 번역하고 있습니다.

"남편은 아내를 그런 식으로 사랑해야 합니다. 그런 남편은 자기 자신에게 특별한 사랑을 베푸는 것이나 다름없습니다. 두 사람은 결혼하여 이미 '하나'이기 때문입니다"(엡 5:28, 메시지).

앞에서 바울은 남편의 아내 사랑을 여러 가지로 설명했습니다. 사랑은 아내를 위해 자신을 내어주는 것이다, 말씀의 권위를 가지고 아내를 거룩하게 하는 것이다. 사랑스럽기에 사랑하는 것이 아니라 사랑스럽게 만들어 사랑하는 것이다. 점이나 흠이 없는 완벽한 상태가 되도록 모든 노력을 기울이는 것이다. 그리고 나무랄 데가 없는 거룩한 모습을 갖추도록 하는 것이다….

이런 말씀을 들으면 남편들은 속으로 무슨 생각을 하게 될까요? 이 말씀 그대로 순종하여 아내에게 '특별한 사랑'을 베풀다가는 자신이 손해 보기 십상이라고 생각할지도 모릅니다. 만일 그렇다면 그것은 아내를 여전히 '남'으로 여기고 있다는 증거입니다. 두 사람이 결혼하여 정말 '하나'가 되었다면, 아내에게 베푸는 '특별한 사랑'은 결코 과분한 것이거나 손해 보는 어리석은 짓이 아닙니다. 그것은 사실 자기 자신에게 베푸는 것이나 다름없기 때문입니다.

만일 아내와 남편이 서로 복종하지 못하고 갈등과 대립 속에서 서로 조금도 손해 보지 않으려고 하고 있다면, 그것은 '옛사람'이 가지고 있는 죄의 문제를 완전히 청산하지 못한 증거입니다. 아내에게는 '남편을 지배하려는 욕망'이 살아있고, 남편에게는 '아내를 좌지우지하려는 욕망'이 남아 있다는 뜻입니다.

이 모든 죄의 욕망이 그리스도와 함께 십자가에 못 박혀 완전히 죽어버려야 합니다. 그럴 때만 아내는 남편에게 진정으로 복종할 수 있고, 남편은 아내에게 '특별한 사랑'을 아낌없이 베풀면서 살아갈 수 있는 것입니다.

주님께서 우리를 사랑하신 것처럼 우리도 서로 사랑해야 합니다. 그 사랑이 가장 먼저 적용되고 실천되어야 할 사이가 바로 남편과 아내의 관계입니다. "아내 사랑은 곧 자기 사랑입니다." 모든 그리스도인 남편들은 이 말씀을 마음에 꼭 새기고 살아야 할 것입니다.

□ 은혜 나누기

가족들에게 사랑을 베풀고도 손해 보았다는 느낌이 들 때가 있었습니까? 그 이유가 무엇이라고 생각합니까? 함께 나누어봅시다.

□ 공동 기도

하나님 아버지, 사랑을 베풀되 아낌없이 베풀 수 있게 해주세요. 주님이 우리를 사랑하신 것처럼 우리도 서로 사랑하게 해주세요. 우리 가정에서 아버지와 엄마가 먼저 그렇게 서로 사랑하게 해주시고, 우리 가족들이 또한 그렇게 서로 사랑하게 해주세요. 예수님의 이름으로 기도합니다. 아멘.

# 양육하는 사랑, 보호하는 사랑

□ 주님의 기도 주님이 가르쳐주신 기도로 가정예배를 시작합니다.

□ 찬송 부르기 383장(눈을 들어 산을 보니)

□ 성경 읽기 에베소서 5:29-30

※ 개역개정판

²⁹누구든지 언제나 자기 육체를 미워하지 않고 오직 양육하여 보호하기를 그리스도께서 교회에게 함과 같이 하나니 ³⁰우리는 그 몸의 지체임이라.

※ 메시지성경

²⁹⁻³⁰자기 몸을 학대하는 사람이 있을까요? 없습니다. 누구나 자기 몸을 돌보고, 자기 몸의 필요를 채웁니다. 그리스도께서 우리, 곧 교회를 다루시는 방식도 그와 같습니다. 우리는 그분 몸의 지체이기 때문입니다.

□ 말씀 나누기

지금 바울은 남편들의 아내 사랑에 대해서 계속 이야기하고 있습니다. 특히 지난 시간에는 '남편의 아내 사랑이 곧 자기를 사랑하는 것'이라는 말씀을 묵상했습니다. 왜냐면 결혼을 통해서 그들은 한 몸이 되었기 때문입니다. 만일 아내에게 특별한 사랑을 베푸는 것을 무슨 '큰 손해'를 보는 것처럼 생각하는 남편이 있다면, 그것은 아내를 여전히 '남'으로 여기고 있다는 증거라고 했습니다.

하나님은 이스라엘 백성에게 "네 이웃 사랑하기를 네 자신과 같이 사랑하라"(레1 9:18)고 명령하셨습니다. 여기에서의 '이웃'은 이스라엘에 거하는 '거류민' 즉 외국인 체류자를 뜻합니다(레 19:34). 그러니까 이스라엘 땅에 들어와서 힘겹게 살아가는 외국인 노동자들이나 결혼 이주민 여성들을 차별대우하지 말고 '네 자신과 같이' 즉 '이스라엘 동포처럼' 생각하고 똑같이 사랑하라는 말씀입니다. 그것이 다른 나라 백성들과 구별된 하나님 백성의 거룩한 모습입니다.

외국인 거류민에게도 그런 사랑을 베풀어야 하는 게 하나님 백성입니다. 하물며 자기 아내를 자기 자신처럼 사랑하는 것은 두말할 필요도 없이 지극히 마땅한 일입니다. 그런데 그렇게 당연한 말을 이렇게 길게 설명하고 있는 이유가 무엇일까요? 아내를 향한 권면(22-24절)에 비해서 남편을 향한 권면(25-33절)이 훨씬 더 길다는 사실은 무엇을 의미할까요?

그것은 그리스도인 남편들이 실제로는 바울이 말하는 방식으로 아내를 사랑하지 않고 있다는 뜻입니다. 지금까지 바울이 말해온 '새 사람의 새로운 인간관계'를 만들려고 한다면 당시의 가부장 사회제도를 통해서 남편들이 누리고 있는 기득권을 모두 내려놓아야 합니다. 그런데 그것이 말처럼 쉬운 일이 아닙니다. 그래서 '남편의 아내 사랑'에 대해서 이렇게 길게 이야기하고 있는 것입니다.

오늘 본문에서 바울은 아내를 사랑하는 구체적인 내용을 두 가지로 설명합니다.

### 양육하는 사랑

오늘 본문에서 바울은 이렇게 말합니다.

"<sup>29</sup>누구든지 언제나 자기 육체를 미워하지 않고 오직 양육하여 보호하기를 그리스도께서 교회에게 함과 같이 하나니 <sup>30</sup>우리는 그 몸의 지체임이라"(엡

5:29-30).

이 세상에 '자기 육체를 미워하는' 그런 사람이 과연 있을까요? 물론 있습니다. 그것도 생각보다 참 많이 있습니다. 어떻게 그런 사람을 알 수 있을까요? 자기 몸에 해롭다는 사실을 잘 알면서도 매일 폭음을 한다거나 줄담배를 피운다거나 마약에 중독되어 산다거나 하는 사람들이 그 대표적인 예입니다. 심지어는 자해하거나 스스로 목숨을 끊기도 합니다. 모두 자기 육체를 미워하기 때문입니다.

자기를 사랑하지 않으면서 다른 사람을 사랑할 수 없습니다. 여기에서 '자기 사랑'은 다른 사람은 어떻게 되든 오직 자기만을 사랑하는 '자기애'(自己愛)를 의미하지 않습니다. 오히려 하나님의 형상으로 지으심을 받은 자신의 가치를 인정하고 또한 존중하면서, 어떻게든 그것을 아름답게 가꾸기 위해서 애쓰는 마음을 의미합니다. 그런 '자기 사랑'이 없기에 다른 사람을 미워하고 함부로 대하고 심지어 해치기도 하는 것입니다.

진정한 사랑은 '양육'하는 것입니다. NIV 성경은 이것을 '먹이다' (feed)로 표현하고, NASB 성경은 '영양분을 공급하다'(nourish)로 표현합니다. 우리말 '양육'(養育)은 특별히 아이를 잘 보살펴 자라게 하는 것을 의미합니다. 그렇습니다. 진정한 사랑은 좋은 영양분을 가진 음식을 적절하게 먹이는 것으로 증명됩니다.

사랑하는 자녀에게 위생적으로 불결한 음식을 먹이거나, 어렸을 적부터 술 담배를 권장하는 그런 부모가 어디에 있겠습니까? 그런데 실제로는 그런 부모가 참 많이 있습니다. 부모가 담배를 피우는 가정의 자녀는 기관지염이나 폐렴 그리고 폐암에 걸릴 확률이 두 배나 높다고 합니다. 그보다 더 심각한 문제는 부모를 표본으로 삼아 훨씬 쉽게 담배를 접하게 된다는 사실입니다.

물론 바울은 단지 영양가 있는 음식만을 말하고 있는 것은 아닙니다. 여기에는 언어생활이나 건강한 환경이나 가정의 분위기도 포함하고 있습니다. 무엇이 되었든지 사랑은 잘 보살펴서 건강하게 자라게 하는 것이어야 합니다. 남편의 아내 사랑도 마찬가지입니다. 아내도 양육이 필요합니다. 정신적으로나 영적으로나 계속해서 성장할 수 있도록, 필요한 영양분을 공급해 주어야 할 책임이 남편에게 있는 것입니다. 그것이 그리스도께서 그의 몸인 교회를 사랑하시는 방식입니다.

보호하는 사랑

사랑은 '보호'합니다. 그런데 '보호'를 '간섭'이나 '통제'로 오해하는 사람들이 많이 있습니다. 남편이 아내를 보호한다고 하면서 꼼짝하지 못하게 만든다면, 그것은 '보호'가 아닙니다. 이를 NIV 성경은 '돌봄' (care)으로, NASB 성경은 '소중히 여김'(cherish)으로 번역합니다. 그렇습니다. 진정한 보호는 마음을 써서 보살피고, 소중히 여기는 것입니다.

그런데 이 세상에는 "사랑한다"는 이유로 아내를 제 마음대로 간섭하고 통제하려는 남편들이 참 많이 있습니다. 그것은 아내를 '좌지우지하려는 욕망'이지 진정한 의미의 사랑이 아닙니다. 그리스도인 남편들은 주님께서 보여주신 것처럼 마음을 쓰고 소중히 여기면서 아내를 사랑해야 합니다.

'양육'과 '보호'는 동전의 양면과 같아서 서로 떨어질 수 없습니다. '양육'은 '보호'가 '통제'로 변질하지 않도록 합니다. '보호'는 '양육'의 가치와 필요성을 계속해서 일깨워줍니다. 남편의 아내 사랑은 생산적이어야 합니다. 아내가 정신적으로나 영적으로 계속해서 성장할 수 있도록 남편은 관심을 가지고 돌보며 소중히 여기며 그 필요를 채워주어야 합니다.

만일 아내를 미워하거나 학대한다면, 그것은 자기 몸을 미워하고 학대하는 것입니다. 자기 몸을 학대하면서 건강하고 행복하게 살 것을 기대할 수는 없습니다. 아내를 사랑하는 것은 곧 자기 자신을 사랑하는 것입니다. 남편을 귀한 존재로 인정하고 복종하는 것도 역시 자기 자신을 사랑하는 것입니다. 자신을 사랑하는 것을 손해라고 생각하면 안 됩니다. 만일 손해 보는 느낌이 든다면 그것은 아직도 상대방을 나와 '한 몸'으로 생각하지 않고 '남'으로 생각하고 있다는 증거입니다.

우리 가정에서는 '양육하는 사랑'과 '보호하는 사랑'이 잘 적용되고 또한 잘 실천될 수 있기를 소망합니다. 그리하여 '생수의 강이 흐르는 가정'으로 회복되어 풍성한 열매를 맺으며 살아가기를 간절히 소망합니다.

▫ 은혜 나누기
'보호'와 '통제'의 차이가 무엇이라고 생각합니까? 함께 나누어봅시다.

▫ 공동 기도
하나님 아버지, 우리 가정을 향한 그리스도의 사랑을 더욱 깊이 알아가게 하시고, 서로를 더욱 사랑하며 살게 해주세요. 우리 가정에서는 양육하는 사랑과 보호하는 사랑이 더욱 풍성해지도록 도와주세요. 예수님의 이름으로 기도합니다. 아멘.

## 9월 1주

# 우리는 그 몸의 지체입니다!

▫ 주님의 기도 주님이 가르쳐주신 기도로 가정예배를 시작합니다.

▫ 찬송 부르기 559장(사철에 봄바람 불어 잇고)

▫ 성경 읽기 에베소서 5:29-30

※ 개역개정판

²⁹누구든지 언제나 자기 육체를 미워하지 않고 오직 양육하여 보호하기를 그리스도께서 교회에게 함과 같이 하나니 ³⁰우리는 그 몸의 지체임이라.

※ 메시지성경

²⁹⁻³⁰자기 몸을 학대하는 사람이 있을까요? 없습니다. 누구나 자기 몸을 돌보고, 자기 몸의 필요를 채웁니다. 그리스도께서 우리, 곧 교회를 다루시는 방식도 그와 같습니다. 우리는 그분 몸의 지체이기 때문입니다.

▫ 말씀 나누기

같은 말이라고 해서 모두 같은 의미를 담고 있는 것은 아닙니다. '사랑'이라는 말에 대한 이해도 사람에 따라서 천차만별입니다. 만일 바울이 남편들에게 그냥 단순하게 "아내를 사랑하라!"고 말했다면, 모두 저마다 나름대로의 방식으로 '사랑'할 것입니다.

그러나 바울이 말하는 '남편의 아내 사랑'에는 분명한 기준이 있습니다. 그것은 그리스도께서 교회를 사랑하심과 같아야 한다는 것입니다. 이 기준으로 인해 '남편의 아내 사랑'은 사람들이 생각하던 것과 완전히 다른 내용을 담게 되었습니다.

지난 시간에 묵상한 말씀처럼, 남편은 '자기 자신과 같이' 아내를 사랑해야 하는데, 그 사랑은 '양육'과 '보호'라는 구체적인 내용을 담고 있어야 한다고 했습니다. 아내가 정신적으로나 영적으로 계속 성장할 수 있도록 필요한 영양분을 공급해 주는 것이 '양육하는 사랑'이요, 남편들이 마음을 써서 자기 아내를 보살피고 소중히 여기는 것이 '보호하는 사랑'입니다.

바울이 남편들에게 이렇게 요구할 수 있는 근거는 그리스도께서 교회를 그렇게 사랑하셨기 때문입니다.

### 그의 살, 그의 뼈

오늘 본문에서 바울은 이렇게 말합니다. "오직 양육하여 보호하기를 그리스도께서 교회에게 함과 같이 하나니 우리는 그 몸의 지체임이라." 그리스도인 남편들이 아내를 미워하거나 학대하거나 부려먹지 않고 오직 양육하여 보호해야 하는 이유는, 그리스도께서 교회에게 그렇게 하시기 때문입니다.

그리스도께서 왜 교회를 양육하여 보호하시는 것일까요? 그 이유는 분명합니다. 교회는 '그 몸의 지체'이기 때문입니다. NIV 성경은 이 부분을 "우리는 그의 몸을 구성하고 있는 멤버이기 때문이다"(for we are members of his body)라고 번역합니다.

그런데 헬라어 원문을 읽어보면 우리말 성경이나 NIV 성경에 번역되지 않는 말씀이 있다는 사실을 알게 됩니다. 아마도 그 부분을 문맥상 필요하지 않은 사족(蛇足)처럼 생각하여 생략한 것이 아닐까 싶습니다. 그렇지만 성경에 불필요한 말씀은 하나도 없습니다. 사실은 그 부분을 생략해 버렸기 때문에, 창세기에 기록된 '아담과 하와의 관계'가 '그리스도의 교회 사랑'을 계시하고 있다는 바울의 의도를 충분히 설명하지 못하게 되었습니다.

헬라어 원문에 가장 가까운 번역은 KJV 성경입니다. "우리는 그의 몸을 구성하고 있는 멤버이기 때문이다"라는 말 뒤에 '그의 몸'(his body)을 보충 설명하고 있는 "그의 살의, 그의 뼈의"(of his flesh, and of his bones)라는 말이 덧붙여져 있습니다. 바로 이 부분을 우리말 성경이나 NIV 성경에서 생략하고 있는 것입니다.

그런데 이 말이 왜 그렇게 중요할까요? 이 말은 창세기 2장에서 아담이 하와를 처음 만나던 때에 고백한 내용이기 때문입니다.

"아담이 이르되 이는 내 뼈 중의 뼈요 살 중의 살이라. 이것을 남자에게서 취하였은즉 여자라 부르리라 하니라"(창 2:23).

비록 완전한 형태는 아니지만, 바울은 오늘 본문에서 바로 이 부분을 직접 인용하려고 했던 것입니다. 그런데 "뼈 중의 뼈요 살 중의 살이라!"는 말이 무슨 뜻일까요? 이것은 일종의 감탄사로서, 다른 말로 바꾸어 말하면 "너는 나의 분신(分身)이구나!"가 됩니다. 하나님이 하와를 만드실 때 아담을 깊이 잠들게 하신 후에, 그 갈빗대 하나를 취하고 살로 대신 채우셨지요(창 2:21). 그러니까 하와는 아담의 뼈와 살로 만들어진 아담과 동등한 또 다른 하나의 인격체인 것입니다.

어떤 분들은 남자가 먼저 창조되었고 여자는 그 후에 아담의 갈빗대로 만들어졌다는 이유로, 남자와 여자는 본래부터 불평등한 관계였다고 주장하기도 합니다. 그러나 그런 식으로 따진다면, 인간은 동물보다 못한 존재가 되고 맙니다. 첫 창조 이야기에서 인간은 가장 마지막에 창조되었기 때문입니다. 그리고 창조의 재료로 따진다면, 여성이 남성보다 훨씬 더 좋은 재료로 만들어졌습니다. 남성은 흙으로 창조되었지만, 여성은 뼈로 만들어졌으니 말입니다.

무슨 말씀입니까? 성경은 "여자가 남자보다 열등하게 만들어졌다"는 식의 해석을 절대로 용납하지 않습니다. 오히려 남자와 여자는 동등한 가치를 가진 인격체로 서로의 분신이 되어 사랑하는 '돕는 배필'로 창조되었을 뿐입니다. 그것이 "내 뼈 중의 뼈요, 내 살 중의 살이라!"는 아담의 감탄사에 담겨있는 의미입니다.

### 그리스도의 신부

그런데 바울의 뛰어난 점은, 이것을 남편과 아내의 일반적인 관계에 직접 적용하지 않고, 그리스도와 교회의 관계에 대한 특별한 계시로 설명하고 있다는 것입니다. 만일 바울이 없었더라면, 그리스도를 통해서 교회를 세우시고 인류를 구원하시려는 하나님의 섭리가 창세기의 창조 이야기 속에 이미 담겨 있었다는 사실을 사람들은 미처 깨닫지 못했을 것입니다. 그래서 바울은 32절에서 이를 '비밀'(mystery) 즉 '신비'라고 표현하고 있는 것입니다.

바울의 설명은 이렇습니다. 하나님께서 아담을 깊이 잠들게 하시고 그의 옆구리에서 갈빗대를 취하여 아담의 신부인 하와를 만드신 것은, 그리스도께서 십자가에 죽으셨을 때 창에 옆구리를 찔리셨고 그 상처를 통하여 그리스도의 신부인 교회를 만드실 것을 계시하신 사건입니다. 여기에서 우리는 그리스도께서 그 몸의 지체인 교회를 그토록 사랑하는 진정한 이유를 알게 됩니다. 그리스도에게 교회는 '뼈 중의 뼈요, 살 중의 살'과 같은 신부이기 때문입니다.

그런데 왜 바울은 아담과 하와의 관계를 직접 남편과 아내의 관계로 적용하지 않고, 먼저 그리스도와 교회의 관계로 풀어서 설명하려고 애쓰는 것일까요? 왜냐면 첫 번째 아담은 죄의 시험에 실패했기 때문입니다. 그래서 하나님께서 본래 목적하신 대로 아내 하와를 온전히 사랑하지 못했습니다. 선악과를 따먹게 된 책임을 하와에게 돌리는 아담의 비겁한 태도에서 우리는 그 사실을 알 수 있습니다(창 3:12).

그러나 두 번째 아담인 예수 그리스도는 시험을 이기시고 죄와 사망의 권세를 이기셨습니다. 그리하여 그리스도 안에서 모든 사람이 삶을 얻게 되었습니다(고전 15:22). 그렇기에 남편은 그리스도께서 교회를 대하시는 방식에 따라서 아내를 사랑해야 합니다. 여기에서 우리는 바울이 지금까지 계속해서 남편의 아내 사랑을 그리스도의 교회 사랑으로 풀어가려고 했던 이유를 확실히 알게 됩니다.

진정한 사랑은 하나님으로부터 시작됩니다. "그가 우리를 위하여 목숨을 버리셨으니 우리가 이로써 사랑을 알고 우리도 형제들을 위하여 목숨을 버리는 것이 마땅하니라"(요일 3:16). 그렇습니다. 우리를 향한 그리스도의 사랑을 더 깊이 알면 알수록 우리도 또한 주님처럼 진정한 사랑을 할 수 있게 되는 것입니다.


▢ 은혜 나누기

오늘 말씀을 통해 배운 내용으로 다음 문장의 빈칸을 채워보세요. "남편의 아내 사랑은 ○○○○의 교회 사랑과 같아야 한다."

▢ 공동 기도

하나님 아버지, 오늘 말씀 묵상을 통해 그리스도께서 왜 그토록 교회를 사랑하시는지 그 이유를 알게 해주시니 감사합니다. 그 놀라운 신비가 창조 이야기에 이미 담겨 있었습니다! 상대방을 나와 동등한 가치를 가진 존재로 인정하게 하시고, 그 위에서 아름다운 관계와 가정을 만들어갈 수 있게 해주세요. 예수님의 이름으로 기도합니다. 아멘.

**9월 2주**

# 부모를 떠나 아내와 합하십시오!

□ 주님의 기도 주님이 가르쳐주신 기도로 가정예배를 시작합니다.

□ 찬송 부르기 605장(오늘 모여 찬송함은)

□ 성경 읽기 에베소서 5:30-32

※ 개역개정판

³⁰우리는 그 몸의 지체임이라. ³¹그러므로 사람이 부모를 떠나 그의 아내와 합하여 그 둘이 한 육체가 될지니 ³²이 비밀이 크도다 나는 그리스도와 교회에 대하여 말하노라.

※ 메시지성경

³⁰⁻³²우리는 그분 몸의 지체이기 때문입니다. 이런 이유로, 남자는 부모를 떠나 아내를 소중히 여겨야 합니다. 그들은 더 이상 둘이 아닙니다. 그들은 "한 몸"이 됩니다. 이것은 참으로 큰 신비가 아닐 수 없습니다. 나는 그 신비를 다 이해한다고 감히 말하지 않습니다. 내가 가장 분명하게 아는 것은, 그리스도께서 교회를 대하시는 방식입니다. 이것은 남편이 아내를 어떻게 대해야 하는지를 보여주는 생생한 그림입니다.


□ 말씀 나누기

지난 시간에 우리는 우리말 성경 에베소서 본문 30절에 생략된 '살 중의 살이요 뼈 중의 뼈'라는 말씀의 의미를 생각해 보았습니다. 이것은 자신의 갈빗대로 창조된 하와를 처음 보면서 아담이 감탄하며 말한 것인데, 바울은 이를 그리스도께서 그의 신부인 교회를 향하여 품고 계시는 마음으로 해석하고 있다고 했습니다.

### 부모를 떠나는 결혼

계속해서 바울은 이렇게 말합니다. "그러므로 사람이 부모를 그의 아내와 합하여 그 둘이 한 육체가 될지니…"(31절). '그러므로'라는 접속사는 앞의 문장과 뒤의 문장을 연결해주는 역할을 합니다. 앞에서 "우리는 그 몸의 지체라"고 했습니다. 만일 이 말씀이 전부라면, 그다음 말씀과의 연결이 자연스럽지 않습니다. '우리가 그리스도의 몸을 구성하는 멤버라는 사실'과 '남자가 부모를 떠나 아내와 한 육체가 되어야 한다'는 말에는 논리적으로 그 어떤 인과관계가 성립되지 않기 때문입니다.

그러나 앞에서 이미 살펴본 대로, "우리가 그 몸의 지체라"는 말씀 뒤에 '살 중의 살이요, 뼈 중의 뼈'라는 말씀이 생략되어 있었지요. 그 말씀은 창세기 2장 23절에서 인용된 것입니다. 그리고 "사람이 부모를 떠나 그의 아내와 합한다"는 말씀은 바로 그 다음 절인 창세기 2장 24절에서 인용된 말씀입니다. 그렇게 본다면 두 말씀 사이의 연결이 한결 자연스러워집니다. 직접 확인해보겠습니다.

"²³아담이 이르되 이는 내 뼈 중의 뼈요 살 중의 살이라. 이것을 남자에게서 취하였은즉 여자라 부르리라 하니라. ²⁴이러므로 남자가 부모를 떠나 그의 아내와 합하여 둘이 한 몸을 이룰지로다"(창 2:23-24).

"내 뼈 중의 뼈요 살 중의 살이라!"는 말은 "너는 나의 분신이구나!"라는 뜻의 감탄사라고 했습니다. 실제로 아담의 옆구리에서 갈빗대를 취하여 만들어졌기 때문에, 하와는 그 본질상 아담과 동등한 가치를 가진 인격체입니다. 만일 머리뼈로 만들었다면 아마도 남자들 머리

꼭대기에 앉으려고 할 것입니다. 그런데 천만다행으로 갈빗대로 만들어진 것이지요. 아무튼, 바로 여기에서부터 하나님이 만들어 놓으신 '결혼'이 시작됩니다. '남자가 부모를 떠나 그의 아내와 합하여 둘이 한 몸을 이루는 것'이 바로 결혼입니다.

그런데 이 말씀을 자세히 들여다보면 일반적으로 사람들이 생각하는 결혼의 관습과는 큰 차이가 있다는 사실을 발견합니다. "남자가 부모를 떠나야 한다"는 말씀이 바로 그것입니다. 우리는 여자가 결혼하는 것을 '시집간다'고 하거나 '시집온다'고 표현합니다. 여기에서 '시집'은 '시댁'(媤宅) 또는 '시가'(媤家)를 뜻합니다. 그러니까 여자에게 결혼이란 시부모를 중심으로 한 남편의 집안으로 들어간다는 뜻이 됩니다.

남자가 '장가간다'는 것도 그와 비슷합니다. '장가'(丈家)는 '처가'(妻家)를 뜻하지요. 우리나라의 결혼 풍습은 조선 초기까지만 해도 본래 일단 결혼을 하면 아이가 장성할 때까지 아내의 집에 들어가서 사는 처가살이를 했다고 합니다. 그러니까 '장가간다'는 말은 "결혼해서 처갓집에 들어가 산다"는 것을 의미합니다.

그렇다면 창세기 본문에서 "남자가 부모를 떠나야 한다"는 말씀은 처가살이를 위해서 "장가를 가야 한다"는 그런 뜻일까요? 물론 아닙니다. 결혼을 통해서 새로운 가정을 만들려고 한다면, 남자든 여자든 어렸을 적부터 의지하며 살았던 부모와의 결합(bind)에서 떠날 수 있어야 합니다. 그리고 가장 강력한 결합은 남편과 아내의 관계가 되어야 합니다. 그것이 바로 "남자가 부모를 떠나야 한다"는 말씀의 의미입니다.

이것은 사실 모든 인간의 문제이지 남자만의 문제는 아닙니다. '남자'가 부모를 떠나야 진정한 '남편'이 될 수 있듯이, '여자'도 부모를 떠나야 진정한 의미의 '아내'가 될 수 있는 것입니다. 부모의 영향력과 그늘에서 떠나는 것은, 마치 익숙한 '안전지대'(safety zone)를 떠나는 것과 같은 두려운 일입니다. 그러나 '떠남'이 없이 새로운 '합해짐'이 창조되지 않습니다.

많은 남편이 결혼을 생활의 편안함을 위한 것으로 생각하는 함정에 쉽게 빠지는 것도, 사실은 진정한 의미의 '떠남'이 없기 때문입니다. 어렸을 적에는 부모님의 보살핌으로 지냈듯이 이제는 아내의 보살핌으로 편안하게 지내려고 한다면, 그것은 의존하는 대상이 달라졌을 뿐 진정한 의미에서 떠난 것이라 할 수 없습니다. 그것은 아내도 마찬가지입니다.

### 결혼의 실패한 모델

지금까지 바울은 줄곧 남편의 아내 사랑은 그리스도께서 교회를 사랑하심 같이 해야 한다고 말해 왔습니다. 그 사랑은 '자신을 포기하고 주는 것'이요 '상대를 말씀으로 깨끗하고 거룩하게 하는 것'이요 그렇게 함으로써 '티나 주름 잡힌 것이 없게 만드는 것'이라고 했습니다. 또한 '양육하는 사랑'과 '보호하는 사랑'에 대해서도 말했습니다. 이러한 사랑은 아내의 보살핌에 안주하지 않게 합니다. 오히려 아내를 적극적으로 보살피고 성장시키기 위해 헌신하고 희생하는 사랑을 하게 합니다.

인간 최초의 부부였던 아담과 하와는 하나님께서 만들어 놓으신 이와 같은 결혼제도의 의미를 잘 이해하고 실천했을까요? 아닙니다. 그들은 죄의 시험으로 인해 실패하고 말았습니다. 서로에게 '돕는 배필'이 되라고 하나님께서 부부의 인연을 맺게 해주셨지만, 그들은 결국 서로를 지배하려는 욕망의 노예가 되고 말았습니다. 만일 그들이 아내와 남편의 모범적인 관계를 삶으로 보여주었다면, 아마도 바울은 그것에 따라서 살라고 권면했을 것입니다.

오늘날에도 매일같이 수많은 새로운 부부가 만들어집니다. 결혼을 통해 부부의 인연을 맺고 가정을 꾸립니다. 누구나 행복하게 살 것을 기대하며 설레는 마음으로 출발합니다. 그러나 어떻습니까? 많은 경우에 인간 최초의 부부였던 아담과 하와의 전철을 밟습니다. 서로를 지배하려는 욕망을 버리지 못하고 사사건건 다툽니다. 그래서 비록 이혼까지 가지는 않더라도 속으로는 금이 가고 깨진 상태로 지내는 부부가 적지 않습니다. 그리스도인들이라고 해서 크게 다르지 않습니다. 왜 그러는 것일까요?

대부분의 결혼이 단지 '옛사람'끼리의 결합으로 끝나버리기 때문입니다. 죄의 지배를 받으며 살아가는 '옛사람'끼리 결합하는 것은 이미 그 속에 실패의 씨앗을 품고 시작하는 것입니다. 이 세상의 그 누구도 예수 그리스도의 십자가 대속사건을 통하여 '새 사람'이 되지 않고서는 '새로운 인간관계'를 세워나갈 수 없습니다. 그리스도의 교회 사랑을 모델로 하지 않고서는 우리 그리스도인들의 결혼도 역시 실패로 끝날 수밖에 없는 것입니다.

첫 아담의 실패를 반복하지 않으려면 우리는 둘째 아담인 예수 그리스도의 본을 따라서 살아가야 합니다. 교회를 향한 그리스도의 사랑을 더욱 깊이 알아가면 알아갈수록, 서로에 대한 우리의 사랑도 더욱 깊어질 것입니다. 그리하여 우리 가정이 '생수의 강이 흐르는 가정'으로 세워져 갈 것입니다.


□ 은혜 나누기
신앙생활을 하지 않는 사람을 결혼의 상대로 받아들이는 문제에 대해서 어떻게 생각합니까? 자기 생각을 솔직하게 나누어봅시다.

□ 공동 기도

하나님 아버지, 오직 '새 사람'의 결합만이 하나님이 기대하시는 가정을 만들 수 있다는 말씀에 큰 도전을 받습니다. 우리 가정과 우리 자녀들이 만들어갈 가정이 첫 아담의 실패를 반복하지 않게 하시고, 둘째 아담인 그리스도의 본을 따라 서로 사랑하며 살아가게 해주세요. 예수님의 이름으로 기도합니다. 아멘.

# 그리스도와 교회의 비밀

▫ 주님의 기도 주님이 가르쳐주신 기도로 가정예배를 시작합니다.

▫ 찬송 부르기 453장(예수 더 알기 원하네)

▫ 성경 읽기 에베소서 5:31-32

※ 개역개정판

³¹그러므로 사람이 부모를 떠나 그의 아내와 합하여 그 둘이 한 육체가 될지니 ³²이 비밀이 크도다 나는 그리스도와 교회에 대하여 말하노라.

※ 새번역성경

³¹⁻³²이런 이유로, 남자는 부모를 떠나 아내를 소중히 여겨야 합니다. 그들은 더 이상 둘이 아닙니다. 그들은 "한 몸"이 됩니다. 이것은 참으로 큰 신비가 아닐 수 없습니다. 나는 그 신비를 다 이해한다고 감히 말하지 않습니다. 내가 가장 분명하게 아는 것은, 그리스도께서 교회를 대하시는 방식입니다. 이것은 남편이 아내를 어떻게 대해야 하는지를 보여주는 생생한 그림입니다.

▫ 말씀 나누기

바울은 '새 사람'이 만들어가는 '새로운 인간관계'에 대해서 이야기해왔습니다. 예수 그리스도의 대속의 은혜로 구원받은 그리스도인들이 살아가는 새로운 생활방식이 실제적인 관계들 속에서 어떻게 구체적으로 나타나야 하는지를 설명하고 있는 것입니다. 그 첫 관계가 바로 아내와 남편의 부부관계입니다.

바울은 특별히 '남편의 아내 사랑'을 이야기하면서, 태초에 하나님께서 결혼제도를 제정해주시던 대목을 인용하고 있는 것은 지극히 자연스러운 선택입니다. '새 사람'이 만들어가는 '새로운 인간관계'는 사실 하나님께서 태초에 계획하셨던 본래의 관계를 회복하는 것이기 때문입니다.

그러나 바울은 아담과 하와가 경험했던 태초의 관계를 본받아야 한다고 권면하지 않습니다. 오히려 창세기에 기록된 아담과 하와의 관계에는 먼 훗날 그리스도를 통해서 교회를 세우시고 인류를 구원하시려는 하나님의 뜻이 계시되고 있음을 설명하려고 합니다. 우리가 본받아야 할 것은 '아담의 하와 사랑'이 아니라, '그리스도의 교회 사랑'입니다. 왜냐면 첫 아담은 하나님께서 본래 의도하셨던 관계를 세우는 일에 실패했지만, 마지막 아담인 그리스도는 그 사랑을 하나님의 의도대로 온전히 이루셨기 때문입니다.

창세기 2장 말씀 속에서 그리스도와 교회의 관계에 대한 계시가 감추어져 있다는 놀라운 사실을 깨달은 바울은, 그것을 가리켜서 '비밀'이라는 말로 표현합니다. 오늘 우리가 묵상할 말씀의 내용입니다.

### 심오한 신비

먼저 31-32절을 함께 읽겠습니다.

"[31]그러므로 사람이 부모를 떠나 그의 아내와 합하여 그 둘이 한 육체가 될지니 이 비밀이 크도다. [32]나는 그리스도와 교회에 대하여 말하노라"(엡 5:31-32).

지난 시간에는 "부모를 떠나 아내와 합한다"는 것이 결혼생활에 어떤 의미가 있는지를 설명했습니다. 경제적으로든 심리적으로든 부모와의 결합에서 온전히 독립할 수 있을 때만 진정한 의미의 건강한 부부관계가 만들어진다는 의미라고 했습니다.

바울은 오늘 본문에서 남편과 아내가 '한 육체가 되는 것'을 가리켜서 '큰 비밀'이라고 말합니다. 가만히 생각해 보면 이 세상에 수많은 사람 중에 한 남자와 한 여자가 만나서 결혼하여 남편과 아내의 인연을 맺고 부부가 된다는 것은 참으로 신기한 일이 아닐 수 없습니다. 그러나 바울이 '큰 비밀'이라고 말하는 것은 그런 의미에서가 아닙니다.

NIV 성경은 이를 '심오한 신비'(a profound mystery)라고 표현합니다. '비밀'은 헬라어 '무스테리온'(mustérion)을 번역한 것입니다. 여기에서 '미스터리'(mystery)라는 영어 단어가 나왔습니다. 바울이 말하는 '비밀'은 '시크릿'(secret)이 아니라 '미스터리'(mystery)입니다. '시크릿'은 알아낼 수 없도록 은밀히 감추어둔 것을 의미하지만, '미스터리'는 밝히 드러내 보여주어도 감히 이해하지 못하는 것을 의미합니다.

바울이 창세기 2장의 말씀을 그리스도와 교회의 관계로 풀이하기 전까지, 사람들은 그 말씀을 그저 부부관계에 대한 일반적인 교훈 정도로만 이해해왔습니다. 그 속에 장차 그리스도께서 핏값을 치르고 교회를 세우시고 인류를 구원하시는 하나님의 계획이 있으리라고는 상상도 못 했던 것입니다. 하나님께서 그 계획을 의도적으로 비밀스럽게 감추어두셨기 때문이 아닙니다. 인간의 지혜로는 감히 하나님의 뜻의 깊이를 헤아리지 못하여서 우리에게 '신비'가 되었던 것이지요.

그 '신비'를 '그리스도와 교회의 관계'로 풀어낸 사람이 바로 바울이었습니다. 그런 의미에서 바울은 정말 대단한 혜안을 가진 '영의 사람'입니다. 물론 그렇다고 해서 바울이 하나님의 말씀의 모든 '신비'를 완전히 꿰뚫고 있다고 말할 수는 없습니다. 이 세상의 그 누구도 하나님의 뜻을 온전히 헤아릴 수 없기 때문입니다. 그러나 바울의 해석을 통해서 우리는 남편의 아내 사랑이 어떠해야 하는지 그 생생한 그림을 볼 수 있게 되었습니다.

### 교회를 대하는 방식

메시지 성경은 이 부분을 다음과 같이 해석합니다.

"남자는 부모를 떠나 아내를 소중히 여겨야 합니다. 그들은 더 이상 둘이 아닙니다. 그들은 한 몸이 됩니다. 이것은 참으로 큰 신비가 아닐 수 없습니다. 나는 그 신비를 다 이해한다고 감히 말하지 않습니다. 내가 가장 분명하게 아는 것은, 그리스도께서 교회를 대하시는 방식입니다"(엡 5:31-32, 메시지).

하나님의 말씀을 깊이 묵상하면서 그 누구에게서도 듣지 못했던 새로운 의미를 깨닫게 되는 경험을 할 때가 있습니다. 그러나 그렇다고 해서 그 깨달음을 나 자신의 소유로 주장하거나, 마치 성경을 내 손아귀에 쥐고 있는 것처럼 거들먹거릴 수는 없는 일입니다. 왜냐면 그것은 하나님께서 주신 말씀이기 때문입니다. 그 말씀의 의미를 깨닫게 하신 분도 하나님이시기 때문입니다.

메시지 성경은 바울의 겸손한 마음을 "나는 그 신비를 다 이해한다고 감히 말하지 않습니다"라는 말로 잘 표현하고 있습니다. 바울이 분명하게 깨닫게 된 것은 '그리스도께서 교회를 대하시는 방식'(the way Christ treats the church)이라고 말합니다. 지금까지 바울이 설명해 온 것은 바로 '그리스도께서 교회를 대하시는 방식'이었습니다. 그것이 무엇이었습니까?

그리스도께서 교회를 대하시는 방식은 '자신을 포기하고 주시는 희생'이요, '말씀으로 깨끗하고 거룩하게 하심'이요, '점도 흠도 없게 사랑스럽게 만들어 사랑하심'이요, '영적으로 필요한 영양분을 공급하여 양육하심'이요, '마음을 써서 보살피고 소중히 여기는 보호하심'이었습니다.

바울의 결론은 그리스도께서 교회를 그렇게 대하시는 것처럼 남편 또한 아내를 사랑해야 한다는 것입니다. 그것이 태초에 하나님께서 혼인 제도를 만드실 때 본래 품고 계셨던 뜻이라는 것입니다.

이 세상의 모든 남편에게 아내를 사랑하느냐고 묻는다면, 아마도 그렇다고 대답할 것입니다. 그러나 같은 말이라고 해서 모두 같은 뜻은 아닙니다. 만일 이렇게 묻는다면 어떻게 대답할까요? "당신은 아내를 어떻게 대하십니까? 그리스도께서 교회를 대하시는 것처럼, 그렇게 대하십니까?" 아내에게도 같은 질문을 드립니다. "당신은 남편을 지금 어떻게 대하고 있습니까?"

내가 배우자를 대하는 '방식'이, 내가 생각하고 있는 '사랑'의 구체적인 내용입니다. 만일 남편을 돈 벌어오는 기계로 취급하거나, 아내를 밥하고 빨래하는 식모로 취급한다면, 그것은 진정한 의미의 '사랑'이라 말할 수 없습니다. 그리스도께서 교회를 대하시는 방식으로 그렇게 우리가 서로에게 대할 수 있다면, 우리 가정이 바로 천국이 될 것입니다.

□ 은혜 나누기

나는 배우자를 어떤 방식으로 대하고 있습니까? 아니 배우자가 나를 어떤 방식으로 대하고 있다고 느낍니까? 자기 생각을 솔직하게 나누어봅시다.

□ 공동 기도

하나님 아버지, 태초에 결혼제도를 만드실 때부터 그 속에 이 세상을 구원하시려는 하나님의 계획이 포함되어 있었다는 놀라운 사실을 알게 되었습니다. 우리 가정이 하나님의 구원을 이루어가는 신비를 체험하는 곳이 되도록 우리를 도와주세요. 예수님의 이름으로 기도합니다. 아멘.

# 누구든지 먼저 시작하십시오!

□ 주님의 기도 주님이 가르쳐주신 기도로 가정예배를 시작합니다.

□ 찬송 부르기 299장(하나님 사랑은)

□ 성경 읽기 에베소서 5:31-33

※ 개역개정판

[31]그러므로 사람이 부모를 떠나 그의 아내와 합하여 그 둘이 한 육체가 될지니 [32]이 비밀이 크도다 나는 그리스도와 교회에 대하여 말하노라. [33]그러나 너희도 각각 자기의 아내 사랑하기를 자신 같이 하고 아내도 자기 남편을 존경하라.

※ 메시지성경

[31-33]이런 이유로, 남자는 부모를 떠나 아내를 소중히 여겨야 합니다. 그들은 더 이상 둘이 아닙니다. 그들은 "한 몸"이 됩니다. 이것은 참으로 큰 신비가 아닐 수 없습니다. 나는 그 신비를 다 이해한다고 감히 말하지 않습니다. 내가 가장 분명하게 아는 것은, 그리스도께서 교회를 대하시는 방식입니다. 이것은 남편이 아내를 어떻게 대해야 하는지를 보여주는 생생한 그림입니다. 남편은 아내를 사랑함으로 자기를 사랑하는 것입니다. 또한 이것은 아내가 남편을 어떻게 존중해야 하는지를 보여주는 생생한 그림이기도 합니다.

□ 말씀 나누기

지난 3개월 동안 우리는 '새 사람'이 만들어가는 '새로운 인간관계'의 예로서 가장 먼저 '아내와 남편의 관계'를 살펴보았습니다. 지금까지의 묵상을 통해서 우리가 깨닫게 된 몇 가지 진리가 있습니다. 첫째는 예수 그리스도를 믿음으로 '변화된 삶'은 반드시 '변화된 관계'로 검증되어야 한다는 것입니다.

죄를 용서받았다, 구원받았음을 확신한다고 하면서 만일 다른 사람들과의 관계가 달라지지 않았다면, 특별히 가장 가까운 사람들과의 관계에 아무런 변화가 나타나지 않았다면, 그가 말하는 죄의 용서와 구원의 확신에 대해서 우리는 신뢰할 수 없습니다. 관계가 변화되어야 그 사람이 진정으로 변화되었음을 인정할 수 있는 것입니다.

둘째는 그리스도 안에서 아내와 남편이 만들어가는 새로운 관계의 변화는 어느 한쪽에만 일방적으로 요구되는 것이 아니라는 사실입니다. 남편에게는 '아내 사랑'이, 아내에게는 '남편 존경'이 요구됩니다. 오늘 우리가 묵상할 말씀의 내용입니다.

### 아내 사랑, 남편 존경

바울은 이렇게 말합니다.

**"그러나 너희도 각각 자기의 아내 사랑하기를 자신 같이 하고 아내도 자기 남편을 존경하라"**(엡 5:33).

이 말씀은 지금까지 바울이 설명해온 아내와 남편의 새로운 관계에 대한 결론입니다. 여기에서 바울은 자신의 논점을 '남편의 아내 사랑'과 '아내의 남편 존경'이라는 말로 요약하고 있습니다. 남편은 아내를 사랑하되 자기 자신같이 해야 하고, 아내 역시 남편을 진심으로 존경해야 한다는 것입니다.

남편에게는 사랑을, 아내에게는 존경을 요구하는 것을 두고 바울의 남성 중심적인 사고방식을 의심하는 분들은 더는 없으리라 생각합니다. 지금까지 바울이 이야기해온 '사랑'이 그리스도께서 교회를 위해 목숨을 내어주시는 그런 방식의 사랑을 염두에 두고 한 말이라는 사실을 안다면, 그것을 감히 여성에 대한 차별이라고 함부로 말하지 못할 것입니다.

바울이 말하는 새로운 인간관계의 핵심어는 '복종'입니다. 그 '복종'은 아내에게만 일방적으로 요구되는 '굴복'이나 '굴종'이 아닙니다. 바울은 분명히 "그리스도를 경외함으로 피차 복종하라"(21절)고 했습니다. 바울의 관심은 그리스도 안에서 서로 복종하는 관계를 만들어가는 것이지, 아내가 남편에게 꿈쩍도 못 하고 무조건 복종해야 하는 그런 불평등한 관계를 정당화하려는 것이 아닙니다.

지금까지 바울이 설명해온 남편의 아내 사랑은 '자신을 포기하고 내어주는 희생'(25절)이요, '말씀으로 깨끗하고 거룩하게 하는 것'(26절)이요, '점도 흠도 없게 사랑스럽게 만들어 사랑하는 것'(27절)이요, '영적으로 필요한 영양분을 공급하여 양육'하고 '마음을 써서 보살피고 소중히 여기는 보호하는 것'(29절)이었습니다. 그것이 그리스도께서 교회를 사랑하심 같이 아내를 사랑하는 방식이었습니다.

'사랑'에 대한 바울의 생각은 고린도전서 13장에 더 잘 설명되어 있습니다.

"⁴사랑은 오래 참고 사랑은 온유하며 시기하지 아니하며 사랑은 자랑하지 아니하며 교만하지 아니하며 ⁵무례히 행하지 아니하며 자기의 유익을 구하지 아니하며 성내지 아니하며 악한 것을 생각하지 아니하며 ⁶불의를 기뻐하지 아니하며 진리와 함께 기뻐하고 ⁷모든 것을 참으며 모든 것을 믿으며 모든 것을 바라며 모든 것을 견디느니라"(고전 13:4-7).

이와 같은 사랑의 방식은 모두 바울이 그리스도의 사랑을 통해서 깨닫게 된 것들입니다. 오늘 본문에서 바울이 남편에게 요구하는 '아내 사랑'은 바로 이와 같은 의미를 모두 포함하고 있는 것입니다.

이에 비해서 아내에게 요구하는 것은 '남편에 대한 존경'입니다. 여기에서 바울이 말하는 '존경'(respect)은 앞의 22절에서 "자기 남편에게 복종하기를 주께 하듯 하라"고 했을 때의 '복종'과 같은 의미입니다. '복종'은 '상대방을 귀한 존재로 인정하는 태도'라고 했습니다. '복종'(服從)의 한자어 역시 "옷을 입고 예의를 갖추어 따른다."는 의미입니다.

### 서로에게 요구되는 복종

남편의 '아내 사랑'과 아내의 '남편 존경' 중에 어느 것이 더 힘들까요? 물론 둘 다 쉽지 않습니다. 누군가를 존경하여 따른다는 것은 말처럼 쉽지 않습니다. 특히 존경할만한 사람이 아닌데 무조건 존경하라고 한다면, 그것이 아무리 하나님의 말씀이라고 하더라도 순종할수 없습니다. 사랑도 마찬가지입니다. 사랑할만한 사람이 아닌데 사랑스럽게 만들어서 사랑하라고 하는 말씀을 따르기는 정말 힘든 일입니다.

그러나 이것은 '그리스도 안에서' 얼마든지 가능합니다. 다음과 같은 두 가지 이유 때문입니다.

첫째로, 우리는 '옛사람'을 벗어버리고 '새 사람'을 입은 그리스도인이기 때문입니다. 우리의 옛사람은 서로를 통제하고 지배하려는 악한 욕망으로 살았지만, 지금의 우리는 그때와 다릅니다. 우리의 옛사람은 예수 그리스도와 함께 십자가에서 죽었습니다. 그리고 우리 안에 그리스도께서 살아계시기 때문입니다. 우리가 그리스도의 마음을 따라 순종하면 얼마든지 가능합니다.

둘째로, 남편의 '아내 사랑'과 아내의 '남편 존경'은 양쪽 모두에게 요구된 것이기 때문입니다. 만일 어느 한쪽에게만 일방적으로 요구된 것이라면, 그 말씀에 순종하기도 쉽지 않고 또한 그러고 싶지도 않을 것입니다. 그런데 하나님은 우리가 서로를 대하는 방식이 바뀌어야 한다고 말씀하십니다. 남편도 달라져야 하고 아내도 달라져야 합니다.

이 말씀에 동의하지 않는 사람은 없을 겁니다. 그런데 실제로는 달라지지 않는 이유가 무엇일까요? 상대방이 변화될 때까지 기다리기 때문입니다. 그래서 새로운 인간관계가 세워지지 않는 것입니다. 생각을 바꾸어야 합니다. 상대방이 바뀔 때까지 기다리지 말고, 이 말씀을 들은 사람이 먼저 태도를 바꾸어 보는 것입니다. 누구든지 그렇게 먼저 시작하면 결국에는 상대방의 태도도 바뀌게 될 것입니다.

아내와 남편의 부부관계는 다른 모든 인간관계의 출발입니다. 부부관계가 건강해지면 부모-자녀의 관계도, 다른 사람들과의 관계도 건강해질 수 있습니다. 하나님은 우리 그리스도인들의 가정이 '생수의 강이 흐르는 가정'이 되기를 원하십니다. 오늘 이 말씀을 듣고 깨달은 내가 먼저 시작하면 됩니다. 그러면 하나님께서 우리 가정에 놀라운 변화를 일으켜내실 것입니다.


▢ 은혜 나누기
이제부터 남편은 아내를 사랑하기로, 아내는 남편을 존경하기로 마음먹고 그 결심을 상대방에게 직접 표현해봅시다.

▢ 공동 기도
하나님 아버지, 남편과 아내에게 요구되는 복종이 무엇인지 말씀을 통해서 깨우쳐주시니 감사합니다. 상대방이 달라질 때까지 기다리지 않게 하시고, 하나님의 말씀을 먼저 깨달은 내가 그 말씀에 먼저 순종하여 따를 수 있게 해주세요. 그리하여 우리 가정에 생수의 강이 흐르게 해주세요. 예수님의 이름으로 기도합니다. 아멘.

# 새 사람의 가정생활과 사회생활
## (10~12월)

## 10월 1주

 자녀와 부모의 관계

□ 주님의 기도 주님이 가르쳐주신 기도로 가정예배를 시작합니다.

□ 찬송 부르기 559장(사철에 봄바람 불어 잇고)

□ 성경 읽기 디모데후서 3:1-2

※ 개역개정판

¹너는 이것을 알라. 말세에 고통하는 때가 이르러 ²사람들이 자기를 사랑하며 돈을 사랑하며 자랑하며 교만하며 비방하며 부모를 거역하며 감사하지 아니하며 거룩하지 아니하며….

※ 메시지성경

¹⁻²순진하게 속아 넘어가지 마십시오. 힘든 시기가 다가오고 있습니다. 마지막 때가 다가오면, 사람들이 자기만 알고, 돈을 사랑하고, 으스대고 거만하며, 하나님을 모독하고, 부모를 무시하고, 버릇없이 굴고, 상스럽게 행동하고….

□ 말씀 나누기

그리스도 안에서 거듭난 '새 사람'은 '새로운 인간관계'를 만들어가게 되어있습니다. 말로는 "구원받았다"고 하면서 다른 사람들과의 관계에서 아무런 변화가 나타나지 않는다면, 그 구원이 무슨 의미가 있겠습니까. 구원받은 사람들의 변화는 '가정'에서부터 나타나야 합니다.

그중에서도 '부부관계'가 바로 세워져야 합니다. 그래서 바울은 새로운 인간관계를 '복종'이라는 키워드로 풀이하면서, 가장 먼저 '아내와 남편의 관계'(엡 5:22-33)에 대해서 설명했습니다. 지난 3개월 동안 우리가 묵상해 온 내용입니다. 오늘부터 '자녀와 부모의 관계'(엡 6:1-3)에 대한 바울의 권면을 살펴보겠습니다.

### 부모-자녀의 관계

가정에서 '부부관계'보다 '부모-자녀 관계'를 풀어가는 것이 어쩌면 더 힘든 일인지도 모릅니다. 대다수 가정이 자녀와의 문제로 인해서 크고 작은 어려움을 겪고 있습니다. 자녀와 대화하는 일조차 쉽지 않아 고민하는 부모가 생각보다 많이 있습니다. 우리가 하나님의 말씀에 귀를 기울여야 하는 이유입니다. 자녀와 부모 사이에 왜 문제가 생기는지, 또한 그 문제를 어떻게 풀어야 하는지 하나님이 주시는 통찰력을 얻게 될 것입니다.

'부부관계'와 '부모-자녀 관계'에 대한 바울의 설명을 비교하면, 전자에 대한 말씀이 후자에 대한 말씀에 비해서 훨씬 더 많다는 사실을 알 수 있습니다. 그것은 아마도 '아내와 남편의 관계'가 모든 인간관계의 출발이기 때문에 바울이 그만큼 더 공을 들여 자세하게 설명하고 있는 것이 아닐까 싶습니다.

그러나 그렇다고 해서 '자녀와 부모의 관계'가 덜 중요하다는 뜻은 아닙니다. 부부관계에 자녀가 더해질 때 비로소 가정이 완성되기 때문입니다. 한 남자와 한 여자가 만나서 '남편과 아내의 관계'를 이루는 것을 우리는 '결혼'이라고 합니다. 그러나 '결혼'이 곧 '가정'을 의미하지는 않습니다. 그 둘 사이에 자녀가 생길 때에 비로소 진정한 의미의 한 '가정'이 이루어지는 것입니다. 한 사회를 지탱하는 것은 '부부'가 아니라 바로 '가정'입니다.

우리나라의 출산율이 점점 감소하고 있습니다. 물론 아이를 가지고 싶어도 갖지 못하는 부부도 많이 있습니다. 그러나 결혼할 때부터 아예 아이를 낳지 않기로 작정한 부부를 어렵지 않게 찾아볼 수 있습니다. 이러다가는 얼마 지나지 않아서 대한민국이라는 나라가 아예 지구상에서 없어지는 날이 오게 될지도 모른다는 걱정이 현실이 될지도 모릅니다.

그런데 왜 아이를 낳지 않으려고 하는 것일까요? 가장 큰 이유는 경제적인 문제입니다. 특히 사교육비의 지출이 눈덩이처럼 불어나 감당할 수 없을 정도가 되고 있습니다. 하나만 낳아서 기르기에도 돈과 수고와 노력이 너무 많이 든다는 것입니다. 그렇게 자녀 뒷바라지하는 일에 모든 에너지를 쏟다가는 자신들의 노후(老後)가 걱정된다는 것입니다.

그런데 사실은 이런 경제적인 문제보다 더 심각한 이슈가 있습니다. 그것은 '자녀와 부모의 관계'에 대한 문제입니다. 예전과 비교해서 '부모 노릇'하기가 점점 더 힘들어진 현실과 무관하지 않습니다. 과거에는 자녀들이 부모의 권위에 고분고분 순종했습니다. 그때는 아무리 자녀가 많아도 그렇게 큰 문제가 되지 않았습니다. 그저 먹는 문제만 해결되면 오히려 다복한 가정을 이룰 수 있었습니다.

그러나 이제는 상황이 많이 달라졌습니다. 자녀들이 부모의 권위를 인정하지 않는 세대가 되었습니다. 특별히 질풍노도의 시기를 겪고 있는 사춘기 아이가 집안에 하나라도 있으면 그 가정의 분위기는 마치 살얼음판을 걷는 것과 같이 아슬아슬합니다. 예전에는 보통 가장(家長)의 기분에 따라 가정의 분위기가 좌우되곤 했는데, 이제는 자녀가 그 역할을 합니다. 그런 식으로 부모에게 거역하는 자녀로 인해서 고통당하는 이야기를 들으면 '아이를 낳아 가정을 꾸리는 것'이 점점 두려워집니다.

## 마지막 때

그런데 이것은 사실 새삼스러운 일이 아닙니다. 성경에 이미 예고되어 있기 때문입니다. 바울은 디모데후서 3장에서 장차 이러한 일들이 벌어지게 될 것을 예고하며 다음과 같이 말했습니다.

"¹너는 이것을 알라. 말세에 고통하는 때가 이르러 ²사람들이 자기를 사랑하며 돈을 사랑하며 자랑하며 교만하며 비방하며 부모를 거역하며 감사하지 아니하며 거룩하지 아니하며…"(딤후 3:1-2).

바울은 마지막 때에 나타날 여러 가지 특징적인 현상들을 열거합니다. 그중의 하나가 바로 '부모를 거역하는 것'입니다. 여기에서 '거역하는'이라는 말은 '불순종하는' 또는 '반항적인'(disobedient)이라는 뜻입니다. 메시지 성경은 '부모를 무시하는'(contemptuous)이라고 풀이합니다. '감사하지 않는'(ungrateful)도 사실은 같은 뜻입니다.

한번 생각해 보십시오. 자기를 낳아서 길러 준 부모를 거역하고 감사하지 않는데 다른 사람들에 대해서는 어떻게 하겠습니까? 더 말할 필요도 없습니다. 바울에 의하면 그런 자녀로 인해 고통받는 때가 바로 '말세'(末世)입니다. 지금 그 마지막 때에 우리가 살고 있는 것입니다.

자, 그렇다면 어떻게 해야 할까요? 이제 '말세에 고통받는 때'가 이르렀으니, 우리는 그저 그 고통을 감수하면서 살아야 할까요? 아니면 자녀를 낳아보아야 부모를 거역하고 감사하지 않을 것이 분명하니, 아예 부부끼리만 오붓하게 잘 사는 것이 지혜로운 선택일까요?

하나님을 알지 못하는 세상 사람들은 혹시 그렇게 생각할 수도 있습니다. 그러나 우리 그리스도인들은 아닙니다. 바울은 디모데에게 이렇게 권면합니다.

"14그러나 너는 배우고 확신한 일에 거하라. 너는 네가 누구에게서 배운 것을 알며 15또 어려서부터 성경을 알았나니 성경은 능히 너로 하여금 그리스도 예수 안에 있는 믿음으로 말미암아 구원에 이르는 지혜가 있게 하느니라"(딤후 3:14-15).

디모데는 어렸을 때부터 외할머니 로이스와 어머니 유니게를 통해서 하나님의 말씀을 배워왔습니다. 그 말씀 위에 계속 '거하라'고 권면합니다. 왜냐면 하나님 말씀에 '구원에 이르는 지혜'가 있기 때문입니다. 이것은 디모데 개인에게 주신 말씀이 아닙니다. 디모데가 바울을 대신하여 목회하고 있던 에베소교회의 모든 부모에게 주신 말씀입니다. 이것은 또한 오늘날 '말세에 고통받는 때'를 사는 우리에게 주신 말씀입니다.

그렇습니다. 부모 된 우리가 먼저 하나님의 말씀을 배우고 확신한 일에 거하는 것이 선행되어야 합니다. 그리고 그 말씀을 자녀들에게 어려서부터 잘 가르쳐야 합니다. 하나님께서 성경을 통해서 말씀하시는 자녀와 부모의 관계에 대해서 제대로 가르쳐야 합니다. 거기에 우리 가정이 구원에 이르는 희망이 있는 것입니다.

바울은 건강하고 바른 '부모-자녀의 관계'를 에베소교회 성도들에게 자세히 풀어서 설명합니다. 우리가 앞으로 한동안 묵상하게 될 에베소서 6장 1-4절에 그 내용이 담겨 있습니다. 이 말씀 묵상을 통해서 우리 모두 '배우고 확신한 일'에 거하게 되기를 소망합니다.

□ 은혜 나누기
우리 가정의 부모-자녀 관계에 대해서 점수를 준다면, 10점 만점에 얼마나 될까요? 그렇게 평가하는 이유는 무엇입니까? 함께 나누어봅시다.

□ 공동 기도

하나님 아버지, 우리 가정에 복을 내려주세요. 부모와 자녀의 관계가 하나님 보시기에 아름다운 모습이 될 수 있도록 은혜를 베풀어주세요. 만일 문제가 있다면 그 문제를 하나님의 말씀으로 잘 풀어갈 수 있도록 지혜를 더해주세요. 예수님의 이름으로 기도합니다. 아멘.

# 자녀 여러분, 부모에게 순종하세요!

▫ 주님의 기도 주님이 가르쳐주신 기도로 가정예배를 시작합니다.

▫ 찬송 부르기 324장(예수 나를 오라 하네)

▫ 성경 읽기 에베소서 6:1

※ 개역개정판

자녀들아 주 안에서 너희 부모에게 순종하라. 이것이 옳으니라.

※ 메시지성경

자녀 여러분, 여러분의 부모가 여러분에게 이르는 대로 하십시오. 이것은 아주 옳은 일입니다.

▫ 말씀 나누기

지난 시간부터 우리는 자녀와 부모의 관계에 대해서 살펴보기 시작했습니다. 바울은 '부부관계'를 다룰 때 아내에게 먼저 권면했듯이, '부모-자녀의 관계'에서도 자녀에게 먼저 권면합니다.

부모에게 순종하라

자녀를 향한 바울의 권면은 "부모에게 순종하라!"는 것입니다. 우리는 흔히 '복종'과 '순종'을 비교하여 설명하기 좋아합니다. '순종'은 기쁜 마음으로 "순순히 따른다"는 뜻이요, '복종'은 억지로 마지못해서 "굴복하여 따른다"는 뜻이라고 하지요. 그러나 에베소서 본문에서 바울은 그런 뜻으로 '복종'과 '순종'을 구분하지 않습니다.

'복종'(服從)을 한자어로 풀이하면 "옷을 입고 따르다"는 뜻입니다. 즉 예의를 갖추어 상대방의 명령이나 의사를 그대로 따른다는 의미라고 했습니다. 그것도 어느 한쪽이 일방적으로 그렇게 하는 것이 아니라, "서로 복종하라"고 바울은 가르쳐왔습니다. 그것이 '새 사람'이 만들어가는 '새로운 인간관계'의 핵심 개념입니다.

아내에게 요구되는 복종은 그냥 '남편에게 복종하는 것'이었지만, 남편에게 요구되는 복종은 바로 '아내 사랑'이었습니다. 마찬가지로 자녀에게 요구되는 복종이 있는데, 그것은 바로 '순종'입니다. 부모님의 권위를 인정하고 존경하는 마음으로 예의를 갖추어 그 말씀에 '순순히 따르는 것'입니다.

우리말로 읽으면 '순종'이 조금 더 부드러운 느낌을 주는 것처럼 보이지만, 헬라어 원어로 읽으면 달라집니다. '복종'(hupotassó)보다 '순종'(hupakouó)이 훨씬 더 강한 느낌의 말입니다. 생각해 보십시오. 부부는 처음부터 '평등'하게 '돕는 배필'로 창조되었습니다. 아내와 남편은 서로를 자신의 의지로 선택할 수 있습니다. 그렇기에 그들은 서로를 귀한 존재로 인정하고 예의를 갖추어 따라야 합니다.

그러나 부모-자녀의 관계는 부부관계와 본질에서 다릅니다. 자녀는 이 세상에 출생하는 순간부터 부모에게 전적으로 의존해야 합니다. 부모에 따라서 자녀의 운명이 달라집니다. 부모는 자녀가 임의로 선택할 수 있는 사항이 아닙니다. 싫든 좋든 자녀가 운명적으로 받아들여야 할 '절대 권위'입니다. 그 권위를 인정하고 순순히 따르는 것이 바로 '순종'인 것입니다.

가정은 순종의 훈련장입니다. 아이들은 어렸을 적부터 가정에서 부모의 권위에 순종하는 법을 배워야 합니다. 그래야 다른 사람, 특히 윗사람의 말이나 의견을 겸손하게 듣고 순종할 수 있게 됩니다. 그리고 더 나아가서 하나님께 온전히 순종할 줄 알게 되는 것입니다. 그렇게 순종하는 훈련을 잘 받은 아이들은 어디에 가든지 누구에게나 사랑을 받습니다. 그리고 그 사랑이 그들을 행복하게 만듭니다.

문제는 자녀에게 순종의 훈련을 시키지 않는 가정들이 많다는 사실입니다. 요즘은 자녀의 기(氣)를 살려준다는 이유로 권위에 순종하는 법을 가르치지 않는 가정들이 점점 늘어나는 추세입니다. 잘못 생각하고 있는 것입니다. 그 아이가 조만간 부모조차도 우습게 여기게 될 것이라는 생각은 왜 하지 못하는 걸까요?

부모의 권위에 순종하는 법을 알지 못하는데, 동네 어르신들에게 인사를 할 줄이나 알겠습니까? 부모의 권위를 우습게 아는 자녀들이, 부모가 그토록 열심히 믿는 하나님을 굳이 믿겠습니까? 부모의 믿음이 자녀의 세대로 이어지지 못하는 경우는 대부분 가정에서 순종을 가르치지 않았기 때문입니다.

물론 부모 자신에게도 문제가 많이 있습니다. 폭력이나 폭언을 사용하여 자녀에게 순종을 가르치려고 하는 부모도 있습니다. 그렇게 윽박지르는 것은 도리어 자녀들을 불순종의 길로 몰아내는 어리석은 짓입니다. 그래서 자녀에게 '순종'이 요구되듯이, 부모에게도 '복종'이 요구되는 것입니다.


주 안에서 순종하라

부모에 대한 자녀의 순종은 먼저 부모가 '바른 권위'를 보여야 한다는 것을 전제합니다. 문제는 모든 부모가 언제나 '바른 권위'의 모습을 보이는 것은 아니라는 사실입니다. 과연 그럴 때도 자녀들은 부모의 권위에 무조건 순종하는 것이 옳은 일일까요?

바울은 "너희 부모에게 무조건 순종하라!"고 하지 않습니다. 오히려 그 앞에 중요한 단서를 하나 붙여놓고 있습니다. 바로 '주 안에서'입니다. "주 안에서 너희 부모에게 순종하라." 만일 '주 안에서'라는 말이 없다면, 자녀는 무조건 부모가 시키는 대로 따라서 해야 합니다. 극단적인 예를 들자면, 부모가 도둑질하라고 하면 훔쳐야 하고, 거짓말하라고 하면 남을 속여야 하고, 심지어 다른 사람을 죽이는 일을 도우라고 하면 또한 그렇게 해야 합니다.

그러나 아무리 부모라고 하더라도, 자녀에게 옳지 않은 일을 요구할 권리는 없습니다. 자녀에게 하나님을 예배하는 일을 금지하거나, 성경을 읽고 그 말씀에 따라서 살아가는 일을 가로막을 수 있는 권리까지 부모에게 주어진 것은 아닙니다. 자녀가 부모 말씀에 순종하는 것이 마땅한 일이지만, 만일 부모가 하나님 아버지의 권위에 순종하지 않고 그 뜻을 거스른다면, 정당하지 못한 부모의 요구까지 순순히 따라야 할 필요는 없는 것입니다. 그것이 바로 "주 안에서 순종하라!"는 말씀의 뜻입니다.

바울은 말합니다. "이것이 옳으니라!" 이 말은 아주 의미심장합니다. 부모의 권위에 순순히 따르되, '주 안에서' 그렇게 하는 것이 '옳은 일'이라는 말씀입니다. 그런데 세상 사람들은 '옳은 일'을 선택하기보다는 '이익이 되는 일'을 선택합니다. 그것이 정말 옳은지를 묻기보다는 그것이 과연 자신에게 어떤 이익이 되는지를 먼저 계산합니다. 다른 사람들과 관계를 세워나갈 때도 언제나 이런 방식이 적용됩니다. 그것이 진짜 문제입니다.

가정은 '바른 권위'에 순종하는 법을 배우는 곳이어야 합니다. 정말 제대로 된 부모라면 결코 자녀에게 해가 되는 일을 시키지는 않을 것입니다. 그런데 많은 경우에 '좋은 의도'를 가지고 '잘못된 선택'을 하기도 합니다. 부모는 자녀를 사랑합니다. 그 마음으로 이런저런 일을 요구할 수 있습니다. 그러나 때로는 그것이 자녀들을 망치는 잘못된 선택이 될 수도 있다는 사실을 우리는 인정해야 합니다.

그렇다면 바울처럼 "이것이 옳다!"고 자신 있게 말할 수 있는 근거는 과연 무엇일까요? 부모가 자녀에게 '바른 권위'를 보여줄 수 있는 기준은 무엇일까요? 그 대답도 역시 '주 안에서'에 있습니다. 무엇이 옳은지, 무엇이 그른지 그 기준은 하나님이 정하십니다. 아니, 하나님이 정하시도록 해야 합니다. 하나님을 알지 못하는 사람들이 자기 생각에 따라서 자기 나름대로 '옳은 일'을 결정하고 그것을 자녀들에게 요구하기 때문에, 이 세상의 그 모든 악한 일들이 벌어지고 있는 것입니다.

따라서 자녀들은 '주 안에서' 부모에게 순종해야 합니다. 오직 '주 안에서' 부모의 권위에 순순히 따르는 법을 배워야 합니다. 그것이 예수 그리스도로 인해 '새 사람'이 된 그리스도인의 가정에서 새롭게 만들어가는 '자녀와 부모의 관계'입니다.


▢ 은혜 나누기

'권위'는 존중되어야 하지만 '권위주의'는 배격해야 합니다. '권위'와 '권위주의'의 차이에 대해서 아는 대로 이야기해봅시다.

▢ 공동 기도

하나님 아버지, 우리 가정에 생수의 강이 흐르게 해주세요. 부모는 자녀를 사랑으로 양육하고, 자녀는 부모에게 순종하는 가정이 되게 해주세요. 오직 생명의 말씀으로만 부모의 부모다움과 자녀의 자녀다움이 회복될 수 있다는 것을 잘 압니다. 우리 가정에 생수의 강이 흐르게 해주세요. 예수님의 이름으로 기도합니다. 아멘.

# 아버지와 어머니를 공경하세요!

□ 주님의 기도 주님이 가르쳐주신 기도로 가정예배를 시작합니다.

□ 찬송 부르기 275장(날마다 주와 멀어져)

□ 성경 읽기 에베소서 6:2-3

※ 개역개정판

[2]네 아버지와 어머니를 공경하라. 이것은 약속이 있는 첫 계명이니 [3]이로써 네가 잘되고 땅에서 장수하리라.

※ 메시지성경

[2-3]"네 아버지와 어머니를 공경하라"는 계명은 약속이 따르는 첫 계명입니다. 그 약속은 "그러면 네가 잘 살고 장수할 것이다"입니다.

□ 말씀 나누기

지금 우리는 자녀와 부모의 관계에 대해서 살펴보고 있습니다. 바울은 먼저 자녀들이 부모에게 순종해야 한다고 말합니다. 자녀들은 가정에서 부모의 권위에 순순히 따르는 훈련을 잘 받아야 합니다. 물론 여기에는 한 가지 전제조건이 있습니다. 부모가 '바른 권위'를 가지고 있어야 한다는 것입니다. '권위'란 '다른 사람을 통솔하여 이끄는 힘'입니다. 가정에서 자녀를 통솔하여 잘 이끌어나갈 권위와 책임이 부모에게 있습니다. 그 '권위'를 자녀는 존중해야 합니다.

그런데 만일 부모가 그 '권위'를 잘못 사용하고 있다면 어떻게 해야 할까요? 명백하게 잘못된 부모의 요구에도 자녀들은 무조건 순종해야 할까요? 아닙니다. 자녀들은 '주 안에서' 부모에게 순종해야 합니다. 우리 그리스도인들에게는 육신의 부모보다 하나님 아버지의 권위가 더 우선적이기 때문입니다. 따라서 만일 육신의 부모가 하나님 아버지의 뜻에 거스르는 요구를 한다면 그것에 순순히 따를 필요는 없는 것입니다.

그러나 설혹 그런 경우라고 할지라도, 자녀들은 부모를 업신여기거나 함부로 대하면 안 됩니다. 그 이유가 무엇일까요?

### 네 부모를 공경하라

바울은 구약성경의 십계명을 인용하여 다음과 같이 설명합니다. "²네 아버지와 어머니를 공경하라. 이것은 약속이 있는 첫 계명이니 ³이로써 네가 잘되고 땅에서 장수하리라"(엡 6:2-3).

부모 공경의 계명은 십계명에 기록된 다섯째 계명입니다(출 20:12). 십계명은 이 세상의 모든 인간이 맺으며 살아가야 하는 세 가지 관계의 묶음으로 되어있습니다. '하나님과의 관계'에 대한 계명(제1-3계명)과 '다른 사람과의 관계'에 대한 계명(제5-7계명), '물질과의 관계'에 대한 계명(제8-10계명)이 그것입니다. 그리고 '안식일 준수'의 계명은 이세 가지 관계를 하나로 묶는 연결고리 역할을 하고 있습니다. 그러니까 "네 부모를 공경하라"는 말씀은 '다른 사람과의 관계'에 대한 첫째 계명이 되는 셈입니다.

"부모를 공경하라"는 말씀의 구체적인 의미가 무엇일까요? 한자어로 '공경'(恭敬)은 '공손할 공'(恭)자와 '공경할 경'(敬)자로 되어 있습니다. "공손히 섬기다", 또는 "몸가짐을 조심스럽게 하여 받들어 모시다"라는 뜻입니다. 동서양을 막론하고 부모를 존경하고 예의를 갖추어 공순히 섬기는 것을 미덕으로 생각합니다.

그러나 성경의 가르침은 그런 정도가 아닙니다. 부모가 부모 노릇을 잘하든, 잘하지 못하든 상관하지 말고 자녀들은 마땅히 부모를 공경해야 합니다. 그것이 하나님의 명령입니다. 왜 그래야 할까요? 왜냐면 부모는 자녀가 이 세상에 태어나서 만나는 최초의 인간관계요 또한 권위이기 때문입니다. 그 권위를 존중하지 않고서는 다른 어떤 권위도 존중할 수 없기 때문입니다.

그런데 앞에서 바울은 부모에게 순종하되 '주 안에서' 순종하라고 했습니다. "주 안에서 순종하라"는 말씀은 부모가 권위를 잘못 사용할 때는 잘못된 요구에 대해서 순순히 따를 필요는 없다는 뜻이라고 했습니다. 그러나 그런 불행한 경우라고 하더라도, 자녀가 부모를 공경하는 의무가 없어지는 것은 아닙니다. 왜냐면 부모는 나를 이 세상에 존재할 수 있게 해주신 분들이기 때문입니다.

### 네 부모를 비방하지 말라

"공경하라"가 긍정적인 표현이라면, 이에 대한 부정적인 표현은 "비방하지 말라"가 될 것입니다. 마태복음 15장에서 주님은 부모 공경의 중요성을 강조하면서 다음과 같이 말씀하셨습니다.

"하나님이 이르셨으되 네 부모를 공경하라 하시고 또 아버지나 어머니를 비방하는 자는 반드시 죽임을 당하리라 하셨거늘…"(마 15:4).

'비방'은 '공경'의 반대말입니다. 여기에서 '비방'이란 '저주'(curse)를 의미합니다. 사람들은 어떤 경우에 상대방을 비방하고 저주하게 될까요? 상대방이 자신에게 잘못했을 때에, 그 일에 대해서 화를 주체하지 못해서 나오는 말이 '비방'이요 '저주'입니다. 사람들은 흔히 "화가 나면 무슨 말이든 못하겠느냐?"고 합니다.

부모가 자녀의 화를 돋울 때도 있지요. 그러나 그럴 때라도 만일 자녀가 부모를 비방하거나 저주하면 큰일 납니다. 왜냐면 부모의 잘 잘못과 상관없이 하나님은 부모를 저주하는 자녀를 징계하시기 때문입니다. 기꺼이 세리와 죄인의 친구가 되어주시는 주님이지만, 부모를 저주하는 이런 자녀들까지 무조건 용납하시는 것은 아닙니다.

신명기 21장에 한 가지 구체적인 사례가 기록되어 있습니다. 어떤 사람에게 아들이 하나 있는데 부모의 말을 전혀 듣지 않고 늘 반항합니다. 부모가 아무리 타일러도 말을 듣지 않습니다. 그럴 때 어떻게 해야 할까요? 성경의 가르침은 이렇습니다.

그 아들을 강제로라도 성문에 있는 장로들 앞으로 끌고 가라고 합니다. 여기에서 '성문'은 오늘날의 '법정'과 같습니다. 그러니까 법정의 재판관에게 끌고 가서 "우리 아들 녀석은 고집 센 반항아입니다. 우리가 하는 말을 한마디도 들으려 하지 않습니다. 게다가 방탕하며 술에 잠긴 사람입니다"라고 고발하라는 겁니다. 자, 그러면 어떤 일이 벌어질까요?

"그 성읍의 모든 사람들이 그를 돌로 쳐죽일지니 이같이 네가 너희 중에서 악을 제하라. 그리하면 온 이스라엘이 듣고 두려워하리라"(신 21:21).

하나님은 부모에게 순종하지 않는 자녀를 이처럼 심각하게 생각하십니다. 공동체가 모두 나서서 단호하게 징계해야 할 만큼 아주 심각한 악으로 간주하십니다. 왜냐면 부모에게 순종하지 않는 자녀는 단지 부모를 거역하는 죄를 짓는 것만이 아니기 때문입니다. 하나님이 부모에게 주신 '바른 권위'를 인정하지 않는 죄를 범하고 있는 것입니다. 부모의 권위를 우습게 여기는 자녀가 하나님의 권위 앞에 순종할 수 있겠습니까?

또한, 부모를 거역하는 자녀는 단지 그 가정의 문제로만 남지 않습니다. 그 죄는 다른 가정으로 퍼져나가게 되어있습니다. 그렇게 공동체를 오염시키는 것입니다. 그 공동체의 질서가 무너지는 것은 시간 문제입니다. 그 죄를 공동체가 심각하게 다루어야 한다는 가르침입니다.

물론 실제로 법정에 고발하면서까지 자녀를 처벌하려고 하는 그런 부모는 이 세상에 없을 것입니다. 심지어 자식에게 상습적으로 매를 맞더라도, 그 일로 인해 감옥에 가지 않도록 오히려 자식을 두둔하는 것이 부모 마음입니다. 그리고 만일 성경의 가르침을 엄격하게 적용한다면 집집마다 자녀를 찾아보기 힘들지도 모릅니다.

그러나 우리는 분명히 알고 있어야 합니다. 하나님은 사랑이 풍성하신 분이지만, 부모에게 함부로 대들거나 심지어 손찌검하는 자녀까지도 무조건 용납하라고 말씀하지는 않으십니다. 그것을 덮어주고 쉬쉬하기 때문에, 오히려 공동체의 도덕과 윤리가 무너지고, 바른 권위와 질서가 세워지지 못하는 것입니다.

자녀와 부모의 관계에서 하나님의 뜻은 분명합니다. 자녀들은 부모에게 순종해야 합니다. 물론 '주 안에서' 순종해야 합니다. 설혹 '주 안에' 뿌리를 내리지 못한 부모가 '잘못된 권위'를 행사한다고 하더라도, 자녀는 부모를 공경하는 도리를 다해야 합니다. 하나님이 원하시는 '부모-자녀'의 바른 관계가 우리 가정에 세워지기를 간절히 소망합니다.


▢ 은혜 나누기
오늘 말씀을 묵상하면서 자신이 느낀 점에 대해서 함께 나누어봅시다.
▢ 공동 기도
하나님 아버지, 우리 가정은 오직 예수님만 섬기게 해주세요. 설혹 부모가 부모 노릇을 잘하지 못한다고 해도, 자녀는 마땅히 부모를 공경하라는 하나님의 명령에 순종하여 따를 수 있게 해주세요. 무엇보다도 가정예배가 회복되게 하시고, 그리하여 우리 가정에 생수의 강이 흐르게 해주세요. 예수님의 이름으로 기도합니다. 아멘.

**10월 4주**

# 약속 있는 첫 계명

□ 주님의 기도 주님이 가르쳐주신 기도로 가정예배를 시작합니다.

□ 찬송 부르기 560장(주의 발자취를 따름이)

□ 성경 읽기 에베소서 6:2-3

※ 개역개정판

²네 아버지와 어머니를 공경하라 이것은 약속이 있는 첫 계명이니 ³이로써 네

가 잘되고 땅에서 장수하리라.

※ 메시지성경

²⁻³"네 아버지와 어머니를 공경하라"는 계명은 약속이 따르는 첫 계명입니다.

그 약속은 "그러면 네가 잘 살고 장수할 것이다"입니다.


□ 말씀 나누기

　바울은 에베소서 6장 1절에서 "주 안에서 부모에게 순종하라"고

했습니다. 그리고 2절에서 "부모를 공경하라"고 했습니다. '순종'과

'공경'이 같은 말처럼 보이지만 그 강조점은 조금 다릅니다. '순종'은

부모의 권위를 인정하고 순순히 따르는 것을 의미하지만, '공경'은 부

모를 존경하면서 공손히 섬기는 것을 의미합니다. '순종'은 부모가 '바

른 권위'를 보여야 한다는 전제조건이 붙어있습니다. 그러나 '공경'에

는 아무런 조건이 붙어있지 않습니다.

　이 두 가지 권면은 자녀들이 부모를 대하는 균형 잡힌 태도를 가르

처줍니다. '순종'은 무조건 맹종하는 함정에서 벗어나게 해주고, '공경'은 부모를 함부로 비방하거나 저주하는 잘못을 범하지 않게 해줍니다. 또한, 부모에게도 자녀를 대할 때에 권위주의적인 태도가 아니라 '바른 권위'를 보여주어야 할 책임이 있음을 알게 해줍니다.

### 약속이 따르는 계명

오늘은 지난 시간에 이어서 '약속이 있는 첫 계명'에 대해서 묵상해보겠습니다. "네 부모를 공경하라"는 말씀에 대해서 동의하지 않는 사람은 없을 것입니다. 그것은 이미 오래전 출애굽 하던 이스라엘 백성들에게 주신 하나님의 명령이기 때문입니다. 그러나 여기에 붙인 바울의 설명, "이것은 약속이 있는 첫 계명이라"는 말씀에는 몇 가지 질문이 생겨납니다.

우선 "부모를 공경하라"는 이 계명이 바울의 말처럼 정말 "약속이 따르는 첫째 계명일까"하는 질문입니다. 그리고 만일 그것이 첫째 계명이라면 "약속이 따르는 둘째 혹은 셋째 계명이 있을까" 하는 질문입니다. 이와 같은 질문을 하게 되는 이유는 십계명에서 약속이 붙어있는 계명이 두 개가 있는데, 그 순서에 따르면 부모 공경에 대한 계명은 사실 두 번째이기 때문입니다.

실제로 십계명이 기록되어 있는 출애굽기 20장 본문을 읽어보면서 그 사실을 확인해보겠습니다.

"⁴너를 위하여 새긴 우상을 만들지 말고 또 위로 하늘에 있는 것이나 아래로 땅에 있는 것이나 땅 아래 물 속에 있는 것의 어떤 형상도 만들지 말며 ⁵그것들에게 절하지 말며 그것들을 섬기지 말라. 나 네 하나님 여호와는 질투하는 하나님인즉 나를 미워하는 자의 죄를 갚되 아버지로부터 아들에게로 삼사 대까지 이르게 하거니와 ⁶나를 사랑하고 내 계명을 지키는 자에게는 천 대까지 은혜를 베푸느니라"(출 20:4-6).

이 말씀은 십계명의 둘째 계명인 '우상 제작 금지 명령'입니다. 그런데 여기에 보면 "하나님을 사랑하고 계명을 지키는 자에게는 천 대까지 은혜를 베푸시겠다"는 '약속'이 분명히 기록되어 있습니다. 이 말씀의 구조나 성격은 다섯째 계명인 '부모 공경'의 명령에 붙여진 약속의 말씀과 크게 다르지 않습니다.

"네 부모를 공경하라. 그리하면 네 하나님 여호와가 네게 준 땅에서 네 생명이 길리라"(출 20:12).

이렇게 보면 '부모 공경'의 명령이 약속이 따르는 첫째 계명은 아니라는 게 분명해집니다. 그 외에는 약속이 따르는 계명을 찾아볼 수 없습니다. 그렇다면 '첫째 계명'이라는 말은 전혀 무의미한 수식어가 되고 맙니다.

바울은 당대 최고의 석학입니다. 지금까지 우리가 살펴본 대로 바울은 단 한 번도 불필요한 말을 사용한 적이 없습니다. 여기에서도 마찬가지입니다. 바울이 아무런 생각 없이 '약속이 있는 첫째 계명'이라고 말하지는 않았을 것입니다. 그렇다면 바울은 무엇을 말하려고 했던 것일까요?

자녀에게 주는 첫 계명

이 문제는 의외로 쉽게 풀립니다. "이것은 약속이 있는 첫 계명이다"에서 '약속이 있는'을 빼서 뒤로 돌리면 됩니다. 실제로 원문을 읽으면 이 말씀은 두 문장으로 구성되어 있습니다. 첫째 문장은 "이것은 첫 계명이다."(this is the first Commandment.)이고 둘째 문장은 "이 계명에는 약속이 있다."(which has a promise added to it.)입니다.

사실 두 문장 중에서 첫째 문장이 더 중요합니다. 둘째 문장은 이에 대한 보충설명입니다. 여기에서 바울이 강조하려고 하는 것은 '부모 공경의 계명'이 '첫째 계명'이라는 점입니다. 왜 '첫째 계명'일까요? 이 대목에서 지난 시간에 살펴본 십계명의 세 묶음의 구조를 다시 기억할 필요가 있습니다. 십계명의 제5계명은 '다른 사람과의 관계에 대한 계명'(제5-7계명) 중에서 첫째 계명이라고 했습니다.

게다가 이 계명은 누구에게 주셨습니까? 그렇습니다. 이 계명은 '부모'가 아니라 '자녀'에게 주신 말씀입니다. 하나님이 자녀에게 주신 '첫째 계명'인 것입니다. 그런데 이 계명에 '복의 약속'이라는 보너스를 더해 놓으셨습니다. 이 계명을 지키기만 하면 복을 받도록 해놓으신 것입니다. 따라서 '첫째 계명'이란 '가장 중요한 계명'이라는 뜻입니다. 하나님께서 자녀에게 주신 첫째이자 가장 중요한 계명은 바로 '부모 공경'이라는 말씀입니다.

그러나 우리의 현실은 어떻습니까? 우리는 자녀에게 가장 먼저 무엇을 가르치고 있습니까? 우리는 '부모 공경'보다 '대학입시'와 '성공'을 더 강조합니다. 좋은 대학을 나오고 세상에서 성공하면 부모에게 효도하는 것처럼 생각하도록 가르치고 있는 것입니다. 그런데 정말 그럴까요? 그것이 효도일까요? 보십시오. 논밭 팔고 허리띠 졸라매면서 공부시킨 부모를 우습게 여기는 그런 불효자들이 이 세상에 얼마나 많이 있습니까?

문제는 이 점에 있어서 우리 그리스도인도 세상 사람들과 그리 다르지 않다는 사실입니다. 자녀가 부모의 자랑거리가 되는 것이 효도가 아닙니다. 진정한 효도란 자녀가 그들의 부모를 자랑거리(honor)로 생각하는 것입니다. 아무리 배움이 짧고 가난한 부모라고 할지라도 존경하면서 공손하게 섬기는 것이 효도입니다. 바로 그것이 하나님께서 자녀들에게 요구하시는 가장 중요한 첫째 계명입니다. 그 계명을 지키는 자녀들에게 하나님이 약속하신 복이 주어지는 것입니다.

따라서 부모 된 그리스도인이 자녀에게 가장 먼저 가르쳐야 할 가장 중요한 첫째 계명은 '부모 공경'입니다. 그것은 사실 부모 자신을 위해서가 아닙니다. 오히려 우리의 자녀들이 복을 받게 하기 위해서입니다. 이것이 바로 바울이 말하려고 하는 '약속 있는 첫째 계명'의 의미입니다. 우리의 자녀들이 '부모 공경'의 계명을 지킴으로 복 받는 자녀들이 되기를 간절히 소망합니다.

□ 은혜 나누기

효도는 부모의 자랑거리가 되는 것이 아니라, 부모를 자랑거리로 생각하는 것이라는 말씀을 어떻게 생각합니까? 함께 나누어봅시다.

□ 공동 기도

하나님 아버지, 우리의 가정에 생수의 강이 흐르게 해주세요. 하나님 아버지를 공경하는 부모와, 부모를 공경하는 자녀를 우리 가정에 허락해 주세요. 무엇보다도 부모를 자랑스럽게 생각하는 자녀를 허락해 주세요. 그리하여 하나님이 약속하신 복을 누리게 해주세요. 예수님의 이름으로 기도합니다. 아멘.

# 잘 되고 장수하는 복

□ 주님의 기도 주님이 가르쳐주신 기도로 가정예배를 시작합니다.

□ 찬송 부르기 384장(나의 갈 길 다가도록)

□ 성경 읽기 에베소서 6:2-3

※ 개역개정판

²네 아버지와 어머니를 공경하라 이것은 약속이 있는 첫 계명이니 ³이로써 네가 잘되고 땅에서 장수하리라.

※ 메시지성경

²⁻³"네 아버지와 어머니를 공경하라"는 계명은 약속이 따르는 첫 계명입니다. 그 약속은 "그러면 네가 잘 살고 장수할 것이다"입니다.

□ 말씀 나누기

지난 시간에 우리는 부모를 공경하는 것이 하나님께서 자녀에게 주신 가장 중요한 첫 번째 계명이라는 말씀을 묵상했습니다. 그리고 이 계명에는 '복의 약속'이라는 보너스가 달려있다고 했습니다. 그 보너스가 구체적으로 무엇일까요? 오늘 본문에서 바울은 부모를 공경하는 자녀에게 하나님께서 약속해 놓으신 두 가지의 복을 이야기합니다. '잘 되는 복'과 '땅에서 장수하는 복'입니다.

## 잘 되는 복

이 약속은 신명기 5장에 기록된 십계명에서 발견할 수 있습니다 (신 5:16). "네가 잘 될 것이다."(it may go well with you, NIV)라는 말은 "모든 일이 다 순조롭게 진행되어 갈 것이다"라는 뜻입니다. 메시지 성경은 단순하게 "네가 잘살게 될 것이다."(You will live well.)라고 풀이합니다. 이것을 사자성어로 표현하면 '만사형통'(萬事亨通)이라고 할 수 있을 것입니다.

그런데 성경에서 말하는 '만사형통'은 '기복신앙'에서 말하는 화를 피하고 복 받는 것과는 전혀 다른 개념입니다. 이 말씀으로 만들어진 여러 찬송이 있습니다. 그 대표적인 찬송은 바로 오늘 우리가 함께 부른 '나의 갈 길 다 가도록'(384장)입니다. 후렴부에 이런 가사가 있습니다.

"무슨 일을 만나든지 만사형통하리라."

여기에서 '무슨 일'이란 항상 '좋은 일'만을 이야기하지 않습니다. 힘들고 고생스러운 일들도 포함하고 있습니다. 그러나 예수님이 '나의 갈 길을 다 가도록' 붙들어 인도해주시기 때문에, 결국에는 모든 일이 합력하여 선을 이루게 될 것을 확신하며 "만사형통하리라!"라고 찬송하는 것이지요.

이와 비슷한 내용을 담은 찬송이 하나 더 있습니다. 그것은 '내 평생에 가는 길'(413장)이라는 찬송입니다. 후렴부에 '내 영혼 평안해'가 반복되고 있는데, 이것에 해당하는 영어 가사가 오늘 에베소서 본문의 '네가 잘 되고'의 영어식 표현(It is well with my soul.)과 같습니다.

그런데 이 찬송은 선박사고로 한꺼번에 네 딸을 모두 잃은 아버지의 슬픔과 고통을 배경으로 하고 있습니다. 그와 같은 비극 속에서도 "내 영혼이 잘 되어 가고 있다"고 하면서 믿음을 고백하고 있는 것입니다. 바로 이것이 부모를 공경하는 자녀들에게 하나님께서 약속하신 첫째 복입니다.

## 땅에서 장수하는 복

둘째 약속된 복은 '땅에서 장수하는 복'입니다. 이 약속은 출애굽기 20장과 신명기 5장의 십계명에 모두 기록되어 있어서, 사람들은 대부분 이 복을 부모 공경에 대한 하나님의 약속으로 알고 있고 또한 기억하고 있습니다. 그러나 그만큼 이 복에 대해서 오해하는 사람들이 많이 있습니다.

'장수'란 말 그대로 '긴 목숨'(長壽)을 의미합니다. 이 세상에서 오래오래 사는 것입니다. 이를 사자성어로 표현하면 '만수무강'(萬壽無疆)이라고 할 수 있을 것입니다. 아무런 탈 없이 아주 오래 산다는 뜻입니다. 바로 여기에서부터 오해가 생겨납니다. '부모 공경'을 마치 장수(長壽)의 비결인 것처럼 생각하는 것이지요.

요즈음 우리는 '백세시대'라는 말을 많이 합니다. 실제로 평균 수명이 점점 백세(百世)를 향하고 있다는 것을 실감하게 됩니다. 과거에는 70세를 고희(古稀)라고 했습니다. 70세까지 사는 것이 옛날로부터 드물다는 뜻입니다. 그러나 이제는 90을 넘겨서도 건강하게 사는 분들이 적지 않습니다. '장수의 복'을 누리는 사람들이 점점 더 많아지고 있는 것이지요.

그런데 이러한 결과는 예전보다 부모를 더 공경하는 세대가 되었기 때문일까요? 그래서 사람들이 장수하는 것일까요? 아마도 그렇게 생각하는 분들은 없을 것입니다. 오히려 부모 공경하는 마음은 예전보다 못해진 것이 사실입니다.

그렇다면 이런 현상을 우리는 어떻게 이해해야 할까요? 성경 말씀이 잘못된 것일까요? 아닙니다. 그동안 우리가 성경 말씀을 오해해왔을 뿐입니다. '부모 공경'을 '장수의 비결'로 생각했던 것이지요. 성경에 약속된 '장수'는 사람들이 흔히 생각하는 무병장수(無病長壽), 만수무강(萬壽無疆)을 의미하지 않습니다.

출애굽기 20장에 기록된 십계명 말씀을 읽어보겠습니다.

"네 부모를 공경하라. 그리하면 네 하나님 여호와가 네게 준 땅에서 네 생명이 길리라"(출 20:12).

하나님이 말씀하신 약속에서 가장 중요한 부분은 "네 생명이 길리라"가 아니라, "네 하나님 여호와가 네게 준 땅에서"입니다. 정확하게 번역하자면 '네게 준 땅에서'가 아니라 '(앞으로) 네게 줄 땅에서'입니다. 이곳이 어디를 가리킵니까? '약속의 땅, 가나안'을 가리킵니다. 아무 곳에서나 오래 산다고 해서 복이 되는 것은 아닙니다. 하나님이 약속해 주신 땅에서 오래오래 살아야 진짜 복입니다.

'약속의 땅'은 죽고 난 후에 들어가는 '천국'을 의미하지 않습니다. 지리적으로 특정되어있는 '가나안 땅', 지금의 팔레스타인을 의미하지도 않습니다. 하나님의 약속을 붙잡고 순종하며 살아가는 영적인 싸움이 벌어지는 우리의 현실입니다. 그렇기에 하나님의 백성답게 말씀에 순종하며 살 때만 '약속의 땅'에서 계속 살 수 있습니다.

이와 같은 이해를 바탕으로 오늘 본문을 보면 그 의미가 분명해집니다. '부모 공경'의 계명은 단지 무병장수할 수 있는 비결이 아니라, 약속의 땅에서 오래오래 살 수 있는 비결입니다. 아무리 부모세대가 신실한 하나님의 백성이었다고 하더라도 만일 그 자녀세대가 부모를 공경하지 않는다면, 약속의 땅에서 쫓겨나게 될 것입니다. 부모를 공경하지 않는 사람들은 더는 하나님의 백성이 아니기 때문입니다.

부모 공경이란 한 개인의 윤리적인 차원이나 복으로 끝나지 않습니다. 믿음의 공동체가 약속의 땅에서 계속해서 살 수 있는지가 달린

아주 심각한 문제입니다. 우리 자녀가 이 세상에서 성공적인 삶을 누리고 있다 하더라도, 만일 '약속의 자녀'로 살지 못한다면 그것은 하나님이 주시는 복을 받은 게 아닙니다. 그런 사람이 천국에 들어갈 수 있겠습니까? 그들 밑에서 자라나는 후손들이 과연 약속의 자녀가 될 수 있을까요?

그렇기에 부모는 자녀에게 '부모를 공경하는 바른 도리'를 제대로 가르쳐주어야 합니다. '부모 공경'의 계명은 그리스도인 자녀에게 주시는 '약속이 따르는' 가장 중요한 계명입니다. 하나님의 약속은 무슨 일을 만나든지 만사형통하는 것이며, 약속의 땅에서 하나님의 자녀답게 오래오래 행복하게 사는 것입니다. 우리 가정이 대를 이어서 이와 같은 복을 누리게 되기를 간절히 소망합니다.


▫ 은혜 나누기

자녀가 잘되려면 먼저 부모를 잘 공경할 수 있어야 한다는 말씀을 어떻게 생각합니까? 함께 나누어봅시다.

▫ 공동 기도

하나님 아버지, 하나님의 뜻대로 살지 못하면서 하나님으로부터 복을 받으려고 해왔던 우리의 잘못을 용서해주세요. 먼저 하나님의 말씀에 순종하게 하시고, 그 말씀 따라서 부모님을 잘 공경할 수 있게 해주세요. 그리하여 하나님이 약속하신 잘 되는 복과 약속의 땅에서 오래 사는 복을 누리며 살게 해주세요. 예수님의 이름으로 기도합니다. 아멘.

## 11월 1주

# 자녀를 노엽게 하지 마십시오!

- □ 주님의 기도 주님이 가르쳐주신 기도로 가정예배를 시작합니다.
- □ 찬송 부르기 559장(사철에 봄바람 불어 잇고)
- □ 성경 읽기 에베소서 6:4

   ※ 개역개정판

   또 아비들아 너희 자녀를 노엽게 하지 말고 오직 주의 교훈과 훈계로 양육하라.

   ※ 메시지성경

   아버지 여러분, 자녀를 호되게 꾸짖어 노엽게 만들지 마십시오. 주님의 방법으로 그들을 돌보고 이끄십시오.

- □ 말씀 나누기

   지난 시간에 우리는 자녀에 대한 권면의 말씀을 묵상했습니다. 물론 부모에게 순종하고 부모를 공경하는 자녀는 이미 그 자체로 복 있는 삶을 살아가고 있습니다. 그러나 하나님은 두 가지 보너스를 약속해 주셨습니다. '잘 되는 것'과 '약속의 땅에서 장수하는 것'입니다. '순종'과 '공경'이 자녀에게 요구되는 '복종'이라고 한다면, 부모에게도 요구되는 '복종'이 있습니다. 오늘부터 묵상할 4절 말씀에 그 내용이 담겨 있습니다.

부모가 하지 말아야 할 일

오늘 본문에서 바울은 말합니다.

"또 아비들아, 너희 자녀를 노엽게 하지 말고 오직 주의 교훈과 훈계로 양육하라"(엡 6:4).

바울의 권면은 부모 중에서도 특히 '아버지들'을 직접 향하고 있습니다. 왜냐하면 '아버지들'은 '가장'(家長)이기 때문입니다. 그리고 또한 자녀에 대해서 '바른 권위'를 행하지 못하는 아버지들이 생각보다 많이 있기 때문입니다. 가정에서 많은 아버지가 잘못하는 일이 있다고 바울은 말합니다. 그것은 바로 '자녀들을 노엽게 하는 것'입니다.

그런데 여기에서 "노엽게 한다"는 말은 "기분 나쁘게 한다"는 의미가 아닙니다. 누군가가 자신의 잘못을 지적하면 기분이 나빠지게 되어있습니다. 자녀도 마찬가지입니다. 만일 자녀의 기분을 나쁘게 하지 않으려면 부모가 잘못을 지적하면 안 됩니다. 그러나 그렇게 해서는 자녀를 바르게 양육할 수 없습니다.

우리말 "노엽게 한다"를 NIV 성경은 "분개시키다"(exasperate)로 표현합니다. NASB 성경은 "성나게 하다"(provoke)라고 합니다. 그러니까 자녀가 분노를 품게 하고 그 분노를 더욱 격화시킨다는 뜻입니다. 어떤 아버지가 자녀를 그렇게 만들까요?

그 첫 번째는 '비이성적인 아버지'입니다. 예를 들어서 술에 취한 아버지가 아이들이 감당할 수 없는 요구를 하고, 만일 그것에 제대로 부응하지 못하면 함부로 윽박지르고 심지어는 손찌검하는 그런 경우입니다. 또한 '지나치게 엄격한 아버지'도 문제입니다. 이것은 특히 권위주의적인 경향을 가진 아버지들에게서 발견할 수 있는데, 그들은 필요 이상으로 자신의 권위를 앞세워서 매사에 자녀들을 '제압'하려고 합니다.

가장 흔한 경우는 '버럭 하는 아버지'입니다. 자녀가 실수했을 때 무조건 화를 내고 소리를 지르는 것입니다. 무엇이 어떻게 잘못되었는지 차근히 설명하고 이해시켜서 그것을 바로 잡아야 하는데, 그러지 않고 무조건 호되게 꾸짖고 보는 것이지요. 아이들은 물론 아버지에 대한 두려움으로 복종합니다. 그렇지만 그것은 아버지가 '옳기 때문'이 아니라 '강하기 때문'입니다. 이런 일들이 가정에서 벌어지게 해서는 안 될 것입니다.

### 부모가 마땅히 해야 할 일

그러나 그보다 더 중요한 것은 '마땅히 해야 할 일'을 행하는 것입니다. "너희 자녀를 노엽게 하지 말라"는 말씀이 부모가 해서는 안 될 일이라면, "오직 주의 교훈과 훈계로 양육하라"는 말씀은 부모가 마땅히 해야 할 일입니다. 전자는 후자로 나아가게 하기 위한 전제조건입니다. 다시 말해서, 자녀를 노엽게 하면서 주의 교훈과 훈계로 양육하는 것은 불가능하다는 뜻입니다.

대부분 여기에서 실수합니다. 정말 자녀의 잘못을 고치고 바르게 양육하려고 한다면, 그 어떤 경우에도 결코 자녀를 분노와 노여움의 감정에 사로잡히게 하거나, 그것을 더욱 격화시키도록 해서는 안 됩니다. 그런데 많은 부모가 자녀의 잘못을 호되게 꾸짖는 일에만 열중합니다. 때로는 자신의 분을 이겨내지 못하고 주먹다짐을 하는 일도 있습니다. 그러고도 부모 노릇 잘하는 줄 압니다.

그런데 그렇게 일방적으로 야단치다가 끝내버리면 어떻게 될까요? 물론 겉으로는 부모에게 복종하는 것처럼 행동합니다. 그렇지만 마음속으로는 자신의 분노를 정당화하게 됩니다. 그리고 그런 일들이 자주 반복되면, 그다음에는 부모가 아무리 좋은 말, 옳은 말을 해주어도 그 말이 자녀의 귀에 들리지 않습니다. 언젠가 자신이 아버지보다 더 강해질 때까지 그 노여움과 적개심을 계속 키워나가게 되는 것입니다.

그리스도인 부모는 바울의 권면처럼 '오직 주의 교훈과 훈계로 양육해야'만 합니다. '양육'에는 '버릇을 들이는 것'이 포함되어 있습니다. 자녀가 자주 실수하고 잘못하는 이유는 아직 좋은 버릇을 완전히 습득하지 못했기 때문입니다. 그러니 부모가 해야 할 일은 거룩한 버릇, 경건한 버릇, 좋은 버릇에 익숙해지도록 도와주는 것입니다. 그것이 바로 '양육'입니다.

바울은 양육의 구체적인 내용을 두 가지로 말합니다. 하나는 '주의 교훈'이고 다른 하나는 '주의 훈계'입니다. 우리말로 읽으면 그 말이 그 말처럼 들리지만, '교훈'과 '훈계'는 아주 다른 강조점을 가지고 있습니다.

'주의 교훈'은 '주님의 훈련'(the training of the Lord, NIV)을 의미합니다. '주님이 시키시는 훈련'에 익숙해지도록 부모가 자녀를 도와주어야 합니다. 특별히 어떤 규칙이나 가르침이 습관이 될 수 있도록 해야 합니다.

예를 들어서, '기도 생활'은 가장 좋은 '주님의 훈련' 중의 하나입니다. 주님은 제자들에게 "항상 기도하며 깨어 있으라"(눅 21:36)고 말씀하셨습니다. "항상 기도하라"는 것은 "기도하는 좋은 버릇을 가지라"는 뜻입니다. 실제로 주님은 먼저 본을 보여주시면서 기회가 있을 때마다 제자들에게 기도를 훈련하셨습니다.

예배하는 것이나, 매일 성경을 읽고 묵상하는 것이나, 선한 일을 하기에 힘쓰고 주님의 사역에 적극적으로 참여하는 것도 역시 마찬가지입니다. 이 모두는 주님이 가르쳐주신 '교훈'들 속에 포함된 내용입니다. 이러한 일들이 실제로 자녀에게 좋은 습관으로 익숙하게 자리 잡을 때까지 상당한 기간의 '훈련'이 필요합니다. 그리고 부모가 책임을 지고 훈련을 시켜야 합니다.

'주의 훈계'는 '주님의 지시'(the instruction of the Lord, NIV)를 의미합니다. 자녀가 '주님의 지시와 명령'에 익숙해지도록 부모가 도와주어야 한다는 것입니다. 그런데 앞에서 말한 '주의 교훈'과 무슨 차이가 있을까요? '주의 교훈'은 구체적인 '생활의 습관'을 위한 가르침입니다. 이에 비해서 '주의 훈계'는 주님의 지시를 늘 상기해내는 '마음의 태도'를 위한 가르침입니다.

자녀는 부모의 소유물이 아닙니다. 내가 낳아 내가 길렀으니 내 마음대로 해도 좋을 대상이 아닙니다. 하나님이 잘 양육하라고 맡겨놓으신 하나님의 자녀입니다. 그렇기에 부모가 자녀를 위해서 마땅히 해야 할 일은 단지 잘 먹이고 잘 입히는 게 아닙니다. 공부 잘 가르쳐서 좋은 대학 보내는 것이 전부가 아닙니다.

오히려 하나님의 자녀로서 정체성을 가지고 살아갈 수 있도록 주의 '교훈'과 '훈계'로 잘 양육해야 합니다. 경건한 습관에 익숙해질 뿐만 아니라 언제나 주님을 생각하여 내는 좋은 버릇을 가지고 신앙생활할 수 있도록 옆에서 잘 도와주어야 합니다. 물론 우리의 능력으로는 부모 노릇을 제대로 해낼 수 없습니다. 그러나 성령님의 도우심으로 우리는 그렇게 할 수 있습니다.

□ 은혜 나누기
부모에 대해서 노여움을 품었던 경험이 있습니까? 솔직하게 이야기해봅시다.
□ 공동 기도
하나님 아버지, 자녀에게 요구되는 복종이 있듯이, 부모에게도 요구되는 복종이 있음을 알게 해주시니 감사합니다. 하나님이 허락해 주신 자녀를 분노로 양육하지 않게 해주시고, 오직 주의 교훈과 훈계로 양육할 수 있게 해주세요. 그리하여 우리 가정에 생수의 강이 흐르게 해주세요. 예수님의 이름으로 기도합니다. 아멘.

# 신앙은 선택이 아니라 양육입니다!

□ 주님의 기도 주님이 가르쳐주신 기도로 가정예배를 시작합니다.

□ 찬송 부르기 449장(예수 따라가며)

□ 성경 읽기 에베소서 6:4

   ※ 개역개정판

   또 아비들아 너희 자녀를 노엽게 하지 말고 오직 주의 교훈과 훈계로 양육하라.

   ※ 메시지성경

   아버지 여러분, 자녀를 호되게 꾸짖어 노엽게 만들지 마십시오. 주님의 방법
   으로 그들을 돌보고 이끄십시오.

□ 말씀 나누기

   바울은 자녀에게 요구되는 복종이 있는 것과 마찬가지로, 부모에
게도 또한 요구되는 복종이 있다고 말했습니다. 그것은 "자녀를 노엽
게 하지 않아야 한다"는 부정적인 명령과 "주의 교훈과 훈계로 양육해
야 한다"는 긍정적인 명령에 담겨 있는 내용입니다.

   부모는 자녀가 어릴 때부터 신앙생활에 대한 좋은 버릇에 익숙해
지도록 양육해야 합니다. 그것이 부모에게 요구되는 복종입니다. 문
제는 이와 같은 일을 자신의 책임으로 받아들이는 그리스도인 부모가
많지 않다는 사실입니다. 여기에는 몇 가지 이유가 있습니다.

   우선 '경건의 훈련'이란 말로 되는 것이 아니기 때문입니다. 부모

자신이 제대로 신앙생활 하지 못하면서 자녀에게 신앙생활을 가르칠 수는 없는 일입니다. 기도하지 않는 부모가 어떻게 자녀에게 기도를 가르칠 수 있겠습니까? 성경을 읽지 않는 부모가 어떻게 자녀에게 성경을 읽으라고 요구할 수 있겠습니까? 그래서 자녀에게 경건의 훈련을 시키지 못하는 것입니다.

### 신앙의 선택

한 걸음 더 나아가서 자녀에게 '경건의 훈련'을 시키지 않는 것을 오히려 정당화하는 부모도 있습니다. 그들이 좋아하는 논리가 하나 있습니다. 그것은 "신앙이란 자녀가 스스로 선택해야 할 문제이지, 결코 부모가 강요할 수 있는 성질의 것이 아니다"라는 주장입니다. 물론 강요한다고 신앙을 갖게 되는 것은 아닙니다. 부모로부터 강요된 신앙은 조만간 자녀에 의해서 얼마든지 폐기될 수 있습니다.

그러나 그렇다고 해서 신앙으로 자녀를 양육해야 하는 부모의 책임이 없어지는 것은 아닙니다. 왜냐면 우리가 믿는 하나님 아버지는 이 세상을 창조하신 유일한 하나님이시기 때문입니다. 만일 자녀에게 종교를 선택할 권리가 있다고 믿는다면, 그것은 기독교를 여러 종교 중의 하나로 생각하고 있다는 뜻입니다.

따라서 자녀를 양육하는 부모의 태도를 보면 그들의 믿음이 어떠한지를 또한 알 수 있습니다. 정말 하나님이 이 세상을 창조하신 유일한 신이라고 믿는다면, 오직 하나님이 정해놓으신 예수 그리스도의 길을 통해서만 구원을 받을 수 있다고 믿는다면, 자녀에게 "네 종교는 네 마음대로 선택할 일이라"고 가르칠 수는 없을 것입니다. 어떻게든 하나님을 믿고 따르는 경건의 훈련을 시키려고 할 것입니다.

선택의 함정

오늘날은 종교 다원주의 사회입니다. 사람들은 모든 종교가 다 가치를 가지고 있다고 생각합니다. 그 관점에서 보면 종교와 신앙은 개인의 선택이지 강요의 대상이 아니라는 주장이 더 큰 설득력을 얻습니다. 실제로 이 세상에는 수많은 종교가 있는데, 만일 그들이 서로 배타적인 태도로 자신의 신앙만 옳다고 주장한다면 어떻게 될까요? 아마도 이 세상에는 종교 간의 전쟁으로 인해 하루도 평안할 날이 없을 것입니다. 사실 현재 지구의 평화를 깨뜨리는 가장 큰 주범은 바로 배타적이고 근본주의적인 종교들입니다.

물론 신앙의 이름으로 다른 종교와 전쟁을 치르거나 다른 사람의 생명을 빼앗는 일은 어떤 경우에도 정당화할 수 없습니다. 그것은 특별히 우리가 믿고 있는 기독교 신앙에서는 결코 용납될 수 없는 일입니다. 그러나 그렇다고 해서 다른 종교에도 구원이 있다고 우리가 인정해야만 한다는 뜻은 아닙니다.

우리는 이 세상을 창조하신 하나님, 오직 예수 그리스도를 믿음으로 인류를 구원하시는 하나님을 믿습니다. 하나님 한 분 외에 다른 신은 없다고 고백합니다. 만일 우리가 참 하나님을 믿고 있다면, 그 신앙을 우리의 자녀에게 가르치는 것 그리고 기독교적인 경건의 형식과 내용에 익숙해지도록 자녀를 훈련하는 것은 지극히 마땅한 일입니다. 만일 그러지 못한다면 오히려 자신의 확신 없는 믿음을 드러내는 것에 불과합니다.

그렇다면 이 문제를 어떻게 풀어가야 할까요? 다음과 같은 몇 가지 생각들이 도움이 될 것입니다. 먼저 신앙이란 자녀들이 스스로 선택해야 할 문제이기 때문에, 자녀들이 종교에 대해서 그 어떤 편견을 가지지 않도록 우리가 믿는 기독교 신앙에 대해서 전혀 말하지도 않고 가르치지 않는다고 한번 가정해 봅시다. 그럴 때 과연 어떤 일이 일어날까요?

우리가 믿는 진리를 가르치지 않는다면, 조만간 누군가가 잘못된 믿음을 우리의 자녀에게 가르칠 것입니다. 그냥 내버려 두어도 저절로 아름다운 꽃들로 가득하게 되는 그런 정원은 이 세상에 없습니다. 물론 우리의 자녀가 언젠가 성인이 되어 스스로 기독교 신앙을 선택할 수도 있을 것입니다. 그러나 그때까지 그들이 견뎌내야 할 혼돈과 무질서를 못 본 척 외면하고 있는 게 과연 부모로서 옳은 선택일까요?

그리고 만일 자녀가 그 어떤 편견을 가지지 않도록 하는 것이 정말 옳은 일이라면, 신앙적인 문제뿐만 아니라 다른 문제에 대해서도 편견을 가지지 않도록 해야 맞습니다. 그런데 실제로는 어떻습니까? 부모는 자녀에게 무엇인가를 가르칩니다. 어렸을 때부터 영어를 가르칩니다. 그만큼 영어가 중요하다는 뜻입니다. 어른에게 대하는 예절을 가르치고, 공동체 생활에 대해서 가르치는 것도 마찬가지입니다.

부모는 중요한 일이 무엇인지 자녀가 스스로 선택할 수 있도록 그냥 내버려 두지 않습니다. 그러면서 인생의 의미와 목적을 알게 해주는 '신앙'에 대해서만큼은 자녀가 개인적으로 선택해야 할 문제라고 떠넘기는 이유가 무엇일까요? 그것은 신앙을 가지는 것이 그 밖의 다른 일보다 중요한 문제가 아니라고 생각하기 때문입니다.

그런데 진짜 문제는, 부모가 가지고 있는 신앙적인 태도가 어떤 것이든지, 자녀에게 아무런 영향을 끼치지 않는 경우는 없다는 사실입니다. 종교에 대해서 아무런 편견을 가지지 않도록 자녀에게 말하지도 가르치지도 않는 일은 사실상 불가능합니다. 부모가 주일에 예배를 드리기 위해서 교회로 가든지 가지 않든지, 그 자체로 이미 자녀의 사고방식에 무언의 영향력을 끼치고 있다는 사실을 인정해야 합니다.

신앙이란 자녀가 선택해야 할 문제라고 생각하는 부모는 제일 중요한 가치가 신앙에 있지 않다는 메시지를 자녀에게 가르치고 있는 사람입니다. 그들은 신앙의 선택권을 자녀에게 주고 있는 것이 아닙니다. 오히려 기독교 신앙을 선택하지 않도록 유도하고 있거나, 아니면 기껏해야 모든 종교가 다 비슷비슷하다는 종교 다원주의의 메시지를 전하고 있는 것입니다.

바울은 오늘 본문에서 분명하게 말합니다. "오직 주의 교훈과 훈계로 양육하라!" 우리의 자녀가 스스로 선택할 수 있을 때까지 팔짱 끼고 구경하고 있지 말고, 경건한 습관에 익숙해지도록, 또한 우리 주님을 늘 생각하여 내는 좋은 버릇을 가지고 신앙생활 할 수 있도록 옆에서 잘 도와주는 그런 부모가 되어야 한다는 것입니다.

물론 신앙은 강요할 수 없습니다. 그것은 마치 샘물로 인도할 수는 있지만 억지로 물을 마시게 할 수 없는 것과 같습니다. 예수님을 그리스도로 믿고 그분을 따라서 살아가는 신앙생활은 결국 개인이 선택해야 할 문제입니다. 만일 자녀의 눈에 비추어진 부모의 신앙생활이 참으로 진실한 모습이라면, 그 길을 선택하는 것이 그다지 어려운 일은 아닐 것입니다.


▢ 은혜 나누기

오늘 묵상을 통해서 느낀 개인적인 소감을 함께 나누어봅시다.

▢ 공동 기도

하나님 아버지, 부모가 믿는 진리를 자녀에게 가르치는 것을 주저하지 않게 해주세요. 자녀가 스스로 선택할 수 있을 때까지 주의 교훈과 훈계로 양육할 수 있게 해주세요. 그렇게 우리 가정을 하나님이 다스리는 작은 천국으로 만들어가게 해주세요. 예수님의 이름으로 기도합니다. 아멘.

# 상전에게 순종하십시오!

- 주님의 기도 주님이 가르쳐주신 기도로 가정예배를 시작합니다.
- 찬송 부르기 325장(예수가 함께 계시니)
- 성경 읽기 에베소서 6:5

  ※ 개역개정판

  종들아 두려워하고 떨며 성실한 마음으로 육체의 상전에게 순종하기를 그리스도께 하듯 하라.

  ※ 메시지성경

  종으로 있는 여러분, 이 세상에 있는 여러분의 주인에게 존경하는 마음으로 복종하되 참 주인이신 그리스도께 복종하는 일에 언제나 주의를 기울이십시오.

- 말씀 나누기

  바울은 그리스도인이 만들어가는 새로운 관계를 '복종'이라는 키워드로 설명해왔습니다. 지금까지 우리가 묵상해온 것은 '아내와 남편의 관계' 그리고 '자녀와 부모의 관계'였습니다. 부부관계와 부모-자녀 관계는 한 가정을 이루는 두 가지 핵심적인 '기둥'이라고 말할 수 있습니다.

  바울은 여기에다가 새로운 관계를 하나 더 언급합니다. 그것은 바로 '종과 상전의 관계'입니다. 사실 '가정'은 혼자서 존재할 수 없습니다. 한 가정을 구성하는 부부와 부모-자녀는 다른 가정에 속한 사람들과 사회적인 관계를 맺으며 살아가야 합니다. 그 관계에서도 '복종'이라는 키워드가 적용되어야 합니다.

우리 그리스도인이 가정에서 서로 복종하면서 살아가는 이유가 무엇입니까? 그것은 확대된 가정인 사회 속에서도 그 원칙을 실천하기 위해서입니다. 그러니까 가정은 복종을 연습하는 훈련장인 셈입니다. 그렇게 우리가 몸담고 살아가고 있는 이 사회를 하나님이 다스리는 나라로 세워나가야 할 책임이 바로 우리에게 있는 것입니다.


## 종과 상전의 관계

우선 '종과 상전'에 대한 오해부터 풀어야 할 필요가 있습니다. 여기에서 언급되고 있는 '종'은 '노예'(slaves)를 가리킵니다. 마찬가지로 '상전'(上典)이란 종들을 부리고 있는 '주인'(masters)을 말합니다. 이처럼 바울 당시의 로마제국에서는 노예제도가 합법화되어 있었습니다.

물론 사람이 다른 사람을 노예로 부려먹는 것은 분명히 인륜(人倫)에 어긋나는 일입니다. 모든 사람이 하나님의 형상으로 창조되었다고 믿는 기독교 신앙에서는 결코 용납될 수 없는 일입니다. 그런데 바울은 종들에게 권면합니다. "상전에게 순종하기를 그리스도께 하듯 하라"고 말입니다. 그렇다면 바울은 노예제도를 옹호하는 사람이었을까요?

이 대목에서 우리는, '노예제도'가 사회를 구성하고 지탱하고 있는 '경제적인 체제'였다는 사실을 먼저 이해해야 합니다. 우리말 '종'에 해당하는 헬라어 '둘로스'(doulos)는 '다른 사람에게 서비스를 제공할 의무가 있는 사람'을 가리키는 말입니다. 그리고 그것은 경제적인 소득을 얻는 보편적인 방법이었습니다.

예를 들어서, 바울 당시의 아테네(Athens)에는 2만 명의 자유인과 40만 명의 노예가 살고 있었다는 기록이 남아있습니다. 그렇게 본다면 한 도시를 구성하는 시민 대부분이 노예였던 셈입니다. 그와 같은 소수의 '자유인'과 다수의 '노예'라는 인구 구성을 우리는 어떻게 이해해야 할까요?

우선 '자유인'(freeman)이 되려면 노예를 고용할 수 있는 경제적인 능력이 있어야 합니다. 노예들을 통해서 계속해서 경제적인 부를 창출해야 하기 때문입니다. 그렇기에 자유인에게는 '납세의 의무'가 있었습니다. 반면 노예는 자유인의 통제하에서 자신에게 부과된 여러 경제활동을 하는 사람들입니다. 그들에게 자본은 없었지만, 그 대신에 육체적인 노동력이 있었습니다. 그것을 제공하고 얻은 대가로 필요한 의식주 문제를 해결했던 것입니다. 따라서 노예에게는 납세의 의무가 부과되지 않았습니다.

이렇게 본다면 바울 당시의 노예제도는 오늘날의 경제 체제와 크게 다르지 않습니다. 회사를 경영하는 사람이 있는가 하면, 거기에 취직해서 월급 받으면서 직장생활하는 사람이 있습니다. 전자를 '자유인'이라고 한다면 후자는 '노예'인 셈입니다. 물론 요즘은 인권 의식이 높아져서, 직장 상사가 함부로 부하 직원을 대할 수 없습니다. 그렇지만 기본적으로 다른 사람에게 서비스를 제공하고 그것으로부터 얻는 소득으로 살아간다는 의미에서, 바울 당시의 사회와 크게 다르지 않습니다.

그러니까 '종과 상전의 관계'에 대한 권면의 말씀은 사실상 오늘날의 직장인이 경험하고 있는 '부하와 상사의 관계'에 대한 권면의 말씀으로 받아들일 수 있는 것입니다. 경제적인 활동을 하는 동안에는 '직장에서의 상하 관계'라는 사회적인 관계를 떠나서 살 수 없습니다. 우리는 직장에서 누군가의 '상전'이기도 하고, 또한 누군가의 '종'이기도 합니다. 이 관계에서 우리 그리스도인이 만들어가야 할 새로운 모습은 어떤 것일까요?

### 육체의 상전

바울은 먼저 '종들'에게 권면합니다. "육체의 상전에게 순종하라"고 말입니다. 여기에서 자녀와 부모의 관계에서 사용된 '순종하라'(obey)는 말씀이 똑같이 주어지고 있음을 주목하십시오. '순종'이란 '권위'(authority)를 전제로 하는 용어라고 했습니다. 상전의 권위를 인정하고 그의 말에 순순히 따르는 것이 종들에게 요구되는 순종입니다.

물론 자녀에게 잘못된 권위를 내세우는 부모가 있듯이, 종들에게 잘못된 요구를 하고 부당하게 대우하는 악덕 주인도 있습니다. 그런 주인에게도 무조건 순종해야 할까요? 과연 주인의 권위를 어디까지 인정해야 할까요?

바울이 정해놓은 한계가 있습니다. '육체의 상전'이라는 말이 바로 그것입니다. 주인이 다스릴 수 있는 것은 육체입니다. 주인이 정한 시간에 주인이 정한 장소에서 주인이 정해놓은 일을 위해서 내 육체적인 노동력을 사용해야 하지만, 그렇다고 해서 그가 내 인생의 주인이거나 내 신앙의 주인은 아닙니다. 내 영혼의 상전은 따로 있습니다. 그분은 바로 그리스도이십니다. 어떤 경우에도 우리는 그 사실을 잊으면 안 됩니다.

메시지 성경은 이 부분을 다음과 같이 번역합니다.

"종으로 있는 여러분, 이 세상에 있는 여러분의 주인에게 존경하는 마음으로 복종하되, 참 주인이신 그리스도께 복종하는 일에 언제나 주의를 기울이십시오…"(엡 6:5, 메시지).

만일 내가 누군가에게 소속되어 그에게 서비스를 제공해야 한다면, 기본적으로 그 대상에 대해서 존경하는 마음을 가져야 합니다. 그리고 상전의 권위를 인정하고 순순히 따라야 합니다. 그러나 만일 '육체의 상전'을 섬기는 일이 우리의 참 주인이신 그리스도께 복종하는 일과 정면충돌하게 된다면, 우리는 오직 그리스도께 복종해야 합니다. 왜냐면 그리스도가 우리의 '참 주인'이기 때문입니다. 이것은 이미 부모-자녀 관계에서 다루었던 내용입니다.

우리가 직장에서 부하 직원으로서 누군가를 섬겨야 한다면 상전에게 순종하며 잘 섬겨야 합니다. 직장에서 상하 관계를 기분 나쁘게 생각하거나 자존심 상하는 일로 받아들일 필요가 하나도 없습니다. 나보다 높은 직책에 있는 분들의 권위를 인정하고 존경해야 합니다.

왜냐면 우리 그리스도인에게 이 세상의 모든 사람은 '투쟁'의 대상이 아니라 '사랑'과 '섬김'의 대상이기 때문입니다. 직장 상사라고 해서 달라질 것이 없습니다. 게다가 그 섬김을 통해서 우리의 의식주와 같은 경제적인 문제를 해결하고 있으니 더더욱 감사하게 생각해야 마땅한 일입니다.


▢ 은혜 나누기
직장에서 자존심 상하는 경험을 한 적이 있다면, 함께 나누어봅시다.
▢ 공동 기도
하나님 아버지, 우리의 일터에도 생수의 강이 흐르게 해주세요. 직장생활을 할 때, 우리의 모습을 통해 그리스도인다움이 나타날 수 있게 해주세요. 특히 상사를 대할 때 그가 가진 권위를 존중하고 순종하게 해주세요. 그리하여 일터에서 그리스도의 선한 영향력을 나타낼 수 있게 해주세요. 예수님의 이름으로 기도합니다. 아멘.

# 주님께 하듯이 하십시오!

□ 주님의 기도 주님이 가르쳐주신 기도로 가정예배를 시작합니다.

□ 찬송 부르기 330장(어둔 밤 쉬 되리니)

□ 성경 읽기 에베소서 6:6-7

※ 개역개정판

⁶눈가림만 하여 사람을 기쁘게 하는 자처럼 하지 말고 그리스도의 종들처럼 마음으로 하나님의 뜻을 행하고 ⁷사람에게가 아니라 주님께 하듯이, 기쁜 마음으로 섬기십시오.

※ 메시지성경

⁶⁻⁷해야 할 일을 눈가림으로 하지 말고 진심으로 하십시오. 하나님께서 바라시는 일을 하는 그리스도의 종처럼 진심으로 하십시오. 누구에게 지시를 받든지, 실제로 여러분은 하나님을 위해 일하는 것임을 늘 명심하고 기쁘게 일하십시오.

□ 말씀 나누기

지난 시간부터 우리는 '종과 상전'의 관계를 살펴보기 시작했습니다. 이 말씀을 제대로 이해하려면 우선 다른 사람에게 서비스를 제공하고 그것으로부터 얻는 소득으로 살아가는 경제 체제를 이해해야 한다고 했습니다. 그 체제는 바울 당시나 지금이나 크게 달라지지 않았습니다. 우리는 직장에서 누군가의 '상전'이기도 하고 또한 누군가의

'종'이기도 합니다. 그 속에서 그리스도인으로서 어떻게 다른 사람들과 관계를 맺으며 살아야 하는지에 대해서 바울은 말하고 있는 것입니다.

그리스도인이 만들어가는 인간관계의 기본 원칙은 항상 똑같습니다. 바로 '서로 복종하기'입니다. 이 원칙은 '종과 상전'의 관계에서도 그대로 적용되어야 합니다. 바울은 먼저 '종'에게 요구되는 복종을 이야기하고 있지만, 그것이 전부는 아닙니다. '상전'에게 요구되는 복종도 있습니다. 그것에 대해서는 앞으로 다루게 될 것입니다. 그렇기에 성경을 읽을 때 우리는 어느 한 부분만 보고 전체를 판단하는 함정에 빠지지 않도록 조심해야 합니다.

## 두 종류의 종

종이 상전을 대할 때에 가장 중요한 것은 순종하는 마음의 자세입니다. 바울은 오늘 본문에서 육체의 상전을 대하는 두 가지 종류의 종에 대해서 말합니다. 그 하나는 '눈가림만 하여 사람을 기쁘게 하는 종'이고, 다른 하나는 '마음으로 하나님의 뜻을 행하는 종'입니다.

"눈가림만 한다"는 것을 NASB 성경은 '아이 서비스'(eye-service)라고 표현합니다. 말로만 섬기는 것을 '립 서비스'(lip-service)라고 하지요. 마찬가지로 상전이 볼 때만 일하는 척하는 것입니다. 이런 종들은 상전이 보지 않을 때는 열심히 일하지 않습니다. 물론 그렇게 해서 어느 정도 상전의 인정을 받을 수 있을지 모릅니다. 그러나 오래 가지 않습니다. 상전이 종의 본심을 알아차리는 것은 단지 시간문제일 뿐입니다.

그와는 반대로 '마음으로 하나님의 뜻을 행하는 종'이 있습니다. 우리 그리스도인은 이런 종들이 되어야 한다고 바울은 말합니다. 이들은 '마음으로부터 우러나와서' 일을 합니다. 육체의 상전이 지켜보고 있든지 보고 있지 않든지, 그 마음의 태도가 달라지지 않습니다. 왜냐면 그들은 '하나님의 뜻을 행하고' 있기 때문입니다. 다시 말해서 상전의 마음을 기쁘게 하기 위해서가 아니라, 하나님을 기쁘게 하려고 자기에게 주어진 일을 하는 것입니다.

이와 같은 섬김의 모습을 보여주었던 가장 좋은 예는 바로 '요셉'입니다. 그는 아버지 야곱의 특별한 사랑을 받던 아들이었습니다. 본래 자유인이었습니다. 그러나 형제들의 모함 때문에 그는 종으로 팔려갔습니다. 자신의 의사와 상관없이 하루아침에 자유인에서 종이 되었던 것입니다. 그런데도 그의 신분과 상관없이 요셉은 한결같은 마음의 태도를 보였습니다.

그는 친위 대장 보디발의 집에서 자신에게 맡겨진 역할을 마음을 담아서 진심으로 잘 감당했습니다. 그래서 주인의 신임을 받게 되었습니다. 성경은 이렇게 기록합니다.

"²여호와께서 요셉과 함께 하시므로 그가 형통한 자가 되어 그의 주인 애굽 사람의 집에 있으니 ³그의 주인이 여호와께서 그와 함께 하심을 보며 또 여호와께서 그의 범사에 형통하게 하심을 보았더라"(창 39:2-3).

이 이야기는 요셉이 자신에게 맡겨진 일을 육체의 상전을 위해서가 아니라 하나님을 위해서 행했다는 것을 말해줍니다. 그래서 하나님께서 요셉의 범사를 형통하게 해 주셨던 것입니다.

이와 같은 마음가짐은 그가 억울하게 누명을 쓰고 옥살이를 하면서도 바뀌지 않았습니다. 요셉은 감옥에서 그에게 맡겨진 바로의 두 관원장을 섬기는 일을 진심으로 잘 행했습니다. 그들에게 좋은 인상을 주려고 그렇게 한 것은 아닙니다. 단지 요셉은 자신에게 주어진 일을 통해서 하나님의 뜻을 행하였던 것입니다. 우리는 그 후에 어떻게 되었는지 잘 압니다.

중요한 것은 상황이 아니라 마음의 자세입니다. 종의 신분으로 집에서 보디발을 섬기든지, 죄수의 신분으로 감옥에서 두 관원장을 섬기든지, 아니면 총리대신의 신분으로 바로 왕과 애굽 제국을 섬기든지, 요셉의 마음 자세는 조금도 달라지지 않았습니다. 어떻게 그럴 수 있었을까요? 그는 육체의 상전을 위해서 일하지 않고, 하나님을 위해서 자기에게 맡겨진 모든 일을 성실하게 행했던 것입니다. 그에게 하나님은 복을 내리셔서 '범사에 형통하게' 하셨던 것이지요.

### 작은 것에 충성된 자

우리 주님도 이렇게 말씀하셨습니다.

"지극히 작은 것에 충성된 자는 큰 것에도 충성되고 지극히 작은 것에 불의한 자는 큰 것에도 불의하니라"(눅 16:10).

중요한 것은 맡겨진 일의 크고 작음이 아닙니다. 그 일을 대하는 마음 자세입니다. 작은 것에 마음을 쏟아서 진심으로 일을 하지 않고, 그저 적당히 눈가림으로 일하는 사람에게는 큰일이 주어지지 않습니다. 아니 어쩌다가 큰일이 주어졌다고 하더라도 절대로 그 일을 잘 해낼 수 없습니다. 종의 신분으로 잘 섬기지 못하면, 자유인으로 신분이 바뀌었다고 해도 섬기는 일을 잘 해낼 수 없습니다.

오늘날 청년들은 이른바 스펙(spec)을 많이 쌓아서 '좋은 직장'에 취직하는 꿈을 꿉니다. 그런데 그들이 생각하는 '좋은 직장'이란 가능한 한 일은 적게 하고 월급은 많이 받는 그런 곳입니다. 그래서 취직이 잘 안 됩니다. 물론 경제적인 상황이 어려운 탓도 있겠지만, 그보다는 기본적인 마음 자세가 바르지 못한 탓이 더 큽니다. 대접받고 인정받는 자리가 아니라 섬기는 자리를 찾아서 시작해야 합니다. 그렇게 지극히 작은 것에 충성하면 언젠가 큰 것에 충성할 기회가 주어지는 것입니다.

그런 의미에서 오늘 본문은 그리스도인 직장인들이 특별히 새겨들어야 할 말씀입니다. 우리는 그리스도의 종들처럼 하나님의 뜻을 행하는 사람들입니다. 일터에서 우리에게 맡겨진 역할이 무엇이든지, 우리는 하나님의 뜻을 행하는 기회를 받은 것입니다. 그리스도를 섬기는 기회가 주어진 것입니다. 우리는 상전에게 잘 보이기 위해서 일하는 사람이 아닙니다. 하나님께 기쁨을 드리기 위해서 일하는 사람입니다.

이와 같은 마음으로 어느 자리에서든지 모든 일을 충성스럽게 잘 감당하는 우리 가족이 되기를 간절히 소망합니다.


▫ 은혜 나누기

나에게 가장 좋은 직업은 어떤 것일까요? 왜 그렇게 생각하게 되었습니까? 함께 나누어봅시다.

▫ 공동 기도

하나님 아버지, 우리가 해야 하는 일이 어떤 것이든 주님께 하듯이 하게 해주세요. 요셉처럼 사람들에게 잘 보이기 위해서가 아니라 하나님의 마음에 기쁨을 드리기 위해서 하게 해주세요. 그리하여 하나님이 요셉과 함께하셨듯이 우리도 하나님과 늘 동행하는 복을 누리게 해주세요. 예수님의 이름으로 기도합니다. 아멘.

# 기쁜 마음으로 섬기십시오!

□ 주님의 기도 주님이 가르쳐주신 기도로 가정예배를 시작합니다.

□ 찬송 부르기 559장(사철에 봄바람 불어 잇고)

□ 성경 읽기 에베소서 6:6-7

※ 개역개정판

[6] 눈가림만 하여 사람을 기쁘게 하는 자처럼 하지 말고 그리스도의 종들처럼 마음으로 하나님의 뜻을 행하고 [7] 사람에게가 아니라 주님께 하듯이, 기쁜 마음으로 섬기십시오.

※ 메시지성경

[6-7] 해야 할 일을 눈가림으로 하지 말고 진심으로 하십시오. 하나님께서 바라시는 일을 하는 그리스도의 종처럼 진심으로 하십시오. 누구에게 지시를 받든지, 실제로 여러분은 하나님을 위해 일하는 것임을 늘 명심하고 기쁘게 일하십시오.

□ 말씀 나누기

바울이 다루고 있는 셋째 인간관계는 '종과 상전'의 관계입니다. 바울은 육체의 상전에게 순종하기를 "주님께 하듯이 하라"고 권면했습니다. 그리고 눈가림으로 하지 말고 하나님의 뜻을 행하는 마음으로 하라고 했습니다.

만일 우리가 지금까지 묵상해온 '서로 복종하며 살기'의 원칙을 고

려하지 않고 단지 이 말씀만 따로 떼어 본다면, 노예를 부려먹던 주인들에게 아주 좋은 논리를 제공하는 말씀처럼 보일 것입니다. 실제로 미국의 기독교인 백인 지주들은 이 말씀을 흑인 노예의 노동력을 착취하는 근거로 사용했습니다. 신앙의 이름으로 주인과 노예의 주종관계를 정당화했던 것이지요.

하지만 그것은 바울이 전하려는 메시지도 아니었고, 신구약 성경을 통해서 하나님께서 일관되게 드러내시는 바른 인간관계의 모습도 아니었습니다. 성경은 자신의 욕심을 정당화하려는 사람들에 의해서 언제나 그런 방식으로 시험을 당해왔습니다. 그러나 성경은 결국 스스로 자신의 진리를 드러냅니다.

그리스도인이 만들어가는 모든 인간관계의 기본 원칙은 '서로 복종하기'입니다. 바울은 종과 상전의 상하 관계에도 서로 복종하기를 적용하고 있습니다.


### 기쁜 마음으로

앞에서 바울은 눈가림만 하지 말고 주께 하듯이 섬기라고 했습니다. 한 걸음 더 나아가서 바울은 "기쁜 마음으로 섬기라."고 말합니다. 만일 우리가 누군가의 종이 되어서 섬겨야 한다면, 그 일을 정말 '기쁜 마음으로' 할 수 있을까요? 물론 그 일을 '잘 해내려고' 할 수는 있습니다. 그래야 상전에게 책망을 받지 않을 것이고, 두둑한 상급도 받게 될 것이기 때문입니다.

그러나 내게 돌아올 반대급부에 대한 계산 없이 순수하게 '기쁜 마음으로' 누군가를 섬기는 것이 가능할까요? 억지로 마지 못해 섬기기는 하겠지만 기쁜 마음으로 그렇게 하기는 쉽지 않습니다. 그런데 바울은 기쁜 마음으로 섬기기를 주께 하듯 하라고 권면합니다. 이것이 무슨 뜻일까요?

이 부분을 NIV 성경은 "온 마음을 다해 섬기라."(Serve wholeheart-edly.)라고 표현합니다. 그러니까 적당히 요령껏 하려고 하지 말고 온 마음으로 정성을 다해 섬기라는 것입니다. NASB 성경은 "선의(善意)로 섬김을 제공하라."(With good will render service.)고 표현합니다. '선의'란 상대방에게 유익을 주려는 좋은 목적을 가진 착한 마음을 말합니다. 조금은 추상적이긴 하지만 이 모두 의미 있는 해석입니다.

그러나 이 부분에 대한 메시지 성경의 번역이 가장 실감 납니다.

**"누구에게 지시를 받든지, 실제로 여러분은 하나님을 위해 일하는 것임을 늘 명심하고 기쁘게 일하십시오"(7절, 메시지).**

"웃으며 일하라."(Work with a smile on your face.)는 표현이 "기쁜 마음으로 섬기라."는 말씀의 의미를 가장 잘 설명하고 있습니다. 정말 기쁜 마음으로 섬긴다면 얼굴에 미소를 머금고 그 일을 하게 될 테니 말입니다.

이런 말이 있습니다. "행복해서 웃는 것이 아니라 웃기 때문에 행복해진다." 근대 심리학의 창시자로 불리는 윌리엄 제임스(William James, 1842-1910)가 남긴 아주 유명한 말입니다. 정말 그렇습니다. 설사 웃을 기분이 아니더라도 어떻게든 웃다 보면 행복해질 수 있는 것입니다. 그래서 사람들은 억지로라도 웃을 수 있는 거리를 만들려고 애를 씁니다.

## 하나님을 섬기는 중

그러나 우리 그리스도인은 억지로 웃으려고 하지 않아도 미소를 지으며 일할 수 있습니다. 왜냐면 우리에게 맡겨진 일이 바로 하나님을 섬기는 일이라는 것을 잘 알기 때문입니다. 메시지 성경의 표현처럼, '누구에게 지시를 받든지' 실제로는 하나님을 위해 일하고 있는 것이기 때문입니다.

우리가 이렇게 말하면, 하나님을 알지 못하는 사람들은 잘 이해하지 못할 겁니다. "하나님을 섬기는 것이 뭐가 좋은 일이라고 그렇게 웃으면서 할까?" 그것은 구원받은 감격을 알지 못하기 때문입니다. 하나님은 예수 그리스도를 통해서 우리를 죄에서 구원해주셨습니다. 말하자면 우리 생명의 은인입니다. 생명의 은인을 위해서 무언가 할 수 있다는 것이 얼마나 감사한 일입니까!

아무리 마음씨 착한 상전을 만났다고 하더라도, 그가 지시하는 일이 언제나 즐거울 수만은 없습니다. 일이 많으면 많아서 힘들고, 똑같은 일이 반복되면 짜증이 나게 되어있습니다. 게다가 이 세상에 착한 상전은 거의 없습니다. 못된 상전에게 책망을 받을 확률이 훨씬 더 높습니다.

월급이라도 많이 받으면 참을 수 있다고 하지만, 대개는 일한 만큼 충분한 대우를 받지 못합니다. 그러니 웃으면서 일을 할 수 없습니다. 웃지 않으니까 더 불행해지고, 불행하다고 생각하니까 더 일하기 싫어집니다. 우리가 누구 밑에서 어떤 일을 하든지 만일 "사람들에게 한다"고 생각하면 반드시 이렇게 되는 것입니다.

그래서 바울은 권면합니다. "주께 하듯 하고 사람들에게 하듯 하지 말라." 그 일을 지시하는 사람이 누구이든지 간에, 우리를 구원하신 생명의 은인인 주님을 섬긴다고 생각한다면, 아무리 힘에 겨운 일이라도 우리는 웃으면서 할 수 있습니다. 그것이 바로 "기쁜 마음으로 섬기라"는 말씀의 의미입니다.

오래전에 '웃으면 복이 와요'라는 TV 프로그램이 있었습니다. 물론 억지웃음이 많았지만, 그래도 많은 사람이 즐겨 보았습니다. 그 제목을 이렇게 바꾸어 보면 어떨까요? "웃으며 일하면 복을 받아요." 주어진 자리가 어디이든지, 주어진 일이 무엇이든지 기쁜 마음으로 웃으면서 일하는 사람들은 복을 받습니다. 지난 시간에 언급한 요셉이 바로 그런 사람이었습니다. 그러나 짜증 섞인 얼굴로 투덜대며 일하는 사람에게는 절대로 복이 오지 않습니다.

진정한 복이란 투쟁하여 쟁취할 수 있는 것이 아닙니다. 받을만한 마음의 그릇이 준비된 사람에게 복이 쌓입니다. 받을만한 마음의 그릇이 무엇입니까? 기쁜 마음으로 섬기는 것입니다. 그래서 우리 그리스도인은 복 있는 사람입니다. 종이든 자유인이든, 우리는 언제나 그리스도를 섬기듯이 모든 일을 감당하기 때문입니다.

그렇게 얼굴에 미소를 머금고 기쁜 마음으로 수고하여 일하던 식구들이 일과를 마치고 한 상에 둘러앉아 먹고 마시는 가정이 바로 복 받은 가정입니다. 작은 천국입니다. 우리 가정이 그렇게 되기를 간절히 소망합니다.


□ 은혜 나누기
직장이나 가정에서 웃는 모습과 화난 모습 중에서 어떤 걸 더 많이 봅니까? 그 이유가 무엇이라고 생각합니까? 함께 나누어봅시다.

□ 공동 기도
하나님 아버지, 만일 누군가를 섬겨야 한다면, 결코 사람에게 하듯 하지 않게 해주세요. 우리는 사람을 섬기는 게 아니라 주님을 섬기고 있다는 걸 잊지 않게 해주세요. 우리는 주님의 이름으로 누군가를 섬기기 위해서 부름을 받았다는 사실을 잊지 않게 해주세요. 예수님의 이름으로 기도합니다. 아멘.

# 칭찬은 주님께 받으십시오!

□ 주님의 기도 주님이 가르쳐주신 기도로 가정예배를 시작합니다.

□ 찬송 부르기 88장(내 진정 사모하는)

□ 성경 읽기 에베소서 6:8

※ 개역개정판

이는 각 사람이 무슨 선을 행하든지 종이나 자유인이나 주께로부터 그대로 받을 줄을 앎이라.

※ 새번역성경

선한 일을 하는 사람은, 종이든지 자유인이든지, 각각 그 갚음을 주님께로부터 받게 됨을 여러분은 아십시오.

□ 말씀 나누기

지난 시간에 우리는 "기쁜 마음으로 섬겨야 한다"는 말씀을 묵상했습니다. 아무리 귀찮은 일이요 힘겨운 일이라 하더라도 이왕이면 "웃는 얼굴로 하라"는 권면입니다. 어떻게 그럴 수 있을까요? 그 일을 지시하는 사람이 누구이든지 간에, 우리는 그 일을 통해서 실제로는 주님을 섬기기 때문입니다. 우리를 구원해주신 주님을 위해서 일한다고 생각한다면, 얼마든지 웃으면서 그 일을 할 수 있는 것입니다.

그 외에도 우리가 얼굴에 미소를 머금고 기쁜 마음으로 주어진 일을 감당해야 할 또 다른 중요한 이유가 있다고 바울은 말합니다.

## 칭찬에 대한 기대심리

오늘 본문에서 바울은 말합니다.

"이는 각 사람이 무슨 선을 행하든지 종이나 자유인이나 주께로부터 그대로 받을 줄을 앎이라"(엡 6:8).

사람들이 착한 일을 하는 이유가 무엇이라고 생각합니까? 마태복음 25장에 보면 마지막 때에 주님이 오셔서 사람들을 오른편의 양과 왼편의 염소로 구분하는 장면이 나옵니다. 그때 주님은 오른편의 양들에게 이렇게 말씀하십니다.

"내가 배고플 때 너희가 내게 먹을 것을 주었고 내가 목마를 때 너희가 내게 마실 것을 주었고 내가 집이 없을 때 너희가 내게 방을 내주었고 내가 떨고 있을 때 너희가 내게 옷을 주었고 내가 병들었을 때 너희가 내게 문병을 왔고 내가 감옥에 갇혔을 때 너희가 내게 면회를 왔다"(마 25:35-36, 메시지).

배고픈 사람에게 먹을 것을 주고 목마른 사람에게 마실 것을 주는 것은 분명 '착한 일'입니다. 추운 겨울에 입을 옷이 없어 떨고 있는 사람에게 옷을 주거나 병든 사람을 찾아가서 위로해주는 것 역시 '착한 일'입니다. 그런데 그들은 왜 그렇게 했을까요? 이유가 없습니다. 그냥 했습니다. 그 일을 통해서 다른 사람에게 인정받으려고 하지 않았습니다. 심지어 주님에게 칭찬받으려는 의도도 없었습니다. 그것이 마땅히 해야 할 '착한 일'이기 때문입니다. 그렇습니다. 착한 일을 하는데 이유가 꼭 필요한 것은 아닙니다.

그런데 처음에는 '착한 일'을 열심히 하던 사람들이 도중에 낙심하여 그만두는 경우가 참 많습니다. 그래서 데살로니가교회에 보낸 편지에서 바울은 이렇게 권면합니다.

"형제들아, 너희는 선을 행하다가 낙심하지 말라"(살후 3:13).

이 말씀은 '착한 일'을 하다가 도중에 낙심하는 사람들이 많이 있었다는 뜻입니다. 왜 사람들은 '착한 일'을 하다가 낙심하게 될까요? 왜 냐면 사람들의 칭찬을 기대하기 때문입니다. 내가 하는 착한 일을 다른 사람들이 알아주기를 기대하기 때문입니다. 그런데 기대했던 칭찬을 받지 못하게 되니까 실망하게 되고, 무언가 손해 본다는 느낌이 들게 되고, 그래서 아예 '착한 일' 자체를 그만두는 것이지요.

우리가 직장에서 누군가를 섬겨야 하는 자리에 있다고 합시다. 처음에는 선한 의도를 가지고 열심히 최선을 다해서 일합니다. 그런데 우리의 섬김과 헌신에 대해서 직장 상사로부터 인정을 받지 못하게 되면 어떻게 될까요? 실망하겠지요. 그러면 그다음부터는 처음처럼 그렇게 진심으로 열심히 일하지 않을 것입니다. 단지 의무감에서 대충 눈가림만 하게 될 것입니다. 그것이 바로 착한 일을 하다가 낙심하게 되는 경우입니다.

### 주님의 칭찬

그런데 바울은 오늘 본문에서 진정한 칭찬은 주님께 받는 것이라고 말합니다. 새번역 성경은 다음과 같이 번역하고 있습니다.

"선한 일을 하는 사람은, 종이든지 자유인이든지, 각각 그 값음을 주님께로부터 받게 됨을 여러분은 아십시오"(엡 6:8, 새번역).

사람들의 인정이나 칭찬을 기대하고 있는 한, 우리는 '착한 일'을 끝까지 해낼 수 없습니다. 바울이 앞에서 "사람들에게 하듯 하지 말고, 주께 하듯 하라"(7절)고 권면한 것도 바로 그 때문입니다. 사람들을 섬긴다고 생각하면 마지막까지 기쁜 마음으로 섬길 수 없기 때문입니다.

그러나 만일 우리가 그 일을 통해서 사람을 섬기는 것이 아니라 주님을 섬긴다고 생각한다면 이야기가 완전히 달라집니다. 사람의 인정이나 칭찬은 우리에게 더는 중요한 문제가 되지 않습니다. 진정한 칭찬과 상급은 주님에게서 오는 것이기 때문입니다.

오늘 본문에서 바울은, 이 문제는 '종'에게만 해당하는 것이 아니라고 말합니다. '자유인'도 역시 마찬가지라는 것입니다. "종이든 자유인이든… 주께로부터 그대로 받을 줄을 앎이라."

사실 상대방에게 인정을 받고 싶어 하는 욕구는 '종'보다 '자유인'에게 훨씬 더 강하게 나타납니다. 왜냐면 그들은 현재 누군가의 섬김을 받는 사람들이기 때문입니다. 직책이 높아지고 권력이 강해지면 그에 비례하여 다른 사람들에게 인정받으려는 욕구는 점점 더 커지게 되어있습니다. 그래서 주변에 아첨꾼들을 두게 되고, 매사에 그들의 아부하는 말로 위로를 받으려고 하는 것입니다.

그러나 종이든 자유인이든 그들이 행한 '착한 일'에 대해서 진정으로 알아주시는 분은 오직 주님이십니다. 만일 사람들의 칭찬을 염두에 두고 어떤 일을 하게 된다면, 그것은 인기에 영합하는 '눈가림'(eye-service)이지 결코 '착한 일'이 될 수 없습니다. 우리의 중심을 살피시는 주님을 섬기는 마음으로 행할 때, 비로소 우리는 진심으로 '착한 일'을 할 수 있습니다. 그리고 그럴 때 '선을 행하다가 낙심하여 포기하지 않게'(갈 6:9) 되는 것입니다.

우리는 지금 누구에게 칭찬받을 것을 기대하고 있습니까? 가정에서 가족들을 섬기든지, 직장에서 다른 사람들을 섬기든지, 만일 사람들의 칭찬을 기대하고 있다면 지금 아무리 착한 일을 열심히 하고 있더라도 조만간 쉽게 낙심하게 될 것입니다. 그리고 그 착한 일을 도중에 그만두게 될 것입니다.

우리는 단지 우리를 구원하여 주신 하나님의 은혜에 감격하여 누군가를 섬길 뿐입니다. 그것은 우리가 마땅히 해야 할 일입니다. 그런데도 하나님은 그 일을 당연하게 여기지 않으시고 우리에게 칭찬과 상급의 은혜를 더하여 주시는 것입니다.

　이번 한 주간 동안 살아가면서 우리가 어디에 있든지, 우리가 만나는 사람들이 누구이든지, 우리가 해야 할 일이 무엇이든지, 오직 주님을 섬긴다는 마음으로 얼굴에 미소를 머금고 잘 감당할 수 있도록, 성령님의 도우심을 기도해야 하겠습니다.


□ 은혜 나누기
다른 사람의 칭찬이 없더라도 나는 착한 일을 할 수 있을까요? 자기 생각을 함께 나누어봅시다.

□ 공동 기도
하나님 아버지, 그동안 우리는 사람에게 칭찬받기 위해서 일했습니다. 그래서 너무나 쉽게 낙심하여 넘어지곤 했습니다. 그러나 오늘 말씀을 통해서 우리가 행하는 '착한 일'을 알아주시는 분은 오직 주님이라는 사실을 깨닫게 해주시니 감사합니다. 이제부터는 오직 주님께 받을 칭찬을 기대하며 끝까지 '착한 일'을 행하며 살게 해주세요. 예수님의 이름으로 기도합니다. 아멘.

# 상전들도 똑같이 하십시오!

□ **주님의 기도** 주님이 가르쳐주신 기도로 가정예배를 시작합니다.

□ **찬송 부르기** 216장(성자의 귀한 몸)

□ **성경 읽기** 에베소서 6:9

※ 개역개정판

상전들아 너희도 그들에게 이와 같이 하고 위협을 그치라. 이는 그들과 너희의 상전이 하늘에 계시고 그에게는 사람을 외모로 취하는 일이 없는 줄 너희가 앎이라.

※ 메시지성경

주인 된 여러분, 여러분도 똑같이 하십시오. 부탁이니, 종을 학대하거나 위협하지 마십시오. 여러분과 여러분의 종이 섬기는 주님은 하늘에 계신 같은 주님이십니다. 그분은 여러분과 여러분의 종을 차별하지 않으십니다.


□ **말씀 나누기**

지금 우리는 '종과 상전'의 관계에 대한 바울의 권면에 대해서 살펴보고 있습니다. 바울은 먼저 종들에게 육체의 상전에게 순종하라고 했습니다. 그것은 사실 당시 상명하복(上命下服)의 사회 통념상 지극히 당연한 일이었습니다. 그러나 바울은 그것을 새 사람이 만들어가는 새로운 인간관계의 지침으로 설명합니다. 육체의 상전을 섬긴다고 생각하지 말고, 주님을 섬긴다고 생각하라는 것입니다.

그것이 전부가 아닙니다. 한 걸음 더 나아가서 이번에는 상전에게
도 복종을 요구합니다. 오늘 우리가 묵상하려고 하는 내용입니다.

### 에베소교회의 상전들

바울은 말합니다. "상전들아, 너희도 그들에게 이와 같이 하고 위
협을 그치라"(9절a). 여기에서 '상전들'(masters)은 에베소교회에서 신
앙생활 하는 사람들입니다. 그들 중에는 많은 종을 거느리고 있는 사
람도 있었을 것입니다. 또한, 상전과 같은 교회를 다니면서 신앙생활
하는 종들도 분명히 있었을 것입니다. 그러니까 집에서는 종과 상전
이지만, 교회에서는 믿음의 형제로 지내고 있었던 것입니다.

그런데 바울은 노예를 부리는 사람들은 결코 그리스도인이 될 수
없다고 하거나, 성찬에 참여할 자격이 없다고 말하지 않습니다. 만일
신앙생활을 계속하고 싶거든 당장에 노예들을 모두 해방하라고 요구
하지도 않습니다. 왜냐면 이것은 제도 자체의 문제가 아니라, 사람이
맺는 관계의 문제이기 때문입니다.

인격의 변화 없는 사회제도의 개혁은 반드시 실패할 수밖에 없습
니다. 물론 '노예제도'는 철폐되어야 마땅합니다. 그러나 그것은 '상전
들'의 의식개혁으로부터 시작되어야 합니다. 자신이 부리고 있는 종
들을 대하는 태도부터 달라져야 합니다. 오늘 본문에서 바울은 상전
들에게 두 가지를 권면합니다.

### 두 가지 권면

첫째 권면은 "여러분도 똑같이 하십시오"입니다.

누구와 똑같이 하라는 말입니까? 물론 그들이 종으로 부리는 사람
들과 똑같이 하라는 겁니다. 앞에서 바울은 종들에게 "육체의 상전에

게 순종하기를 그리스도께 하듯 하라"(5절)고 했습니다. 또한 "눈가림으로 하지 말고 진심으로 하라"(6절)고 했습니다. 그리고 "기쁜 마음으로 섬기라"(7절)고 했습니다. 그렇게 해야 하는 이유는 '무슨 선을 행하든지 주께로부터 그대로 받기 때문'(8절)이라고 했습니다.

그리스도인 상전도 이와 똑같은 태도로 종들을 대해야 한다는 것입니다. 종들은 주인 마음대로 사고팔고 함부로 부릴 수 있는 그런 소유물이 아닙니다. 하나님의 뜻을 행하라고 주님이 붙여주신 사람들입니다. 그렇게 생각한다면 종들을 대하는 태도가 근본적으로 달라질 수밖에 없습니다. 이것이 바로 지금까지 바울이 말해온 '서로 복종하며 살기'의 원칙에 따라서 새롭게 만들어져가는 인간관계의 출발입니다.

둘째 권면은 "종들을 협박하지 말라"는 것입니다.

우리말 성경으로는 "위협을 그치라"로 되어있지만, 메시지 성경은 "학대하지 말고, 협박하지 말라"(No abuse, and no threats)고 풀이합니다. 강자가 약자를 협박하는 두 가지의 방법은 '물리적인 폭력'과 '언어적인 폭력'입니다. 그리스도인 상전들은 이와 같은 협박을 포기해야 한다고 바울은 권면합니다. 협박과 강압으로 종들과의 관계를 만들지 말라는 겁니다. 그런데 이것은 말처럼 그렇게 쉽지 않습니다. 왜냐면 '협박'은 사람의 생활 깊숙이 뿌리를 내리고 있는 일종의 '문화'와 같은 것이기 때문입니다.

가정에서도 자주 '협박'이 등장합니다. 밥을 잘 먹지 않는다고, 공부하지 않는다고, 게임에만 열중한다고 부모가 자녀에게 얼마나 다양한 협박을 합니까? 자기 말을 듣지 않으면 큰 위해를 가할 것처럼 하면서 수를 거꾸로 세는 부모가 있습니다. 그것도 일종의 언어폭력이요 협박입니다. 부부 사이에도 협박성 발언이 너무나 쉽게 오고 가는 것을 봅니다.

가정만이 아닙니다. 협박은 우리 사회 곳곳에서 일상화되어 있습니다. 군대에서 상관이 부하를 협박하고, 직장에서 상사가 하급직원을 협박합니다. 학교에서는 교수가 조교를 협박하고, 교사가 학생을 협박하고, 학부모가 교사를 협박합니다. 물론 강자만 협박하는 것이 아닙니다. 약자도 자기 생명을 담보로 협박합니다. 노동자들은 파업과 태업으로 사주를 협박합니다.

지금도 그 정도이니 바울 당시에는 더 말할 것도 없습니다. 주인이 노예를 협박하는 것은 아무런 문젯거리가 아니었습니다. 그런데 바울은 협박을 포기하라고 상전들에게 권면하고 있는 것입니다. 만일 상전들이 '협박'이라는 무기를 포기한다면 무엇으로 종들을 통제할 수 있겠습니까? 어떻게 종들에게 이런저런 일을 시킬 수 있을까요?

### 의와 공평을 베풀라

바울은 또 다른 옥중서신인 골로새서 4장에서 이와 관련하여 아주 중요한 팁을 한 가지 알려줍니다.

"상전들아, 의와 공평을 종들에게 베풀지니 너희에게도 하늘에 상전이 계심을 알지어다"(골 4:1).

협박을 포기하는 대신, "의와 공평을 종들에게 베풀라"는 것입니다. 이 부분을 NIV 성경은 "종들에게 옳은 것과 공평한 것을 제공하라"(Provide your slaves with what is right and fair)고 번역합니다. 새번역 성경은 "정당하고 공정하게 종들을 대우하십시오"라고 표현합니다. 메시지 성경은 "종을 사려 깊게 대하십시오. 그들을 공정하게 대우하십시오"라고 풀이합니다.

그렇습니다. 무턱대고 윽박지르며 물리적으로 또는 언어적으로 위협을 가하는 것은 하나님을 알지 못하는 사람들이나 하는 일입니다.

그렇게 하면 종들은 두려움에 마지 못해서 일하겠지만, 진심을 담아서 충성하지는 않습니다. 우리 그리스도인들은 그들이 비록 종의 신분을 가지고 있을지라도 인격적으로 대우해주어야 합니다. 그들에게 맡겨진 일들이 얼마나 정당한지 사려 깊게 잘 설득하고, 또한 그들이 공정하다고 느낄 수 있도록 잘 대우해주어야 합니다.

물론 그리스도인 상전들의 호의와 은혜를 악용하여 원수로 갚는 종들도 분명히 생겨날 것입니다. 그것은 죄의 문제로 또한 공평하게 다루면 됩니다. 그러나 어찌 되었든지 상전들이 '협박'이라는 무기에 집착하고 있으면 안 됩니다. 그것을 과감하게 내려놓아야 상전과 종의 새로운 인간관계를 만들어갈 수 있는 것입니다.

우리의 삶에서 '협박'이 완전히 사라지도록, 그 자리에 약자를 '공정하고 정당하게' 대우하는 선한 일들이 채워지도록, 우리 모두 기도해야 하겠습니다.


□ 은혜 나누기

가정이나 학교나 직장에서 윗사람으로부터 협박을 받아본 일이 있습니까? 그때 어떤 생각이 들었습니까? 솔직하게 함께 나누어봅시다.

□ 공동 기도

하나님 아버지, 복종이란 종에게만 요구되는 것이 아니라, 다른 사람을 다스리는 상전에게도 요구되는 것임을 알게 해주시니 감사합니다. 더 높아질수록 더욱 겸손해지게 하시고, 더 강해질수록 더욱 너그러워질 수 있게 해주세요. 그리하여 섬김으로 서로를 세워가는 바른 관계를 만들어갈 수 있게 해주세요. 예수님의 이름으로 기도합니다. 아멘.

**12월 4주**

# 하늘에 상전이 계십니다!

- 주님의 기도 주님이 가르쳐주신 기도로 가정예배를 시작합니다.
- 찬송 부르기 86장(내가 늘 의지하는 예수)
- 성경 읽기 에베소서 6:9

  ※ 개역개정판

  상전들아 너희도 그들에게 이와 같이 하고 위협을 그치라. 이는 그들과 너희의 상전이 하늘에 계시고 그에게는 사람을 외모로 취하는 일이 없는 줄 너희가 앎이라.

  ※ 메시지성경

  주인 된 여러분, 여러분도 똑같이 하십시오. 부탁이니, 종을 학대하거나 위협하지 마십시오. 여러분과 여러분의 종이 섬기는 주님은 하늘에 계신 같은 주님이십니다. 그분은 여러분과 여러분의 종을 차별하지 않으십니다.

- 말씀 나누기

  지금까지 우리는 새 사람으로 창조된 그리스도인이 만들어가는 새로운 인간관계에 대해서 살펴보았습니다. 한마디로 표현하면 '서로 복종하며 살기'입니다. 아내와 남편이, 자녀와 부모가, 그리고 종과 상전이 서로 복종하며 살아가는 것입니다. 물론 남편에 대한 아내의 복종과 부모의 권위에 대한 자녀의 순종을 요구하는 가르침은 다른 종교에도 있습니다. 상전에 대한 종의 순종을 요구하는 것은 사회 통념상 지극히 당연한 일입니다.

그러나 그 반대로 아내에 대한 남편의 희생적인 사랑이나 자녀에 대한 부모의 올바른 권위를 강조하는 것은 오직 기독교 신앙에서만 발견할 수 있는 특징입니다. 특별히 종이나 노예에게만 일방적으로 요구하던 복종의 의무를 상전이나 주인에게도 똑같이 요구하는 바울의 가르침은, 어떤 의미에서는 이 세상의 질서를 근본적으로 뒤집어 엎는 대단히 급진적인 주장처럼 보입니다.

하나님을 알지 못하는 세상 사람들은 이와 같은 가르침을 받아들이기가 쉽지 않을 것입니다. 그러나 새 사람으로 창조된 우리 그리스도인에게, 이것은 아주 자연스럽게 다다르게 되는 결론입니다. 그와 같은 방식으로 기독교는 이 세상의 질서를 바꾸어왔던 것입니다.

지난 시간에 우리는 상전에게 요구되는 복종에 대해서 살펴보았습니다. 바울은, 종들이 상전을 대하는 것처럼, 상전도 똑같이 종들을 대해야 한다고 했습니다. 또한, 그렇기에 세상의 다른 상전이 종들에게 흔히 그러듯이 협박해서는 안 된다고 했습니다.

## 하늘에 계신 상전

그런데 이런 식으로 상전 노릇을 하라고 그러면 참 재미가 없을 것 같습니다. 종들을 자기 마음대로 협박하지 못하는 상전이 무슨 상전입니까? 그러나 그렇게 해야 하는 중요한 이유가 있다고 바울은 말합니다.

"상전들아 너희도 그들에게 이와 같이 하고 위협을 그치라. 이는 그들과 너희의 상전이 하늘에 계시고 그에게는 사람을 외모로 취하는 일이 없는 줄 너희가 앎이라"(엡 6:9).

그리스도인 상전이 종들을 함부로 대하거나 협박의 대상으로 삼지 말아야 하는 이유는 '하늘에 계신 상전' 때문입니다. 그런데 그분은 '그들과 너희의 상전'입니다. 다시 말해서 아랫사람인 '종들'과 윗사람인 '상전' 모두의 상전이 하늘에 계시다는 겁니다. '하늘에 계신 상전'은 물론 하나님을 가리킵니다.

이 대목에서 우리는 주님께서 가르쳐주신 기도문을 시작하는 대목을 떠올리게 됩니다. 주기도문은 "하늘에 계신 우리 아버지여!"(마 6:9)라고 시작합니다. 여기에서 복수 대명사 '우리'라는 단어가 사용되었다는 점에 주목해야 합니다. '우리'는 아주 의미심장한 단어입니다.

하늘 아버지, 즉 하나님을 '우리 아버지'(Our Father)라고 부르라고 하신 것은, 이 세상의 사회구조를 근본적으로 개혁하는 엄청난 메시지입니다. 이 세상에서 어떤 신분을 가지고 살든지 간에, 하나님을 '우리 아버지'라고 부르는 순간 우리는 한 아버지를 섬기는 형제자매가 되기 때문입니다. 그 엄청난 사실을 받아들일 수 있을 때 주님이 가르쳐주신 주기도문으로 진정한 기도를 할 수 있는 것입니다.

오늘 본문에서 바울이 '하늘에 계신 상전'에 대해서 말하고 있는 것도, 주기도문의 가르침과 조금도 다르지 않습니다. 종들에게도 하나님은 상전이 되시고, 주인들에게도 같은 하나님이 상전이 되신다는 것입니다. 그러면 종들과 주인들은 하나님 앞에서 어떤 관계가 될까요? 그들은 모두 하늘의 상전이신 하나님의 종들이요, 서로에게는 형제자매가 되는 것입니다.

## 하나님의 시선

까마득히 높은 빌딩 옥상에서 저 밑의 도로를 걸어가는 사람들을 보면 어떨까요? 위에서 보면 사람들의 키 차이가 나지 않습니다. '도토리 키 재기'라는 말이 실감 납니다. 그렇다면 하늘에 계신 상전이 보시는 우리의 모습은 어떨까요? 바울은 이렇게 말합니다. "그에게는 사람을 외모로 취하는 일이 없는 줄을 너희가 앎이라." "사람을 외모로 취하지 않는다"는 말은 겉으로 드러나는 모습, 즉 사회적인 신분으로 사람들을 구분하지 않는다는 뜻입니다.

이를 NIV 성경은 "하나님에게는 편애가 없다."(There is no favoritism with him.)고 표현합니다. '편애'(偏愛)는 더 좋아하는 것을 말합니다. '편애'가 곧 '차별'입니다. 만일 하나님께서 어느 한쪽을 더 좋아하신다면, 다른 쪽은 상대적으로 차별대우를 받는 것입니다. 우리의 하나님은 사회적인 신분으로 그 사람의 가치를 판단하거나 다르게 대우하는 분이 아닙니다.

그렇다면 하늘의 상전으로서 하나님은 이 땅에 살아가는 주인들과 종들을 어떻게 보실까요? 물론 똑같이 보십니다. 하나님은 인종과 신분과 경제적인 능력의 차이와 상관없이 모든 사람을 똑같이 대하십니다. 만일 우리가 그 사실을 잘 알고 있다면, 상전이라고 해서 종의 신분을 가진 사람들을 함부로 대하거나 협박을 하는 그런 일을 이제 더는 하지 말아야 합니다.

바울은 노예제도를 폐기해야 한다고 요구하지 않았습니다. 모든 종을 풀어주라고 상전들에게 명령하지 않았습니다. 단지 하늘의 상전을 기억하라고 했고, 그분은 신분으로 인해 편애하거나 차별하는 법이 없다고 했습니다. 그렇기에 상전도 그들이 부리는 종들을 잘 대해주어야 한다고 했습니다. 믿음의 형제자매로 받아들여야 한다고 했습니다.

그런데 놀라운 일들이 벌어졌습니다. 상전과 종들의 관계가 이런 방식으로 변화되면서, 노예제도 자체에 큰 변화가 나타나기 시작했습니다. 기독교 신앙의 영향력이 점점 확장되면서, 로마제국 속에서 노예제도의 악습이 점점 사라지기 시작한 것입니다. 이것이 바로 이 세상을 바꾸시는 하나님의 방식입니다. 사회제도를 급진적으로 바꾼다고 진정한 개혁이 일어나지 않습니다. 먼저 '사람'이 살아가는 '삶'의 방식이 바뀌어야 하고, 또한 '인간'(人間)이 맺고 있는 '관계'들이 변화되어야 합니다.

바울은 새 사람이 만들어가는 새로운 인간관계를 '서로 복종하며 살기'라는 주제어로 풀어왔습니다. 아내와 남편이, 자녀와 부모가, 또한 종들과 상전이 우리 주님께서 가르쳐주신 대로 서로 복종함으로써 새로운 관계를 세워나갈 때, 우리가 살아가는 이 땅에 '하나님의 나라'가 이루어지는 것입니다. 아직도 갈 길이 멉니다. 그러나 하나님은 믿음의 공동체인 가정과 교회를 통해서 계속 그 일을 하고 계십니다.

우리 자신이 먼저 새 사람으로 창조되고, 우리 가정에 새 사람이 만들어가는 새로운 관계가 세워지고, 우리의 일터에서도 그것이 적용되기를 소망합니다. 예수만 섬기는 우리집을 통해서 날마다 생수의 강이 흐르는 하나님의 은혜를 체험하며, 하나님의 나라가 더욱 확장해나가기를 간절히 소망합니다.


□ 은혜 나누기

올 한 해 동안 가정예배 말씀 묵상을 통해서 얻은 교훈이 있다면 이 시간 함께 나누어봅시다.

□ 공동 기도

하나님 아버지, 우리 가정을 예수만 섬기는 집으로 삼아주심을 감사드립니다. 지금까지 배운 말씀에 따라 살아감으로써 우리 가족들의 관계가 새로워질 수 있게 도와주세요. 그리하여 우리 가정에 날마다 생수의 강이 흐르게 해주세요. 예수님의 이름으로 기도합니다. 아멘.

〈설날 예배〉 하나님을 포함하는 삶(엡 5:15-16)

〈추석 예배〉 하나님께 감사하는 삶(엡 5:19-20)

〈추모 예배〉 하나님께 나아가는 삶(엡 3:10-12)

특별 예배

# 명절, 가정 행사 때 드리는
# 가정예배

# 하나님을 포함하는 삶

□ 예식사 인도자

오늘 우리 민족의 고유 명절인 설날을 맞이하여, 우리 가정이 먼저 하나님 앞에
예배드리겠습니다.

□ 주님의 기도

□ 찬송 부르기 552장(아침 해가 돋을 때)

□ 기도하기 맡은이

사랑과 은혜가 충만하신 하나님 아버지,

우리를 주님의 구원받은 백성으로 선택하여 주시고, 변함없는 사랑으로 인도
하여 주심을 감사합니다. 우리 민족의 고유 명절인 설날을 맞이하여, 우리 가
족이 함께 모여 먼저 하나님께 예배를 드리오니 주님의 은총을 베풀어 주옵소
서. 이 시간 부모님의 은덕과 뜻을 기억하며, 온 가족이 믿음 안에서 하나가
되는 복된 시간이 되게 하여 주옵소서.

우리 주 예수 그리스도의 이름으로 기도합니다. 아멘.

□ 성경 읽기 에베소서 5:15-16

※ 개역개정판

<sup>15</sup>그런즉 너희가 어떻게 행할지를 자세히 주의하여 지혜 없는 자같이 하지 말
고 오직 지혜 있는 자같이 하여 <sup>16</sup>세월을 아끼라. 때가 악하니라.

※ 메시지성경

<sup>15-16</sup>그러니 여러분의 발걸음을 살피십시오. 머리를 쓰십시오. 기회를 얻을 때

마다 그 기회를 선용하십시오. 지금은 긴박한 때입니다!

□ 말씀 나누기

오늘은 음력으로 새해를 시작하는 날입니다. 양력으로는 이미 새해가 시작되었습니다. 그러나 우리 민족은 전통적으로 설날에 가족이 함께 모여서 조상에게 차례를 지내고 친척이나 이웃 어른들께 세배하면서 새로운 한 해를 맞이했습니다. 우리 그리스도인들은 무엇을 하든지 가장 먼저 하나님께 예배를 드립니다. 조상이나 어른께 인사하는 것이 세상의 예의인 것처럼, 하나님 아버지께 가장 먼저 예배를 드리며 인사하는 것이 기독교 신앙의 마땅한 예의이기 때문입니다.

지혜 있는 자

오늘 본문은 올 한 해 동안 우리 가족이 늘 마음에 품고 살아야 할 말씀입니다.

"너희가 어떻게 행할지를 자세히 주의하여 지혜 없는 자같이 하지 말고 오직 지혜 있는 자같이 하라"(15절).

성경이 말하는 '지혜 있는 자'란 공부를 잘하는 똑똑한 사람이 아닙니다. 아이큐가 높다고 해서 꼭 지혜 있는 사람은 아닙니다. '지혜 있는 자'는 '하나님을 경외하는 자'입니다. 그 말씀이 잠언 9장에 기록되어 있습니다.

"여호와를 경외하는 것이 지혜의 근본이요 거룩하신 자를 아는 것이 명철이니라"(잠 9:10).

여기에서 '지혜의 근본'은 본래 '지혜의 시작'(the beginning of wisdom)이라는 뜻입니다. 그리고 "하나님을 경외한다"는 말씀은 "거룩하신 자를 안다"는 말씀과 같습니다. 거룩하신 하나님을 알면 그를 '경외'(fear)할 수밖에 없습니다. 그렇기에 하나님을 경외하는 사람들은 언제나 자기 인생에 가장 먼저 하나님을 포함하여 생각합니다. 그와 정반대로 '지혜 없는 사람'은 자기 인생에서 하나님을 빼버리고 하나님 없이 살아가는 사람입니다.

따라서 "오직 지혜 있는 자같이 하라"는 바울의 권면은 결국 "네 인생 가운데 언제나 가장 먼저 하나님을 포함하여 살라"는 뜻입니다. 우리가 하나님을 믿기 전, 우리의 옛사람은 그렇게 살지 않았습니다. 언제나 내 주장이 가장 중요했고, 언제나 내 감정을 앞세웠습니다. 내가 좋아하는 것만 선택하며 살았고, 그것이 결국 하나님을 대적하는 삶, 다른 사람과의 관계를 파괴하는 삶을 만들어냈습니다.

그러나 이제 옛사람을 벗어버리고 새 사람을 입게 되었으니, 이제부터는 내 인생에 하나님을 포함하여 생각하고, 하나님을 가장 먼저 선택하고, 하나님이 원하시는 것을 행하는 지혜 있는 사람이 되어야 하는 것입니다.

## 조심하는 자

자신의 인생에 하나님을 포함하는 지혜 있는 사람은 가장 먼저 '조심하는 일'부터 합니다. 오늘 본문은 "너희가 어떻게 행할지를 자세히 주의하라"고 합니다. '주의하라'는 말씀은 '조심하라'는 뜻입니다. 메시지 성경은 "여러분의 발걸음을 살피십시오"라고 풀이합니다. 지혜 있는 사람은 어떻게 살지 항상 조심하고, 자신의 발걸음이 어디를 향하고 있는지 항상 살핍니다.

우리가 지금까지 살아오면서 가장 많이 들었던 말이 바로 "조심하라!"라는 말입니다. 이 말을 가장 많이 해주신 분은 바로 우리의 어머니입니다. 아흔 살 잡수신 어머니가 환갑 넘은 아들이 집 밖으로 나가려고 하니까 "얘야, 차 조심해라!" 그런다지 않으십니까? 왜 그러는 걸까요. 아들이 미덥지 못해서 그러는 걸까요? 아닙니다. 사랑하기 때문에 늘 조심하라고 말하는 것입니다.

바울도 마찬가지입니다. 에베소교회 성도들을 사랑하기 때문에 조심하라고 말하는 것입니다. 그들이 한두 해 신앙생활 한 것이 아닙니다. 인생 살 만큼 살았고, 오랫동안 신앙생활을 해왔습니다. 그러나 그렇다고 해서 "조심하라"는 말을 듣지 않아도 괜찮은 것은 아닙니다. 어쩌다가 잘못된 일을 할 수는 있어도, 어쩌다가 옳은 일을 하게 되지는 않기 때문입니다.

나쁜 일은 특별히 가르쳐주지 않아도 잘 따라 합니다. 그냥 가만히 내버려 두면 자신뿐만 아니라 다른 사람의 몸과 마음과 영혼을 망치는 그런 일을 하는 사람이 됩니다. 그러나 정말 의미 있고, 건강하고, 다른 사람들에게 유익이 되는 그런 사람이 되기를 원한다면 가만히 내버려 두면 안 됩니다. 언제나 좋은 생각으로 채워나가고 건강한 생활습관을 가지도록 자꾸 훈련해야 합니다.

아이들이 부르는 찬송 중에 다음과 같은 노래가 있습니다.

너의 눈이 보는 걸 조심해. 너의 눈이 보는 걸 조심해.

우리 하늘 아버지 항상 지켜보시네. 너의 눈이 보는 걸 조심해.

아이들에게만 이 찬송이 필요한 것은 아닙니다. 어른들에게도 꼭 필요합니다. 정말 우리의 인생에 하나님을 포함하는 '지혜 있는 자'로 살기를 원한다면 조심해야 합니다. 잘 살펴야 합니다. 어떻게 살아가야 할지, 어떤 길을 선택하며 걸어가야 할지…. 하늘 아버지께서 항상 우리를 지켜보고 계십니다.

이제 새로운 한 해가 시작되었습니다. 우리가 가만히 있어도 시간은 흘러갈 것입니다. 그러나 하나에서부터 열까지 하나님을 포함하여 생각하고 선택하고 실제로 행동하며 살아가는 사람에게 올해는 더욱 성숙한 인생으로 성장하는 시간이 될 것입니다. 반면에 하나님 없이 아무렇게나 살아가는 사람에게 올해는 그저 한 살 더 나이만 먹는 시간이 될 것입니다.

올 한 해 동안 매 순간 하나님을 포함하여 살아가는 우리 가정, 우리 가족이 되기를 간절히 소망합니다.

□ 은혜 나누기

올 한 해 동안 가족들에게 소망하는 일을 함께 나누어봅시다.

□ 공동 기도

하나님 아버지, 오늘 설날을 맞이하여 온 가족이 함께 기쁨을 나누게 하시니 감사합니다. 올 한 해 동안 매 순간 하나님을 포함하여 살아가게 해주세요. 우리 가정이 오직 예수만 섬기는 집이 되게 해주세요. 그리하여 하나님이 약속하는 모든 복을 받아 누리게 해주세요. 예수님의 이름으로 기도합니다. 아멘.

추석 예배

# 하나님께 감사하는 삶

□ 예식사 **인도자**

오늘 우리 민족의 고유 명절인 추석을 맞이하여, 우리 가정이 먼저 하나님 앞에 예배드리겠습니다.

□ 주님의 기도

□ 찬송 부르기 384장(나의 갈 길 다가도록)

□ 기도하기 **맡은이**

사랑과 은혜가 충만하신 하나님 아버지,

올해도 우리 가정을 선한 길로 이끌어주시고, 우리 민족의 고유 명절인 추석을 맞이하여, 우리 가족이 함께 예배할 수 있게 하시니 감사합니다. 지금까지 베풀어주신 하나님의 은혜에 감사하며, 또한 부모님의 은덕에 감사하며, 온 가족이 믿음 안에서 하나가 되는 복된 시간이 되게 하여 주옵소서.

우리 주 예수 그리스도의 이름으로 기도합니다. 아멘.

□ 성경 읽기 에베소서 5:19-20

※ 개역개정판

[19] 시와 찬송과 신령한 노래들로 서로 화답하며 너희의 마음으로 주께 노래하며 찬송하며 [20] 범사에 우리 주 예수 그리스도의 이름으로 항상 아버지 하나님께 감사하며….

※ 메시지성경

[19-20] 마음에서 우러난 노래를 그리스도께 불러 드리십시오. 모든 일에 노래할

이유를 주신 하나님 아버지께, 우리 주 예수 그리스도의 이름으로 찬양을 드리십시오.

□ 말씀 나누기

오늘은 추석입니다. 우리나라에서는 전통적으로 추석에 햅쌀로 빚은 송편과 햇과일 등의 음식들을 장만하여 추수를 감사하면서 조상들께 차례를 지냅니다. 성경에 기록된 초막절(레 23:33-43)과 비슷한 절기라고 할 수 있습니다. 다른 점이 있다면 조상들께 차례를 드리는 대신에 하나님께 감사의 예배를 드린다는 것입니다. 물론 우리는 부모님의 은덕에 감사해야 합니다. 그러나 우리가 예배하는 대상은 오직 한 분, 하나님이십니다.

추석 명절에 우리는 감사의 의미에 대해서 다시 한번 생각하게 됩니다. 그리스도인의 특징은 '감사'입니다. 그리스도인은 어떤 상황에서도 감사를 찾는 사람입니다. 바울은 감사의 사람이었습니다. 그는 자신의 몸에 '가시'를 가지고 있었지만, 그 가시조차도 바울의 감사를 막을 수 없었습니다. 오히려 가시로 인해 하나님께 감사했습니다.

오늘 본문에서 바울은 에베소교회 성도들에게 "하나님께 감사하라"고 권면합니다. 오늘 본문을 헬라어 어순에 맞게 재배치하면, "항상 감사하세요. 범사에, 우리 주 예수 그리스도의 이름으로, 하나님 아버지께…"가 됩니다. 여기에서 우리는 '항상 감사'와 '범사에 감사'라는 두 가지 메시지를 발견하게 됩니다.

1. 항상 감사하라!

진정한 감사는 '항상 감사하는 습관'을 가진 사람만이 할 수 있습니다. 상황에 따라서 때로 감사하기도 하고 또는 불평하기도 하고 그런다면, 그것은 진정한 의미의 감사라고 할 수 없습니다.

말이 쉬워서 그렇지 '항상' 감사하면서 살아가는 것은 결코 쉬운 일이 아닙니다. 그러나 그것은 불가능한 이야기가 아닙니다. 매 순간 하나님을 포함하여 살아가면 '항상' 감사할 수 있습니다. 매 순간 하나님의 자비와 은혜와 선하심을 생각하면 오히려 감사하지 않는다는 것이 불가능해집니다.

욥을 보십시오. 그는 하루아침에 그 많은 자녀와 재산을 잃었습니다. 건강도 잃었습니다. 아내는 하나님을 저주하고 죽으라고 독설을 퍼붓습니다. 그러나 욥은 하나님께 찬양하며 감사했습니다. 어떻게 그럴 수 있을까요? 자신의 인생에 하나님을 포함했기 때문입니다.

욥은 자신이 당하고 있는 고통의 의미를 이해하지 못했지만, 그 속에 하나님의 섭리가 있음을 믿었던 것입니다. 욥이 결코 감사할 수 없는 상황에서도 하나님을 찬양할 수 있었던 것은, 그가 하나님을 경외하는 사람이었기 때문입니다. '감사'는 하나님을 경외하는 사람이 가지는 습관입니다.

그런데 감사할 수 없는 상황에서도 감사할 수 있는 사람이 참으로 '지혜 있는 자'입니다. 왜냐면 감사는 또 다른 감사를 낳고, 불평은 또 다른 불평을 낳기 때문입니다. 우리 그리스도인들이 말끝마다 '감사'를 빠뜨리지 않는 이유는, 우리가 감사할 때마다 더 큰 감사를 부어주시는 하나님의 비밀을 알기 때문입니다.

설교의 대가 스펄전(Charles Spurgeon) 목사님은 이렇게 말했습니다.

"하나님은 별빛에 감사하는 자에게 달빛을 주시고, 달빛에 감사하는 자에게 햇빛을 주시고, 햇빛에 감사하는 자에게 영원히 지지 않는 주님의 은혜의 빛을 주신다."

바울은 이 비밀을 이미 잘 알고 있었습니다. 그래서 에베소교회 성도들에게 "항상 감사하라"고 권면하고 있는 것입니다. 매 순간 하나님을 포함하여 사는 사람들은 항상 감사하면서 살아갑니다.

## 2. 범사에 감사하라!

진정한 감사는 '범사(凡事)'에' 즉 '모든 일'에 감사하는 것입니다. 그런데 앞에서 "항상 감사하라"고 했는데, 여기에서 또다시 "모든 일에 감사하라"고 권면하는 것은 불필요한 중복처럼 보입니다. "매 순간 감사한다"는 것은 "매 순간 일어나는 모든 일에 감사한다"는 뜻을 포함하고 있기 때문입니다.

그래서 어떤 학자들은, 이 부분의 헬라어 원어 '후페르 판톤'(huper panton)을 '모든 일'(for all things)이 아니라 '모든 사람'(for all persons)으로 번역합니다. 그러니까 "모든 일에 감사하라"가 아니라 "모든 사람에게 감사하라"는 말씀으로 이해하는 것이지요. 그 해석이 맞습니다.

생각해 보십시오. 모든 일에 감사하라고 하면, 불치의 병에 걸리게 되는 것이나 우리나라를 공포에 몰아넣은 코로나 팬데믹에도 감사해야 합니다. 물론 그 모든 일을 통해서 하나님께서 계획하고 계시는 '선'(善)을 궁극적으로 이루실 것이라고 우리는 믿지만, 그렇다고 해서 우리에게 고통과 슬픔을 가져오는 그 모든 '악한 일들' 자체에 감사하라는 것은 지나친 요구입니다. 고통과 슬픔을 당하고 있는 당사자들에게 오히려 반감만 사게 할 뿐입니다.

그러나 "모든 사람에게 감사하라"고 하면 그 의미가 완전히 달라집니다. 사실 우리에게 일어나는 '모든 일'은 반드시 우리와 연결된 어떤 사람을 통해서 생겨납니다. 예를 들어서 우리가 매끼 식사를 할 수 있는 것도, 누군가가 그 일을 위해 수고하기 때문입니다. 우리가 차를 운전할 수 있는 것도, 누군가가 땀 흘려 그 차를 만들었기 때문입니다. 대중교통을 이용할 수 있는 것도, 누군가가 그것을 운행하기 때문입니다.

우리가 이 세상에 태어나서 이렇게 자라날 수 있는 것도, 부모님의 희생과 사랑 때문입니다. 그렇게 생각해 보면, 우리는 모든 사람에게 감사하지 않을 수 없습니다. 그래서 바울은 디모데전서 2장에서 다음과 같이 말했습니다.

"¹그러므로 내가 첫째로 권하노니 모든 사람을 위하여 간구와 기도와 도고와 감사를 하되 ²임금들과 높은 지위에 있는 모든 사람을 위하여 하라. 이는 우리가 모든 경건과 단정함으로 고요하고 평안한 생활을 하려 함이라"(딤전 2:1-2).

바울은 '모든 사람을 위하여' 중보기도(도고)와 감사기도를 하라고 권면합니다. 특별히 '임금들과 높은 지위에 있는 모든 사람을 위하여'(for kings and all those in authority) 그렇게 하라고 합니다.

바울 당시에 그리스도인들을 박해하던 사람들이 누구였습니까? 로마의 황제와 권력을 쥐고 있는 당국자들입니다. 그런데 바울은 그들을 위해서 기도하고 감사하라고 합니다. 왜요? 그것이 '우리 구주 하나님께서 우리에게 바라시는 생활방식'(메시지 성경)이기 때문입니다. 하나님은 모든 사람을 구원하기 원하시기 때문입니다.

그러니 항상 감사하십시오. 모든 사람에게 감사하십시오. 작은 수고에도 감사하는 마음을 가지십시오. 심지어 우리에게 악한 일을 행하는 사람을 위해서도 하나님께 감사하십시오. 그들을 구원하여 그들을 통해 놀라운 역사를 이루실 하나님께 감사하십시오. 우리 그리스도인들이 해야 할 일은 오직 '감사'뿐입니다.

□ 은혜 나누기

올 한 해 동안 가족들에게 감사하는 마음을 가지게 된 일이 있다면 이 시간 함께 나누어봅시다.

□ 공동 기도

하나님 아버지, 오늘 추석을 맞이하여 온 가족이 함께 모여 기쁨을 나누게 하시니 감사합니다. 감사가 우리 가정의 자랑스런 전통이요 습관이 되게 해주세요. 항상 감사하고, 모든 사람에게 감사하며 살게 해주세요. 그리하여 하나님이 베풀어주시는 복을 마음껏 누리며 살게 해주세요. 예수님의 이름으로 기도합니다. 아멘.

# 하나님께 나아가는 삶

□ 예식사 인도자

우리의 OOO(아버님, 어머님 등의 호칭 사용) 고故 OOO씨(장로, 권사, 집사, 성도)의 O주기 추모일을 맞이하여, 추모예식을 시작하겠습니다.

□ 주님의 기도

□ 찬송 부르기 488장(이 몸의 소망 무언가), 486장, 235장

□ 기도하기 맡은이

영원부터 영원까지 살아 계셔서 인간의 생사화복을 주관하시는 하나님 아버지, 오늘은 우리의 OOO(아버님, 어머님 등의 호칭 사용) 고故 OOO 씨(장로, 권사, 집사, 성도)를 하나님께서 불러 가신 날을 맞아 그 날을 기억하고 추모하기 위하여 가족이 함께 모였습니다. 이 시간 우리를 불쌍히 여겨 주사, 주님의 위로와 평강으로 채워주옵소서.

이 시간 모든 순서를 성령께서 인도하여 주셔서, 하나님께는 영광을 돌리고 우리는 새로운 은혜를 체험하는 시간이 되게 하여 주옵소서.

영원한 소망을 주시는 우리 주 예수 그리스도의 이름으로 기도합니다. 아멘.

□ 성경 읽기 에베소서 3:10-12

　※ 개역개정판

[10]이는 이제 교회로 말미암아 하늘에 있는 통치자들과 권세들에게 하나님의 각종 지혜를 알게 하려 하심이니 [11]곧 영원부터 우리 주 그리스도 예수 안에서 예정하신 뜻대로 하신 것이라. [12]우리가 그 안에서 그를 믿음으로 말미암아 담

대함과 확신을 가지고 하나님께 나아감을 얻느니라.

※ 메시지성경

¹⁰⁻¹²나의 임무는, 이 모든 것을 처음 창조하신 하나님께서 줄곧 은밀히 해오신 일을 알리고 밝히는 것입니다. 하나님의 탁월하신 계획은, 교회에 모인 여러분처럼 예수를 따르는 이들을 통해 천사들에게까지 알려져 이야기되고 있습니다. 이 모든 일은, 하나님께서 줄곧 계획하시고 그리스도 예수 안에서 실행된 방침을 따라 진행되고 있습니다. 그리스도를 신뢰하면서, 우리는 말해야 할 것은 무엇이나 자유롭게 말할 수 있습니다.

□ 말씀 나누기

이 세상 모든 사람에게는 처음과 마지막이 있습니다. 생일(生日)이 있으면 또한 사일(死日)도 있는 법입니다. 이는 그 누구도 피할 수 없는 엄숙한 인생의 진리입니다. 하나님은 말씀하십니다. "나는 알파와 오메가요, 처음과 마지막이다"(계 21:6). 우리 인생의 처음과 마지막을 정하시는 분은 하나님이십니다. 우리는 지구라는 별에 보내져서 정해진 시간을 살다가 다시 하나님께로 돌아가는 존재입니다.

우리의 OOO(아버님, 어머님)도 그 길을 걸어가셨고, 우리도 지금 그 뒤를 따르는 중입니다. 따라서 죽음은 무시하고 피한다고 해서 피할 수 있는 것이 아닙니다. 오히려 죽음을 직면하고 그 앞에 정직하게 서는 것이 지혜로운 일입니다.

문제는 이 세상의 삶이 전부가 아니라는 사실입니다. 이 세상에서 허락된 시간 동안 어떻게 살았느냐에 따라서 영원한 삶의 종착역이 달라집니다. 하나님은 이 세상 모든 사람을 구원하기 원하십니다. 그 계획을 오래전부터 계시해오셨습니다. 하나님을 믿는 사람에게는 그 계획이 확실하게 보입니다. 그러나 하나님을 믿지 않는 사람에게는 아무리 눈앞에 보여주어도 깨닫지 못합니다.

## 하나님의 예정

오늘 본문에서 바울은 창세 전부터 예정하신 하나님의 계획을 이야기합니다.

"¹⁰이는 이제 교회로 말미암아 하늘에 있는 통치자들과 권세들에게 하나님의 각종 지혜를 알게 하려 하심이니 ¹¹곧 영원부터 우리 주 그리스도 예수 안에서 예정하신 뜻대로 하신 것이라"(엡 3:10-11).

'예정'(豫定)이란 말 그대로 '미리 정한다'(predestine)는 뜻입니다. 그런데 하나님이 미리 정해놓으신 것은 구원받을 사람이 아니라, 구원받을 수 있는 길입니다. 그것을 '영원부터' 정해놓으셨다는 것입니다. '영원'이란 '시간'의 반대 개념입니다. 즉 시간이 창조되기 이전을 말합니다. 그러니까 하나님은 '영원부터' 즉 '창세 전에' 예수 그리스도를 통한 구원의 길을 예정해 놓으셨던 것입니다.

하나님은 즉흥적으로 일하시는 분이 아닙니다. 하나님은 먼저 말씀하시고 그것을 이루십니다. 하나님의 계획은 창세 전에 세워져 있었습니다. 그 계획이 비록 오랜 세월 동안 사람들에게 비밀이 되어왔을지라도, 하나님은 줄곧 그 계획을 실행하고 계셨던 것입니다. 단지 사람들에게는 그것을 볼 수 있는 눈이 없었기 때문에 비밀이 되었을 뿐입니다.

하나님은 예정하신 뜻대로 예수 그리스도를 이 땅에 보내셨습니다. 물론 예수님이 환영받지 못할 것도 아시면서 보내셨습니다. 예수님이 십자가에 달려 죽으실 것도 아시면서 보내셨습니다. 그것이 하나님이 예정하신 뜻이었습니다. 십자가를 통해서 세상 모든 사람의 죄를 대속하고 그들이 구원받을 수 있는 길을 열어놓으시려고 했던 것입니다.

그러나 하나님의 뜻을 받아들여 예수 그리스도를 믿게 된 사람들은 생각보다 그리 많지 않았습니다. 그 소수를 통해서 하나님은 이 세상을 구원하는 일을 계속해오셨습니다. 우리가 구원받게 된 것도 하나님의 예정을 믿음으로 받아들였기 때문입니다.

### 하나님께 나아감

바울은 계속해서 예수 그리스도를 믿는 사람들은 담대함과 확신을 가지고 하나님께 나아갈 수 있음을 선포합니다.

"우리가 그 안에서 그를 믿음으로 말미암아 담대함과 확신을 가지고 하나님께 나아감을 얻느니라"(엡 3:12).

구약시대에는 하나님께 나아간다는 것이 언제나 두려운 일이었습니다. 왜냐면 죄인으로 하나님의 영광을 직접 볼 수 없었기 때문입니다. 그래서 늘 하나님과 인간 사이에는 거리가 있었습니다.

그런데 오늘 본문에서 바울은 "우리가 담대함과 확신을 가지고 하나님께 나아감을 얻었다"고 선언합니다. 어떻게 그럴 수 있을까요? 그 해답은 바로 앞에 기록된 '그 안에서 그를 믿음으로 말미암아'에 담겨 있습니다. 여기에서 '그'는 물론 '예수 그리스도'이십니다. 그러니까 '예수님 안에서'(in him) '예수님을 믿음으로 말미암아'(through faith in him) 하나님께 담대히 나아갈 수 있다는 것입니다.

그렇습니다. 우리는 죄인이지만 예수님을 믿음으로 하나님 아버지께 담대히 나아갈 수 있게 되었습니다. 그것이 이 세상을 구원하시려고 예수 그리스도 안에서 예정해 놓으신 계획이요 뜻입니다. 구약시대에는 예수 그리스도가 아직 오시지 않았기 때문에 하나님께 나아가는 것이 두려운 일이었지만, 신약시대에는 예수 그리스도를 믿기만 하면 누구든지 하나님께 담대하게 나아갈 수 있게 된 것입니다.

오늘 본문은 하나님께 나아갈 수 있는 길과 함께, 하나님께 나아가

는 우리의 태도를 가르쳐줍니다. 하나님께 나아갈 수 있는 길은 오직
'예수 그리스도 안에서'입니다. 예수님만이 우리가 하나님 아버지께
나아갈 수 있는 유일한 길(the way)입니다. 그러나 동시에 하나님께 나
아가는 우리의 태도는 '담대함'과 '확신'이어야 합니다.

우리가 하나님 앞에 담대하게 나아간다는 것은, 우리가 비록 죄인
이지만 얼굴에 철판을 깔고 뻔뻔하게 나아간다는 뜻이 아닙니다. 사
실 죄인으로서 하나님 앞에 나아가는 것은 곧 죽으러 가는 것과 같습
니다. 이스라엘 백성들이 하나님의 임재 앞에 가까이 나아가지 못하
고 두려워했던 것도 바로 그 때문이었습니다.

오히려 바울은 예수 그리스도를 믿음으로써 죄의 문제가 해결된
참 '자유함'을 가지고 하나님 앞에 나아가야 한다고 말합니다. 예수 그
리스도를 믿기만 하면 누구든지 언제든지 죄 사함의 은총을 받을 수
있습니다. 아니 반드시 죄 사함을 받아야 합니다. 그래야 하나님 아버
지께 참다운 자유함을 가지고 담대하게 나아갈 수 있습니다.

생각해 보면 우리에게 주어진 시간이 그리 많지 않습니다. 좋든 싫
든 우리는 모두 하나님 앞에 서야 합니다. 그때 담대하게 나아가려면
하나님의 예정을 받아들여야 합니다. 예수님을 믿어야 합니다. 죄의
문제를 해결해야 합니다. 머뭇거리다가 구원의 기회를 놓치지 않도록
해야 합니다. 순간의 선택이 영원한 삶을 좌우합니다.


□ 은혜 나누기

고인의 성품이나 그에 대한 좋은 추억들이 있다면 함께 나누어봅시다. 고인이
신앙생활을 하셨던 분이라면 본받을만한 신앙의 모습을 이야기해봅시다.

□ 공동 기도

우리의 인생을 다스리시는 하나님 아버지, 고인을 추모하는 이 예배를 통하여

천국을 바라보게 하시니 감사합니다. 우리의 마음에 사별의 아픔이 완전히 가시지 않았지만 하늘의 소망으로 잘 이겨내게 하시고, 영원한 생명을 사모하며 끝까지 믿음의 길을 걸어갈 수 있게 우리를 인도해주세요. 우리에게 영생을 주시는 예수님의 이름으로 기도합니다. 아멘.